新时代地方政府审计
理论与实务创新专项研究

王鲁平 著

西安交通大学出版社
XI'AN JIAOTONG UNIVERSITY PRESS
国家一级出版社
全国百佳图书出版单位

图书在版编目（CIP）数据

新时代地方政府审计理论与实务创新专项研究 / 王鲁平著. —西安 ：西安交通大学出版社，2021.1
ISBN 978-7-5693-1955-2

Ⅰ. ①新… Ⅱ. ①王… Ⅲ. ①地方财政—政府审计—研究—中国 Ⅳ. ①F239.44

中国版本图书馆 CIP 数据核字（2021）第 016155 号

书　　名 新时代地方政府审计理论与实务创新专项研究
著　　者 王鲁平
责任编辑 侯君英
责任校对 魏　萍

出版发行 西安交通大学出版社
（西安市兴庆南路 1 号　邮政编码 710048）
网　　址 http://www.xjtupress.com
电　　话 （029）82668357 82667874（市场营销中心）
（029）82668315（总编办）
传　　真 （029）82668280
印　　刷 西安五星印刷有限公司

开　　本 720mm×1000mm 1/16　**印张** 20.75　**字数** 555 千字
版次印次 2021 年 1 月第 1 版　2022 年 3 月第 1 次印刷
书　　号 ISBN 978-7-5693-1955-2
定　　价 49.80 元

如发现印装质量问题，请与本社市场营销中心联系调换。
订购热线：（029）82665248　（029）82665249
投稿热线：（029）82668525

序 1

如何讲好审计故事、传播审计声音，把研究写在中国大地上，是新时代赋予审计人的历史使命，同时也是审计理论工作者的重要职责。王鲁平老师及其研究团队主动响应时代的需求，紧扣时代脉搏，对近年来地方政府审计工作中的重大理论及实践问题进行了探索，取得了一系列研究成果，为解决地方政府审计实务中的难点及痛点问题提供了理论支持及方案借鉴。

书中研究成果包含地方政府审计的多个话题，涉及地方政府审计管理体制改革、领导干部自然资源资产离任审计、乡村振兴战略审计、全覆盖审计、大数据审计等。

该书主题具有鲜明的时代特色。书中成果所提出的研究问题皆为地方政府审计实践中的热点，也是当下地方政府审计所要破解的难题。深化审计管理体制改革、乡村振兴战略审计、全覆盖审计是党和国家做出的重大战略部署，领导干部自然资产离任审计是实现生态文明建设的重要组成，大数据审计是实现审计技术信息集约化的重要保证。这些问题的研究不仅有利于推进审计工作效率的提升，而且有利于完善新时代地方政府治理体系。

该书写作内容逻辑严谨。书中成果研究遵循认识论的基本原理，研究思路清晰。通过相关重大方针政策、法律法规及制度安排的解读，提供了研究内容的法理基础；通过相关文献的梳理总结，提供了理论基础；通过深入调研分析，提供了研究的现实基础；通过分析、方案论证、专家评审、意见反馈，形成了新的认识及结论。研究内容基础扎实、理论分析有力、方案论证可行。

该书充实了地方政府审计理论。书中成果研究内容扎根于地方政府审计的工作实际和实践探索，在已有理论文献的基础上，依据现实问题解决的需求，创造性的提出了系统化的解决方案及应对策略，完善和补充了地方政府审计理论，并形成了新的审计理论认知。

该书集结研究成果出版很有价值，其内容对服务和指导政府审计实践，推进中国特色社会主义审计理论创新，具有现实意义。

李怀祖

2021 年 5 月

序2

审计是通过监督、鉴证和评价，规范和促进人们的社会经济活动的行为。我国的社会主义审计在20世纪80年代产生后，为适应社会主义市场经济发展的需要，审计工作者们对审计理论进行了深入的研究、探讨和实践，使我国的社会主义审计工作得到了很大的发展。随着科学技术的进步，社会、政治、经济活动对审计理论和实践提出了更多、更新、更时代化的要求。王鲁平教授带领他的研究团队，在地方政府审计部门实践工作者的支持下，对新时代中国特色社会主义审计理论与实务进行了深层次的探索，取得了丰富的成果，这是对我国地方政府审计理论和审计实务的发展和创新。

王鲁平教授奉献的《新时代地方政府审计理论与实务创新专项研究》，是依据政府审计的基本原理及审计管理逻辑对省以下地方审计机关人财物管理改革、领导干部自然资源资产离任审计评价指标体系、政府审计促进乡村振兴战略、强化内部审计社会审计力量实现政府审计全覆盖、大数据时代政府审计、地方政府审计职业能力建设等问题，做出了深入和具体的探索。这些研究对破解地方政府审计的痛点问题，提供了具有可操作性的方案及针对性的实施建议。

该书的出版，对于新时代社会主义审计理论研究和审计实践操作，具有很好的借鉴价值和指导意义。

段兴民

2021年5月

前　言

党的十八大以来，特别是2018年中央审计委员会的成立，标志着我国审计工作进入一个新的时代。讲好审计故事、传播审计声音，是社会赋予审计人的历史使命，也是审计理论研究工作者的重要责任。因此，为了推进中国特色社会主义审计理论与实务进一步发展及向更深层次探索，为地方政府审计理论研究提供支撑，本书将近年来作者所从事的多项地方政府审计重点科研课题研究，按照时间轴线及审计管理逻辑进行梳理、归纳、提炼，形成了较为系统的理论成果，对诸如审计管理体制改革、乡村振兴战略审计、全覆盖审计、审计职业化、大数据审计等当下地方政府审计的热点及难点问题，提供了具有可操作性的行动方案及有针对性的对策措施。本书所呈现的内容对服务和指导政府审计实践，推进中国特色社会主义审计理论创新，具有积极意义。

本书分为六章内容，由六个专项研究所组成。第一章是关于省以下地方审计机关人财物管理改革的研究，主要是根据国家的重大决策，在审计科研所领导组织下聚焦省以下地方审计机关人财物管理改革中的问题及对管理对策进行分析。第二章是领导干部自然资源资产离任审计评价指标体系研究。第三章是政府审计促进乡村振兴战略研究。从理论、政策解读出发，从实践入手，深度解读乡村振兴战略，系统研究政府审计如何推动乡村治理从而实现乡村振兴等问题。第四章是关于强化内部审计、社会审计力量实现政府审计全覆盖研究。第五章是关于大数据时代政府审计的挑战、机遇及对策研究。第六章是关于地方政府审计职业能力建设研究。

本书内容所涉及的重点专项课题研究是由王鲁平主持、整理修改、统稿完成，并由陕西省审计研究所组织专家评审验收。在重点专项课题研究过程中，有多位合作者参与研究。具体骨干研究人员如下：高攀、王怡怡、赵宏参与第一章的研究；白银转、梁曼丽、李丽、崔珊珊参与第二章的研究；白银转、何玲丽、李丽、陈国进、李敬华参与第三章的研究；白银转、徐英军、朱理平、李进参与第四章的研究；陈羿、林桓、李丽、董寒光参与第五章的研究；张琳、杨攀、黄秀丽参与第六章的研究。另外，在课题研究过程中，还得到陕西省审计厅原厅长李健博士、陕西省审计研究所吕富臣所长，以及省市县各级审计机关领导和审计干部的大力支持，没有他们的无私帮助，课题研究不会如此顺利完成。

本书的出版得到西安交通大学人文社会科学学术著作出版基金的资助，在此表示感谢！

本书是在专项课题研究的基础上梳理、归纳、提炼而成，各章内容之间不存在必然的逻辑关系，之所以按章节排序，主要是为了行文方便，另外兼顾考虑新时代政府审计管理体系内容的整体框架以及各级政府审计机关思考现实问题的系统逻辑；但多少有些勉强，由此造成的不方便之处，恳请读者谅解。同时，由于作者理论水平有限，实践经验不足，本书错误纰漏之处在所难免，恳请读者及审计同行批评指正。

王鲁平

2021 年 3 月

目　录

contents

第一章

地方政府审计机关人财物管理改革研究

第一节　引　　言

党的十八届四中全会通过的《中共中央关于全面推进依法治国若干重大问题的决定》(以下简称《决定》)指出:"要完善审计制度,保障依法独立行使审计监督权。对公共资金、国有资产、国有资源和领导干部履行经济责任情况实行审计全覆盖。强化上级审计机关对下级审计机关的领导,探索省以下地方审计机关人财物统一管理。"该《决定》第一次从国家治理的高度对审计工作提出了新的部署,明确了审计监督的定位,强调了审计机关的独立性,这是具有划时代意义的纲领性文件,是对国家审计制度建设的顶层设计,是我国审计发展史上的里程碑,这也标志着审计监督进入一个全新的历史发展时期。这对于完善国家审计监督制度,保障依法独立行使审计监督权具有重大意义。

一、实行统一管理是审计发展新常态的现实需要

1. 审计体制的内在需求

根据《审计法》等法律规定,我国基层审计机关接受本级人民政府和上一级审计机关的"双重"领导。审计机关是政府的组成部门,隶属于本级人民政府,人事、组织、经费均依赖本级政府,业务上以上级审计机关为主。

地方审计机关实行地方政府和上级审计机关"双重"领导、地方政府管理为主的管理体制,审计监督主体与被审计监督对象共处于一个利益共同体内,接受同一行政机关的领导,尤其是市县级地方审计机关的人员编制、经费来源、福利待遇等都依赖地方政府和地方财政,审计机关人员的任免、调动、奖惩,都取决于地方政府的决策。这严重影响了审计机关依法审计的独立性和权威性,影响了审计监督的执行力和公信力,不利于审计机关严格履行《宪法》和《审计法》赋予

的监督职责，也不利于审计事业的健康发展。

2. 审计资源的有效整合

目前，在全国9万多名审计人员中，有7万多名（约占80%），分布在2 000多个县市，大部分县级审计机关行政编制为15至20人，有的不到10人，受管理体制的制约，“各自为战，单兵种作战”的情况较多，不能形成有效合力，发挥“大兵种、集团军”的作用。实行集中统一领导，有利于整合审计监督资源，可以科学调配审计力量，统一步调、统一行动，发挥监督合力，监督检查中央政策措施落实情况，更好实现审计监督全覆盖。实行集中统一管理，更加有利于实现上下联动、横向联合、协同实施和成果共享，实现审计模式由单个项目向突出一个重点行业方向发展，结果运用从单一、局部的作用向全行业、全系统的整体效能方向转变，实现审计监督有深度、有重点、有步骤、有成效的全覆盖。

3. 国家治理的有机组成

审计监督是行政权力监督体系的重要组成部分。腐败问题最终体现的是经济问题。而审计监督的范围广、覆盖面积大、专业性强，审计监督是反腐倡廉的前沿阵地。地方审计机关集中由属地保障，在查处腐败案件、反映审计发现的违纪违规问题时容易受到当地领导和部门的制约、干扰，尤其是领导干部经济责任审计一般实行属地化审计监督，监督的独立性和权威性大打折扣。目前，上级财政各类专项资金点多、线长、面广，专项资金的使用通常在基层，一些环节虚报冒领、截留挪用甚至贪污侵占问题较为普遍，仅仅依靠上级审计机关的监督远远不够，而各级审计机关分段监督，会留下很多执行财经法纪的漏洞。实行集中统一管理，可以有效排除地方和部门的不当干预，形成强大的审计监督合力和完整的反腐链条，提高查办腐败案件的效率和质量。

二、实行统一管理的现实基础

首先，党的十八届四中全会已将审计监督列为国家监督体系的重要组成部分，加强审计监督的共识已经形成，只要有利于强化审计监督，任何体制的机制改革都应该大胆地探索和实施。

其次，近年来，审计署及省级审计机关不断加强对下级审计机关的业务领导，组织政府性债务审计、社会保障资金审计、中央宏观政策落实情况审计等全国性或全省性的重大项目审计，取得了显著成效。同时，积极推进地方审计队伍专业化建设，参与下级审计机关负责人的任免及考察等工作，推动加强地方审计队伍素质和能力的提高，为省级以下审计机关人财物统一管理奠定基础。

再次，已实行省以下人财物统一管理的机关，如纪检、地税、工商、质监等部门的管理模式和经验可以为审计机关改革提供借鉴。

最后，改革既可以缓解基层审计机关审计资源不足的困境，还将较大程度地扭转基层审计机关由于独立性差而形成的尴尬处境，束紧审计监督的每一节链条。

由此可见，省级以下审计机关人财物统一管理既符合国家对审计工作的顶层设计，又符合审计发展新常态的现实需要，同时还具备实行统一管理的现实基础。

然而问题是：什么样的统一管理体制适合当下的审计环境？人财物如何管理？统一管理后如何协调各方（特别是与省以下各级政府）的关系？这正是本研究需要解决的问题。

基于此，本研究在ZSX省审计厅审计科研究所领导组织下集中探索省以下地方审计机关人财物管理改革中的问题及管理对策，主要针对ZSX省的政府审计实践，研究现行体制下审计机关管理的现状、存在的问题和原因，并借鉴其他行业的经验，探寻省以下地方审计机关人财物管理改革的可操作路径。

第二节 研究文献综述

一、审计体制研究文献

1. 国外研究

从现有的文献研究来说，国外学者关于政府审计的研究很少，多数研究倾向于民间、内部审计两个方面，政府审计中也多集中在绩效审核，而关于审计体制的文献更为稀少，且多分散于民主化、政治改革类的文章之中。

1）政府审计问责研究

美国的国家审计署是服务于国会的最高审计部门，主要职责在于监督政府是否履行其受托经济责任。总审计长大卫·沃克(David M. Walker)(2007)在美国审计准则中详细描述了政府责任审计的职能,主要强调透明和公开的重要性,指出只有政府遵循相关法律和道德标准,负责任地使用公共资源,才能更好地实现预期目标。而加拿大的希拉·弗雷泽(Sheila Fraser)(2010)谈到纳税人对政府审计的期待。美国等国家的审计问责制度已基本完善,审计机构的职责主要对政府官员的资金使用情况进行监督、评价、考核等,其内容类似于我国的经济责任审计,但各国存在的差异性,需要具体问题具体分析。

2)政府审计独立性研究

目前,世界上政府审计体制主要分为立法、司法、行政、独立四种类型,其各自的独立程度有所不同。

英国艾莉·伍尔夫(Emlie Woolf)(2000)将审计的独立性看作硬币的正反两面。汤姆·李(Tom Lee)(1992)认为独立性是某种精神态度。莫茨和沙夫(Mautz R. K. & Sharaf H. A.)(1961)以审计计划、实施审查、审计报告等角度来研究其独立性。马克森和拉曼(Marks & Raman)(1987)采用问卷调查的方式研究审计独立性实效性间的关系。与此同时,有学者将权威性看作独立性的延伸,他们认为权威性是行使监督权的前提条件,此二者唯有在公正的基础上方能实现。

3)政府审计实效研究

在审计实效提升研究中,政府审计通常分为两个方面。首先是人员素质和专业技能方面。研究表明,审计人员在具备较高综合素质和专业技能的情况下,能更好地搜集审计数据,提高审计效率和质量。贝里(Berry)(1987)经过研究发现,政府审计人员的错误率要普遍高于体系外审计师;马克森和拉曼(Marks & Raman)(1987)研究指出具有 CPA 或 CIA 资格的审计师相对于其他审计师而言,审计效率和质量更好;戴斯和哥诺斯(Deis & Girous)(1992)通过对得州教育部门的调查,以被审计对象的数量衡量审计人员的能力和审计效率;洛松(Lowensohn)等(2007)通过对佛罗里达州地方政府的问卷调查,证明审计人员素质和审计效率成正比。其次是法律责任方面,研究者们主要研究了不同的审计法律对审计机构、人员的规范和激励作用。戴斯和哥诺斯(Deis & Giroux)(1992)通过研究证实,在审计结果将交由第三方检查并存在处罚时,审计人员的审计质量将有所提高;鲍尔曼(Bowerman)(1995)指出,在缺乏惩罚机制的情况下,政府审计师的审计质量低于公司审计师的质量;施瓦兹(Schwartz)(1997)指出,在需要承担相关法律责任的情况下，审计人员的工作效率有很大的提升。

2. 国内研究

自 1982 年现行行政型政府审计体制建立以来，我国学者便开始对政府审计体制问题展开讨论，一直在寻求一种最优的政府审计体制。通过借鉴国外经验，国内学术界对我国政府审计体制的机关设置、领导关系、审计范围和审计结果披露等问题进行研究，探索改革现行政府审计体制的方式和途径，逐渐形成了“人大管理体制论”“垂直管理体制论”“现有体制改良论”和“审计独立论”等几种改革模式。

1）人大管理体制论

杨时展（1982）指出“作为具有鉴定政府对人民和人民代表大会所承担的公共受托责任履行情况功能的审计机关应设立在人大”。秦荣生（2004）主张“将现行国家审计机关的政府隶属关系改革为人大隶属关系，即把现行审计的职能职责和工作体系完整地从政府系统中全部转移到人大系统，以真正体现政府花钱，人民监督的本质”。

人大管理体制论加强了审计独立性，但是建立立法型体制需要国家具备强有力的立法机关，以及民众对立法机关重要性的认同。从目前我国的国情出发，虽然我国人大是监督“一府两院”的权力机关，但不是政府体制中的一个关键要素，各级人民代表大会的力量较薄弱。如果将现行行政型政府审计体制改为立法型，还需修订《宪法》和有关法律，且改革涉及面广、需要时间长，还会使政府失去曾经拥有的审计监督资源，将削弱政府经济监管效力，势必对现行审计工作造成较大冲击。

2）垂直管理体制论

垂直管理体制论是针对地方审计机关的现行双重领导体制，改革地方政府对审计的领导关系，实行上级审计机关对下级审计机关的统一垂直领导。李齐辉（2001）提出“应建立一种国家审计机关拥有司法地位和相应的法律监督权，地方审计机关由省级直管的新型的国家审计制度”。吴联生（2002）主张“将政府审计的双重领导体制改变为单一的垂直领导体制，将地方审计机关从地方行政机关的权力范围中脱离出来，在业务上和行政上都直接接受审计署的领导”。

3）现有体制改良论

“升格论”和“双轨论”是最具有代表性的现有体制改良论，都能在一定程度上提高审计独立性。“升格论”的主要设想是审计署仍隶属于国务院，但审计长由人大任命，其业务归总理领导，从法律上规定审计长既向国务院报告工作，又向人大报告工作，当二者发生矛盾时，以人大为主；同时延长审计长任期，客观上保证审计监督组织的独立性。廖洪(1996)认为“一个国家的政治制度对该国的政府审计机关的隶属关系具有决定性的作用，社会主义国家的政府审计机关只能隶属于政府部门”。尹平(2001)则指出“在目前社会政治经济环境下，推行立法型审计体制既无必要性也无可能性，立法型审计体制不应成为我们改革的取向”。

“双轨论”即是把现行国家审计机关的部分职能从政府系统转移到人大系统，在保留现行行政型审计机关的同时，又构建人大系统的审计体系。杨肃昌、肖泽忠(2004)提出“在人大和政府分别建立履行不同审计职责的审计组织，人大所属的审计组织主要从事预算审计工作，政府所属的审计署主要进行政府经济监管所需要的各项审计监督工作”。

4)审计独立论

审计独立论设想将各级审计机关从政府分离出来，独立于政府的同时也独立于人大，依法独立行使审计监督权，是一种理想化的设想。高存弟(2003)认为“我国政府审计体制未来的发展，会形成一种新型的综合型独立机构，它将是一个不涉及立法、司法、行政，但又紧密服务于这三种权力运行的机构”。李季泽(2004)指出“构建只服从法律、向人民负责的独立国家审计模式是历史发展的趋势，是与现代法律追求的价值目标相符的”。

审计独立论使审计保持高度的独立性，但也使建立独立型体制的现实可能性降到最低。我国是在中国共产党领导下的人民民主专政的社会主义国家，全国人民代表大会是最高国家权力机关，国务院是最高国家行政机关。政府审计作为国家履行监督职能的重要组成部分，往往被国家法律赋于极大的权威性，依法独立行使审计监督权是肯定的，但在具体实施中要服务于党和国家规划的经济建设目标，很难完全独立。

二、关于统一管理体制的探索

党的十八届四中全会通过的《决定》提出，探索省以下地方审计机关人财物统一管理，这对保障地方审计机关依法充分行使职权具有重要作用。这是审计事业发展道路上的一项重要变革,实务界和理论界对省以下审计机关统一管理进行了积极的探索。

1. 对审计统一管理体制改革必要性的探索

张瑞民(2015)从保持审计的独立性、整合审计监督资源、把握全面情况三个方面阐述了省以下审计机关人财物统一管理的必要性。陈红蕊(2015)从审计监督权的依法独立行使、国家治理、国家反腐败、审计全覆盖四个方面阐述了省级以下审计机关人财物统一管理的意义,认为实行人财物统一管理后,可以使全省实现审计工作一盘棋,大大地提高审计效率和审计质量,为党委、政府决策提供更有价值的审计报告。李先秋(2015)认为"现行审计制度的体制性障碍无法保证审计监督的独立性,同时,探索省以下地方审计机关人财物统一管理是现行审计制度改革的一种有益尝试。审计机关人财物统一管理有利于审计增强独立性、提升审计质效、提高审计专业性"。

2. 对"审计统一管理"认识的探索

王慧(2015)提出"要进行省以下地方审计机关人财物统一管理的制度设计,价值取向是需要明确的根本性问题,应当以保障依法独立行使审计监督权、保证审计质量、提升审计效率作为价值取向"。沈燕兵(2015)提出"实行集中统一管理并没有改变地方审计机关原有的'双重'管理体制,只是更加强调上级审计机关对下级审计机关的领导,以增强审计监督的独立性"。

3. 对统一管理体制改革中人财物管理的探索

第一是"人"的管理。孔凡民(2015)建议"市、县两级审计机关工作人员编制统一归省级管理"。王慧(2015)建议"主要通过加强对审计机关负责人的人事酝酿程序实现对人的管理"。沈燕兵(2015)主张,"省级以下审计机关领导干部,干部人事管理方面以上一级审计机关党组管理为主,地方党委协助管理;省级以下审计机关中层领导干部(正、副职)的任免,按照德才兼备、以德为先,竞争上岗、择优任用的干部选拔任用程序和原则组织实施并按规定程序报同级组织部门备案"。

第二是"财"的管理。孔凡民(2015)建议,"县级审计机关的经费、财产独立核算,纳入地市级审计机关预算,地市级审计机关监督县级审计机关的经费、财产管理;地市级审计机关的经费、财产独立核算,纳入省级审计机关预算,省级审计机关监督地市级审计机关的经费、财产管理"。王慧(2015)建议"省以下地方审计机关统一管理可以建立相对独立的审计预算制度”。沈燕兵(2015)主张“由省级财政统一管理省以下审计机关各项经费,并提出三种具体方式”。

第三是“事”的管理。王慧(2015)建议“应该从审计工作部署、业务指导、工作报告、检查与考核等多方面入手,进一步强化上级审计机关对下级审计机关的领导力度”。张瑞民(2015)提出“自上而下、自下而上两种模式相结合,从决策体系、执行体系、反馈体系、监督体系四个方面建立健全的省以下审计机关人财物统一管理的实现体系”。

综上,十八届四中全会以后,实务界和理论界对省以下审计机关统一管理的必要性和重要性以及统一管理的措施和办法进行了积极的探索。但是究竟什么是统一管理体制,省以下审计机关如何实施统一管理,目前还没有形成明确的、清晰的概念和思路,有待进一步深入探讨。

第三节　地方审计机关管理现状

本研究对审计机关管理现状的调研分析,主要采取区域覆盖与典型样本相结合的方式;区域覆盖是指对ZSX省南部、北部与中部全方位调研,典型样本是指在每一区块中选择审计考核评价不同的区县分别调研(如评价位次处于上、中、下)。通过实地调研,获取了样本地区人员、编制、经费、资产方面的详细情况,基本呈现了基层审计机关的现状,目的是尽可能摸清并客观反映现行审计管理体制下的人财物管理问题及成因。同时,通过座谈会的形式,与基层审计工作人员进行了沟通,详细了解了基层审计工作人员对省以下审计机关人财物改革的看法和建议,为探索省以下地方审计机关人财物管理改革的可操作路径提供现实基础。

一、领导干部管理

审计机关是地方政府的职能部门,隶属于地方政府领导,各市县审计机关是由政府行政一把手直接负责领导的,审计机关负责人由当地政府提名,组织部门考察,政府任免;然而,审计机关负责人任免时很少征求上级审计机关的意见,即便征求意见也往往流于形式。

另外,从省以下地方政府任命的审计机关领导正职情况来看,有相当一部分是从审计系统外调入任命；特别是区县一级审计机关正职绝大多数是从审计系统外调入；其次，各地区审计机关领导班子一般是一正两副，另外还有一部分市县审计机关领导班子设有总审计师和纪检组长。

二、审计人员管理

现有审计机关人员的流动有一定灵活性，存在横向流动，也存在纵向流动，其中以横向流动为主，可以由别的部门调入审计机关，也存在审计人员被调往其他部门的情况。

根据对ZSX省南、北部一些市县的抽样调查，现阶段审计人员构成主要分为三大类：行政人员、事业单位人员和工勤人员，除此之外还有一小部分的临时工和合同工。从年龄上看，目前审计人员主要以45岁以上的人员为主，例如ZSX省南部的SHZ市共有审计人员58人，45岁以上人员33人，占比达到56.90%。从学历构成上来看，各市县审计人员以本科及以下学历为主，例如SHZ市有51人是本科及以下学历，占比高达88%；ZSX省北部的SYA市共有审计人员82人，本科及以下学历有69人，占比达84.15%。另外，根据对各市县审计人员专业素质的调查发现，各市县拥有专业技术职称的人数分布很不均匀，且以中级技术职称人员为主，相对来讲，市级审计机关专业技术人员水平要普遍高于县级审计机关。

在人员考核方面，采取定性与定量考核相结合的办法：一是审计局日常的考核以科室为单位进行，各科室负责制定详细的考核标准并进行日常考核，考核结果记入年终考核。二是审计局检查小组进行的定期和不定期考核，发现有迟到、早退、擅自离岗、串岗等行为或者是吃、拿、卡、要等经举报查实的违规、违纪现象，要进行扣分，并计入年终考核。年终考核由负责该项工作的局领导和考核小组完成，考核小组主要由人事科和办公室的人员组成。

三、编制管理

关于各市县编制情况，现阶段编制数量与实有人数可以分为三种情况：编制数量大于实有人数、编制数量等于实有人数、编制数量小于实有人数。其中，编制数量小于实有人数的情况比较多，例如MI县、HT区、NQ县、ZC县和LC县，占所调查市县数量的45.45%；而编制数量等于实有人数的情况也相对较多，例如

SHZ 市、NZ 县、ZB 县、LB 县，占比达 36.36%；编制数量大于实有人数的情况相对较少，在所调查的地区中，只有 SYA 市和 BT 地区存在这种情况。

值得注意的是，在编制数量小于实有人数的情况中，ZC 县和 LC 县的编制缺口尤为突出，分别高达 17 个和 12 个，ZC 县有 11 个都是临时工。一方面是因为审计全覆盖以后审计任务重，人员确实存在短缺的情况；另一方面，一些审计人员专业性不强，存在非审计人员被直接任命为审计人员的情况，导致审计效率低，一些地方甚至需要聘用临时工和合同工来做专业性审计工作。

四、经费管理

审计机关履行审计职责所需要的经费是审计工作开展的必要保证。《审计法》规定，审计机关履行职责所必需的相关经费列入财政预算，由本级人民政府予以保证。

目前，绝大多数审计机关都是财政全额拨款预算单位，经费由财政局审批核拨。但是也有例外，比如 SYA 市 LC 县审计工作经费等未纳入财政预算，2015 年 LC 县财政实行零基预算，对外购买社会力量审计费和工作经费等均未纳入财政年初预算，干部职工上调的职级并行工资和车辆补助也未发放。

审计机关年初公用经费预算分为人员经费部分、公用经费部分及专项经费部分。其中，人员经费按照上一年年末作为年初预算基础，将审计机关人员工资以及退休费等全额纳入财政预算，年内增资到年终再进行预算调节；当年公用经费预算分别以实际在岗人数和公务车辆数为基数，按照地方统一标准进行预算，但是不同的市县有不同的人均、车均预算；专项经费是为了弥补审计机关公用经费的不足，由地方财政制定年初预算时相应安排的一定金额经费预算，各市县有不同的标准，有些地区没有专项经费预算，如 SYA 市YC 县。

年内实际执行预算时，虽然人员经费方面不会有太大的出入，然而公用经费和专项经费的预算执行出入比较大。因为年初制定的预算没有包括购买社会力量审计费用、响应政府政策支出、临时人员工资等绝大多数审计机关会产生的费用支出；同时制定预算时公用经费标准较低，甚至部分市县按照每人每年 1000 元预算，并不能满足审计人员工作需要，实际花费会超出这个标准。一些市县政府每年会在预算期间内追加大量投资审计与经济责任审计项目等原因，各市县审计机关每年经费预算执行情况较差，实际花费超过年初预算，且差额较大，具体见表 1 – 1。

表 1 – 1 部分市县审计机关预算执行情况

地区	2016 年(万元)				2015 年(万元)			
	预算	实际支出	差额	差额占比	预算	实际支出	差额	差额占比
SYA 市	1087.52	1713.97	626.45	36.55%	910.97	1212.45	301.48	24.87%
LC 县	272.86	272.86	0	0.00%	222.05	361.75	139.7	38.62%
SHZ 市	551.1	1390.06	838.96	60.35%	554.4	1024.65	470.25	45.89%
LB 县	79.50	162.90	83.40	51.20%	85.99	157.24	71.25	45.31%
ZB 县	97.6	293.84	196.24	66.78%	97.6	284.99	187.39	65.75%

由表 1 – 1 我们可以看出,各市县审计机关每年实际支出与预算差额较大,而这个预算不足部分一般由财政部门从上缴国库的审计违纪资金中返还,或者由地方政府追加项目经费的方式来弥补。

总体来看,政府对于审计机关工作的经费支持是有保障的,并且力度较大,但是由于各地财政状况不同,所以在经费支持方面各市县之间会有差异。比如对外购买社会审计服务,不同的地方会有不同的解决方案。有些县由于财政紧张,所以没有经费用于购买社会审计服务;有些县则是由审计机关先支出,后再由财政追加经费:还有些县比如 SYA 市 AS 县,则是每年财政会直接拨出 500 万用于对外社会审计服务的购买。

另外有些县,比如 SYA 市 ZC 县,其目前有一些投资审计项目,审计局具备人员力量,地方政府也支持,但是由于财政困难没办法支持经费,所以目前没办法开展。还有一些县比如 SYA 市 LC 县,由于当地政府财政状况不佳,但是一些政府投资项目竣工结算审计迫在眉睫,甚至存在被审建设单位出审计费来支持审计机关工作的现象。

五、资产管理

拥有合适数量的办公场所和专业设备是各审计机关开展审计工作的前提。

审计机关的资产主要包括办公用房、公务用车和办公设备。公务用车在车改以后已经全部上交,被调查的各审计机关已经没有公务用车,已经封存上交了,目前下乡调查主要是公共交通或者在车辆管理部门租车。办公设备主要包括办公用电脑、办公桌椅等资产设备,都是属于各市县审计机关所有。

各市县资产差别主要是在办公用房方面有所差别,主要分为三种情况:第一种是没有独立的办公楼,在本级政府大楼中,使用其中一层或者半层进行办公的,例如 MI 县、HT 区、ZB 县;第二种是审计机关有独立的办公楼,同时办公楼属于本级政府资产管理部门统一管理的国有资产,如 NZ 县、SHZ 市、LB 县、CG 县等;第三种是审计机关借用其他部门的办公楼办公,这种情况相对较少,在被调查的几个县市中,只有 YC 县是这种情况,YC 县审计局借用了本县文体局 5 楼作为办公场所。

六、业务计划管理

目前,各市县审计机关的业务制定流程已程序化,每年年初会在摸清情况、分析资料的基础上,充分考虑群众关注、资金量大、长期未审的单位和项目等因素,来制定当年的年度审计计划。然而,实际上每年审计机关完成的审计项目却多于年初计划,且差额较大。分析原因,其变动主要来源于经济责任审计和投资审计,其中经济责任审计项目变动主要是因为其业务的特殊性,导致年初无法确定其项目数量;投资审计项目数量变动则主要是因为审计机关自身原因,绝大多数审计机关在年初制定审计计划的时候只会挑选一些金额较大的大型工程项目列入计划,而并非全面覆盖。

七、审计业务内容

从审计内容来看,目前各市县审计机关开展的审计项目有财政预决算审计、政策跟踪审计、经济责任审计、行政事业收支审计、投资审计、民生资金和民生项目审计、上级审计机关统一安排的行业审计、重点项目民生社保及农业资源环保项目审计、绩效审计等,并且各市县之间有一些差异。

按照审计项目来源对其进行分类,绝大多数审计机关开展的审计项目主要有国家政策审计、公共资金审计、经济责任审计、投资审计以及其他审计(见表 1-2)。

表1－2 审计业务开展情况

业务分类	委托方	业务占比	是否硬性安排的业务	业务量是否会变动
国家政策审计	审计署统筹安排	约5%	是	否
公共资金审计	县市审计机关统筹安排	约30%	是	否
经济责任审计	地方党委组织部	约20%	否	是
投资审计	地方政府	约30%	否	是
其他审计	不定	约15%	否	是

其中国家政策审计是审计署针对国家每年政策、统筹全国审计力量安排的审计业务，是需要各市县审计机关每年保证完成的，大约占各市县每年审计业务总量的5%；公共资金审计是由省市审计机关统一筹划安排、法定要求进行审计的项目，大约占各市县每年审计业务总量的30%；经济责任审计是由地方党委组织部委托审计机关进行的项目，大约占各市县每年审计业务总量的20%；投资审计是由地方政府委托审计机关进行的项目，大约占各市县每年审计业务总量的30%；其他审计是指除以上四类经常性发生的审计业务外，审计机关的其他委托业务。

虽然不同地区这几项业务占全年总业务量比重有所不同，各市县审计机关经济责任审计与投资审计项目占全年总业务量比重达到35%～65%不等，但是绝大多数审计机关责任审计与投资审计项目占比超过了50%，也为此投入了大量的审计资源，甚至部分地区单独投资审计就占用了近一半的审计力量。

八、审计结果报告及公告

随着审计执法力度的不断加大，审计的重要性越来越被社会认可，审计机关的权威也越来越被审计单位重视。目前，审计机关主要采取审计报告、审计结果报告、审计建议、审计函、审计要情、审计公告、移送处理书等形式提供审计信息，向相关部门报送。

对审计中发现的重大问题，专门向相关单位发送审计建议；对审计倾向性问题或共性问题，向有关领导报送审计要情；对涉嫌违纪、违法的问题，向纪委或司法机关移送处理。

关于审计建议方面，各市县审计机关会对每个审计项目根据审计工作中发现的问题提出审计建议，审计建议被审计单位采纳大约在70%~80%，虽然因为某些因素导致审计建议不能全部被采纳，但所有的审计建议都能引起被审计单位的重视。

第四节　现行审计体制的成效及问题分析

一、现行体制取得的成效

(一)审计法律体系不断完善，依法审计意识不断增强

自20世纪80年代我国审计体制建立以来，我国对于审计工作的重视程度也在不断提高。首先，现行审计制度遵循了《宪法》的有关规定，有理论和法律依据。其次，我国通过了《审计法》，并以此为依托，以审计工作实践为基础，制定了一系列的审计法规和地方性法规，如《中华人民共和国审计法实施条例》《中央预算执行情况审计监督暂行办法》《中华人民共和国国家审计准则》等，使我国的审计法律制度得到不断的完善，同时不断提高依法审计水平，真正做到有法可依，使依法审计的观念更加深入人心。

(二)审计制度不断完善，县以上地方审计体系完整

我国是世界上最早出现审计制度的国家。我国的审计制度最早可以追溯到公元前七百多年的西周时期，当时，已有独立于会计部门以外的专司审计工作的官员“宰夫”稽核财务的领用保管、进行人员奖惩，这是审计工作的萌芽时期。在此之后，又经历了隋、唐、宋、元、明等时期的发展，到了清朝，已经设立了专门的审计机构——都察院。新中国成立以后，我国一直未设单独的审计部门，一直到1983年，成立了隶属于国务院的审计署，省以下地方审计机关形成了“双重”领导的审计体制。在现有审计制度下，省以下地方审计机关在政府行政部门直接领导下开展审计工作，搭建了较为完整的审计工作平台，审计领导体制、人员结构、机构设置等不断调整，形成了较为完整的审计体系。

（三）审计机关积极配合地方党委、政府的中心工作，成为地方治理的利器

我国地域辽阔，各地方政治、经济、教育、科技、文化发展极不平衡，审计需求有异，对于审计工作的认识程度更是不一，在这种“大政府，小社会”的情况下，行政型审计模式具有较好的社会基础，适应范围也更加广泛。自我国设立审计部门以来，各地方政府对审计工作的认识水平、重视程度在不断提高，已经能够充分认识到审计工作的有效开展对于本地方经济发展的促进作用，对于审计过程中发现的问题也能及时督促相关部门落实整改，重视审计工作意见，大力保障审计经费支出。当然这些地方政府对于审计部门的重视与审计工作取得的成就是分不开的，尤其在近几年，在反腐倡廉的大背景下，审计机关发挥了不可忽视的作用。在对领导干部的经济责任审计中，对发现打击腐败现象作出了巨大贡献；在固定资产投资审计中，核减了大量虚报金额，对于防止国有资产流失、浪费作出了表率作用；在专项资金审计中，深入地方，坚持专项资金落实到位，提高专项资金的使用效益，同时起到为党和国家“拍苍蝇”的作用，真正地维护人民的利益，震慑腐败分子。近年来我国提出审计全覆盖政策，进一步加大审计力度，保护国有资产的完整性，保证财政资金使用的真实性、合法性和效益性。

例如，SHZ 市审计局仅 2015 年就完成审计和审计调查项目 111 项，查出违规金额 10.4 亿元，损失浪费金额 245 万元，管理不规范金额 29.05 亿元，审计后收缴财政资金 1184 万元，核减投资额 6373.13 万元，移送重大违纪线索 24 件。

LB 县审计局 2015 年完成审计项目 47 个，涉及审计总金额 9.46 亿元，审计查出违纪违规和管理不规范金额 1840 万元，完成审计罚没收缴财政资金 39.3 万元，审计核减工程造价 730.88 万元。

NQ 县审计局 2015 年，共完成审计项目 87 项；共查出违规资金 7854 万元，管理不规范资金 7764 万元；移送案件线索 3 件，其中 1 人被给予党政纪处分；共审结工程项目 52 个，审定工程投资 23747.32 万元，核减工程投资 2496.68 万元，核减率达到 11.03%。

（四）审计工作得到地方政府领导的重视与支持

近几年，随着审计工作的开展，地方政府领导逐渐认识到审计工作的重要

性，以及审计在政府各部门工作中起到的作用，因此，他们对审计也不再持有抵触情绪，越来越认可、重视、支持审计工作，在审计经费保障、审计信息化建设、审计人员编制、审计整改意见落实等方面给予高度关注与支持。

首先是对审计工作经费的保障，为了支持审计机关工作，各市县政府扭转审计经费紧张的局面，将审计经费全额纳入财政预算进行足额保障，不论是年初经费预算，还是年中追加经费，都优先解决和保障审计工作经费，促进了审计工作的开展。

其次是支持审计信息化建设，各市县政府为推进审计机关信息化建设，在新审计机关中增设内部机构审计信息中心，同时大力拨款用于互联网审计硬件设备的购买以及审计人员的培训，并为审计部门专门配备计算机专业人才，使得审计机关现代化水平明显。

再次是在审计人员编制方面给予支持，目前，审计任务逐年增加，工作任务繁重与审计力量不足的矛盾十分突出，为此，各市县政府根据审计实际工作需要，增加设立经济责任审计中心、投资审计中心等，并不断为审计机关各部门增加人员编制，解决审计力量不足的问题。

最后是不断加大审计查出问题的整改力度，扩大审计成果的运用。各市县都在不断健全和完善审计整改报告制度，实行审计整改工作督查制度，并完善审计整改联动制度、整改跟踪检查制度、审计整改问责制度等，逐步推行审计整改结果通报和公告制度。

（五）审计工作得到被审单位的积极配合

近几年，随着审计工作的开展，被审单位按照实事求是的原则，积极配合、全力支持审计机关开展审计工作，如实配合审计工作。具体包括以下几方面。

一是有关单位接到审计机关签发的审计通知书时，与有关规定进行对照后，弄清本单位的有关事项是否属于审计机关的监督范围，若审计机关的行为符合《审计法》的有关条款，被审计单位会按照审计通知书的要求，积极做好审计的前期准备工作，按时接待审计组并提供必要的工作条件。

二是目前被审计单位可以做到按照《审计法》规定，真实、准确、及时地向审计机关报送预算或者财务收支计划、预算执行情况、决算财务报告，社会审计机构出具的审计报告，以及其他与财政收支或者财务收支有关的资料，很少出现拒绝、拖延、谎报的情况，并主动支持、密切配合、协助查清事实，方便审计人员的工作开展。

三是对于审计机关在工作中查出的已经发生和正在进行的违纪、违规问题，各部门也可以做到积极整改，及时加以制止或处理。对于审计机关的整改意见，各部门也在坚决执行落实，使审计工作发挥作用。

总而言之，各部门都会积极配合审计机关工作，力求通过审计工作的开展，进一步加强长效机制建设，不断改进政府工作。

（六）培养一批优秀的审计人才

近年来，各市县审计机关认真贯彻落实审计署关于加强审计机关队伍专业化建设的意见，紧密结合实际，大力推进审计队伍专业化建设，不断完善工作机制。

首先，各市县审计机关严格执行国家规定的审计机关进人标准，着重在专业素质方面严格把关，确保新进人员符合专业化建设的需要，并且通过各种途径引进优秀人才，整体提高审计机关人员的专业性。

其次，近几年来，各市县审计机关也在大力开展审计教育培训工作，全面提高审计干部队伍专业素质，对审计人员有针对性地进行培训，因材施教，培养了大量的熟练掌握主审岗位工作方法的高素质审计人才以及计算机应用能手。

再次，各市县审计机关将重点审计项目与队伍专业化建设紧密结合，注重在实践中提高干部业务能力。一是注重省审计厅与下级审计机关人员的科学搭配，充分发挥上级审计机关对下级审计机关的业务指导作用；二是注重发挥审计实务导师对青年审计干部的传、帮、带作用；三是注重审计专业人才与计算机、工程、管理、法律类专业背景人才的科学搭配，充分发挥各类人才在复合型审计人才队伍建设中的重要作用。通过科学安排审计人力资源，既推动了统一组织大型审计项目的顺利开展，又提高了广大审计干部的业务技能。

总而言之，各市县审计机关通过加强队伍专业化建设，培养了一批优秀的审计人才，打造了一支政治素质过硬、学历层次较高、知识结构合理、业务能力精湛的审计队伍，为全面推进审计监督全覆盖，充分发挥审计在国家治理中的基石和重要保障作用。

二、现行体制下存在的问题

(一)体制设计方面

1. 审计机关人事自主性差

审计是对被审计单位的财政状况及财政收支的真实性、合法性、效益性进行监督的行为,其本质在于监督与权力制衡,因此,保持审计独立性对于审计工作的开展具有非比寻常的意义。为了保障审计机关人事上的独立性,我国 2006 年 2 月 28 日通过了《全国人民代表大会常务委员会关于修改 < 中华人民共和国审计法 > 的相关规定》,自 2006 年 6 月 1 日起开始实施,在修改后的《审计法》中特别规定了地方各级审计机关负责人的任免,应当事先征求上级审计机关的意见,对以往的直接由本级政府任命的模式做出了改进。

然而在实际的运行过程中,审计人员的任命仍由本级政府主导,这就造成了以下两个问题。

第一,审计工作本身专业性很强,对于审计人员的专业素质有很高的要求,当人事任免权集中在本级政府手中时,对于审计人员所应具备的专业素质没有进行考察,导致现有审计干部队伍素质参差不齐。

第二,《审计法》指出,审计人员办理审计事项,与被审计单位或者审计事项有利害关系的应当回避,而事实是,审计机关人事任免权掌握在地方政府手中,这就已经造成了一种实际利益关系,对于审计工作人员本身就有一种震慑力,基于自身未来政治生涯的发展和升迁、奖励、调动的利益考虑,会导致一些审计干部顺从本级政府意志,忽视某些存在的问题。尤其是对于公共资金审计来讲,是由市、县审计机关统筹安排的,这是审计机关审计业务很重要的一部分。地方审计机关对本级政府公共资金使用情况进行审计,不管是业务开展或是结果的公告,地方审计机关难免会对本级政府有所忌惮,会优先考虑本级地方政府的利益,而不能依法独立开展审计工作。

2. 编制设置依据不一

我国《审计法》分别对审计范围、审计机关和人员、审计职责等方面做出了规定,然而对于编制设定却没有提到。现阶段,本级人民政府对本级各部门的编制设定有掌控权,审计机关也不例外。各地方政府根据本地区各部门情况进行编制调配,难免对有利于地方发展、有利于提高政绩的部门有所偏颇。所以,在各地区对审计部门重视程度、地区发展情况、编制数量等现状不同的情况下，各地区审计机关的编制数量与实有人数也往往不同。

总结来看有三种情况，本级政府安排的编制数量多于实有人数、等于实有人数和少于实有人数。除此之外，基本有三种编制类型算是比较统一，行政编制、事业编制、工勤编制，不过编制数量主要根据本级政府的需要设置而非根据任务情况进行设置，另外比较混乱的是其他人员的性质，一些地方审计机关在审计力量相对充足的情况下，临时工一般都是司机等后勤人员，而在一些审计力量相对不足的地方，审计机关临时工作为专门的审计人员。这对于跨区域审计工作的开展有一定的不利影响。

3. 机构设置不统一

如同编制设置一样，审计机关的下属机构设置的主导权也在地方政府，虽然地方审计机关的审计业务要受上级审计机关的领导，但是实际上，绝大部分审计业务是围绕地方政府的需要展开的，况且，在编制上没有话语权的审计机关，很难在机构设置上拥有主导权。所以，现阶段，审计机关机构设置也是比较混乱的。一些审计机关会下设固定资产投资审计部门、经济责任审计部门、审计信息中心，与此同时，也有很多审计机关由于各种原因是不设置审计信息中心的，或者将固定资产投资审计设为内部部门等。

比较突出的不同点是，市级审计机关一般设置有总审计师的职位，而在一些县级审计机关，由于编制问题，取消了总审计师的岗位设置。另外，对于各机构的编制性质也是千差万别，有属于行政编制的，有属于事业编制的，甚至有个别地方的固定资产投资审计部门既不属于行政编制也不属于事业编制。机构设置的不统一也是目前我国审计机关面临的一大问题。

（二）人员胜任能力方面

1. 审计人员结构不合理、专业知识更新慢

我国《审计法》规定，审计人员应当具备与其所从事的审计工作相适应的专业知识和业务能力。实际上现有审计工作人员的业务能力大部分已经不能适应信息化的要求。一方面由于编制有限，大部分基层审计机关已经多年没有“新鲜血液的流入”。在信息化快速发展的今天，很多被审计单位已经实现了无纸化办公，账本全在电脑上，然而我们很多审计人员对计算机应用不熟练，甚至还在采用传统的手工对账的方法。另一方面，由于审计机关人事任免权被地方把持，现

在对于审计人员的准入门槛又没有形成统一的标准，这就造成一些非专业审计人员被调入审计机关工作，相应的素质能力没有办法保障，对于审计机关开展审计工作也有一部分负面的影响。

2. 审计力量不足

根据《审计法》的规定，审计机关对国务院各部门和地方各级人民政府及其各部门的财政收支，国有的金融机构和企业事业组织的财务收支，以及其他依照审计法规定应当接受审计的财政收支、财务收支或者财政收支的真实、合法和效益依法进行审计监督。我们可以发现审计范围之大，尤其在审计全覆盖推行之后，审计压力更是达到前所未有的程度。相对于如此严峻的挑战，审计力量显得尤为不足，这种不足一方面体现在编制上，编制数量是由本级政府决定的，而本级政府编制数量是一定的，在分配时还需要平衡各方面的利益，而我们的编制运行状况又并非是任务导向型的，所以在审计业务量逐年增多的情况下，审计机关想要增加编制却是难上加难；另一方面，仍旧是由专业性导致的审计综合力量相对不足，由于我们在编的审计队伍中人员专业水平参差不齐，审计方法相对落后，导致工作效率低下。所以出现了一些地区的审计机关需要通过购买社会审计服务或者聘用临时性的社会审计专业人员来完成审计工作。

（三）审计工作执行方面

1. 审计机关业务自主性差

从审计业务结构来看，审计业务来源广泛，主要是围绕政府需求来开展审计工作，审计机关业务自主性差。从审计机关每年完成的业务来分析，目前审计机关每年完成的审计项目主要由五个部分组成：国家政策审计、公共资金审计、经济责任审计、投资审计以及其他审计，其中国家政策审计与公共资金审计是由中央、省、市审计机关统一筹划安排、硬性要求进行审计的项目，而经济责任审计和投资审计是由地方政府和党委组织部委托审计机关进行的项目，并且在进行项目选择时并非是硬性要求，而是有一定的灵活性。绝大多数审计机关这两项业务占全年总业务量的比重超过50%，也为此投入了大量的审计资源。

地方政府可以根据自身的需要，在年中随意追加委托审计项目，审计机关工作受到干扰。目前，审计机关每年实际完成的审计项目多于年初计划，且差额较大，分析原因，其变动主要来源于经济责任审计和投资审计，其中经济责任审计是由地方党委组织部委托审计机关进行的项目，投资审计则是由地方政府委托审计机关进行的项目,这两种业务都是为地方发展服务的。地方政府和党委组织部出于自身工作的需求,会在年中随时追加审计项目,这在一定意义上会造成审计机关工作计划的混乱。

2. 审计执法力度小,问题整改不到位

审计机关进行审计整改,其本身存在一些限制因素。一是有关审计整改的法律法规规定不明确,容易造成审计整改具体执行中的障碍。例如,对于被审计单位拒绝或拖延整改的行为,现行法律法规缺乏明确的处理处罚依据,新修订的《审计法实施条例》只是明确可以申请人民法院强制执行和建议处分权,如何申请、哪些内容可以申请并没有具体规定,这很容易导致审计整改检查落实不到位,审计机关的执行能力大打折扣。二是审计机关不具备强制执法权,故其没有权力强制要求问题单位进行整改,同时也没有指定的部门专门负责审计整改工作,所以说,审计机关缺乏独立的制约措施或办法,必须要借助外力、依靠政府的支持来开展审计整改工作。这样的状况也使得审计整改力度一定意义上是由政府支持力度决定的。

受审计单位的整改态度也比较消极,审计处理处罚意见下达后,有的被审计单位在执行决定时会采用各种手段逃避执行或打折扣。一是被审计单位不执行或拖延执行。被审计单位接到审计决定后,以种种理由决绝执行决定,寻找各种借口夸大自身执行难度,或者故意拖延,使得审计决定迟迟无法得到有效执行。二是被审计单位选择性执行审计处理决定。审计查出的问题有大有小,审计处理处罚力度也就有轻有重。一些被审计单位避重就轻,选择一些处理处罚力度小的执行,如账目调整、收入小额上缴等。涉及重大资金处理的问题,被审计单位往往消极配合,能拖就拖。

3. 信息化水平低

随着信息技术在各行各业的广泛运用,审计部门要履行好审计监督的职能,在国家治理中充分发挥审计免疫功能,推进审计信息化是必由之路。正如刘家义审计长所说,"审计信息化建设是提升审计监督能力的重要途径,不发展信息化审计事业就没有出路的"。然而,目前 ZSX 省各市县审计机关信息化水平都普遍较低。

总体来说,目前各市县审计机关信息中心发挥的作用不大,信息化建设水平较低。关于审计机关的信息中心,不同地区其工作开展情况有所不同。有些地区审计机关根本就没有设立信息中心这一部门，由此也可以看出，这些地区信息化建设开展状况不良；有些地区虽然设立了信息中心，但形同虚设，只是将信息化建设当作审计机关的一个噱头、口号，实际上并没有将其应用于工作中，对审计工作开展没有影响；而有些地区的审计机关则比较重视信息化建设，也一直在不断地投入人员培训、计算机配备等方面，以此来促使信息化的建设，但是由于一些客观因素，信息化建设受到局限。总而言之，虽然开展情况不同，但是总体来说，各市县信息中心工作开展状况不佳，发挥的作用不大，审计机关信息化建设水平较低。

审计人员业务能力与信息化发展水平不匹配。一是人员结构不合理。县级审计机关队伍中，35 岁以下受过正规高等教育的大学生比例很低，懂财务又懂法律、工程建设、计算机等专业的审计人员更是凤毛麟角，这就造成基层审计机关掌握较新专业知识和新技能的干部过少。二是审计人员计算机水平不高。一方面，由于审计人员队伍的老龄化，部分审计人员虽然有丰富的财会、审计知识和经验，但是对他们而言，将传统的审计技术方法转换为计算机审计有较大的难度。另一方面，年轻的审计人员虽然掌握一定的计算机知识，但由于是非计算机专业人员，仅掌握浅层次的计算机基础知识和运用技能，完成难度较大的实质性审计程序尚有困难。此外，各级审计机关在运用通用软件的同时，培训时间短、技术掌握不熟练、实际运用与软件设计的要求之间有一定差距，没有完全达到预期效果。

（四）审计工作保障方面

1. 审计机关经费管理没有统一标准

虽然规定审计机关履行职责所必需的经费要列入财政预算，由同级人民政府予以保证，但是不同地方审计机关经费管理办法不同，没有统一的标准。

年初给各市县审计机关制定预算时管理混乱，地方差异明显，没有统一标准。一是年初制定预算的方式有一定的差异，虽然绝大多数审计机关都是财政全额拨款预算单位，经费由财政局审批核拨，但是也有例外，比如 YA 市 LCH 县，其审计工作经费等没有纳入财政预算，财政是采用零基预算的方式来为其提供业务经费。二是年初制定预算所包括的项目经费占比不同，因为大多数地区年初制定审计业务计划时并没有将所有项目都列入计划，尤其是经济责任审计和投资审计，不同地区包含进去的项目占比不同，与此对应的项目经费占比也不同，具有地方差异性。

在实际花费时，由于各地方财政水平的差异，政府供给的经费水平也有差异，没有统一标准。总的来说，虽然政府对审计机关工作的经费支持力度较大，但是由于各地财政状况不同，所以在经费支持方面各市县之间会有差异，财政水平较高的地区，经费水平也相应较高。这种差异不是由审计工作的差异而产生的，并非任务导向或者人员数量导向，而是仅仅因为各地方财政水平的差异，这样的差异在一定意义上也会引发审计人员的不满。

2. 审计机关经费预算执行不到位

目前，我国审计机关经费预算执行不到位，审计机关每年实际花费的金额与年初预算之间有较大差额。分析该差额的来源，主要是由于最初经费预算制定时包含内容的不全面，以及地方政府每年会在预算期间内追加大量审计项目等原因造成的。首先年初制定预算时，并没有将购买社会力量审计费用、响应政府政策支出、临时人员工资等绝大多数审计机关会产生的费用支出包括进去；其次，制定预算时公用经费标准较低，并不能满足审计人员工作需要，实际花费会超出这个标准；还有政府每年会在预算期间内追加大量投资审计与经济责任审计项目等。这些原因造成各市县审计机关每年实际花费与年初预算之间会有一个较大的差额。也就是说，审计机关年初预算的制定、预算的执行等方面都存在一些问题，这些问题导致审计机关年初经费预算不足以支持全年审计业务的开展，审计机关工作的开展需要依靠地方政府追加项目经费，这对审计机关独立开展审计工作会造成一定的影响。

3. 基层工作条件较差

审计机关的资产主要包括三大类：办公用房、车辆、电脑等办公设备。在我们调查的基层审计机关中，有些审计机关是与政府共用一栋办公大楼，甚至有些地方审计机关是借用别的部门的办公大楼，现在审计业务量大，人员也相对增加了一部分，而办公用房并没有扩大，所以经常是一间小小的办公室坐了三、四个审计人员，桌子上、地上都堆满了审计资料。而对于车辆的管理，基本上所有的审计机关都已经进行了公车整改，原有的执法车辆已经上交本级政府，外出下乡审计主要依靠公共交通或者向政府租车部门租用车辆，这对于一些偏远的地区的审计业务开展是很不利的。另外，我们还发现，很多基层审计机关的电子办公设备已经多年未更新，一些审计机关的电脑甚至落后到无法打开被审计单位的电子账或者不能运行相关的软件，这也大大影响了审计效率，阻碍了审计业务的顺利开展。

三、基层审计人员对统一管理改革试点的认识及关注点

（一）基层审计人员对试点改革的认识

经过调研、座谈、访谈，我们发现基层审计人员对《中共中央关于全面推进依法治国若干重大问题的决定》《国务院关于加强审计工作的意见》以及《关于完善审计制度若干重大问题的框架意见》及相关配套文件的精神是清楚并衷心拥护的，但也存在一些顾虑及困扰。

第一，审计机关管理体制改革势在必行。目前的"双重"管理体制，在政府部门领导下能够紧紧围绕政府中心工作开展审计监督，但在国家治理层面的监督作用则有明显缺陷，审计工作独立性差，从而影响审计结果的完整性和客观性。

第二，统管试点，仍旧是实行"双重"领导体制，审计机关仍然是政府的组成部门，只是强化了上级审计机关对下级审计机关的领导，审计机关要继续发挥好审计的职责和功能定位，不能因为集中的统一管理而忽略地方党委和政府的领导地位，要协调、处理好与政府的关系。

第三，除了独立性和权威性的提升外，统一管理改革还具有一些优势：一是有利于审计队伍职业化建设，提高审计人员专业化水平；二是有利于审计人员整体素质的提升，便于审计系统内的流动，优秀人员有更大的发展空间；三是有利于整合全省审计资源，有力推进审计监督全覆盖工作；四是有利于地方审计跟上以信息化为特点的现代审计发展潮流，实现审计系统齐步走。

（二）基层审计人员对改革的主要关注点

（1）解决编制混乱的问题。目前，各市县审计机关编制管理混乱，分别有编制紧张、没有编制和超编等问题，所以统管以后如何解决目前编制混乱、解决审计人员职业化发展和待遇是基层审计人员所关注的主要问题之一。

（2）解决审计力量不足的问题。随着审计范围不断扩大，尤其在推行审计全覆盖之后，审计任务压力明显增大，相对于如此严峻的挑战，审计力量显得尤为不足。所以统一管理改革，需要解决目前审计力量不足的问题。

（3）保障并逐步提升审计机关经费。目前，虽然政府对于审计机关工作的经

费支持力度较大，但是由于各地财政状况不同，所以在经费支持方面各市县之间会有差异。调研中基层审计人员也表示，统一管理需要在确保不低于现有水平的基础上，逐步提升审计机关经费。

(4)划清资产归属权，提升审计机关办公条件。目前，审计机关主要资产是办公用房，而不同地区审计机关的办公用房所属权以及办公条件各不相同，所以统一管理改革需要划清审计机关资产归属权，同时提升审计机关办公条件。

(5)审计机关干部提拔晋升机会及异地交流。统一管理后，强化上级审计机关的领导作用，必然会调整与政府领导的关系，可能会导致审计机关的干部出路单一化，到政府其他部门任职的机会受到影响，审计干部提拔晋升空间会被压缩。统一管理改革审计机关干部的提拔晋升机会及是否异地交流也是重要的关注点。

第五节 管理改革方案设计

探索省以下地方审计机关人、财、物管理改革，首先要明确的是管理改革的依据，以此为基础提出并设计管理改革的基本内容及可行方案。

一、方案设计基本依据

(一)实践上的依据

省以下地方审计机关在党和政府的领导下取得了显著的审计成效，国家审计的本质功能得到了有效发挥，促进了地方经济的有序发展和政治民主化进程。但我们也清楚地看到，现行双重领导体制下的政府审计存在制度上的困境而影响审计独立性效能的发挥，审计在现实中存在的主要问题与政府主导审计产生的负面性有关，因此，实践告诉我们：减少政府对审计的负面干预是增强政府审计独立性的有效途径。

(二)原则、政策依据

《关于完善审计制度若干重大问题的框架意见》及相关配套文件给出了管理改革总体原则及方案设计的政策依据。按照框架意见的指导思想、总体目标及任务要求，为实行审计全覆盖、强化上级审计机关对下级审计机关的领导，探索省以下地方审计机关人财物管理改革，对审计人员管理、编制管理、经费管理、业务管理、资产管理等方面进行改革以满足国家对于审计的需要，实现依法独立审计，增强审计机关工作的独立性。

（三）基本理论依据

设计省级以下审计机关人财物管理改革方案应该遵循国家审计的基本原理。首先，可行性方案设计应体现国家审计的本质属性和基本关系原理。审计的基本关系原理界定了审计人与委托人、代理人之间的监督制衡关系，确立了审计人的独特地位和独立性需求。可行性方案设计应符合独立性的基本特征及其内在要求。独立性是审计的灵魂，无论是何种形式的审计形态，维护及保持独立性是审计管理体制改革的底线与基本要求。

另外，可行性方案设计应遵循渐进式改革及成本效益原则，在审计管理体制设计与选择上，贴近审计实践、逐步改进、务求实效，比较权衡多种备选方案，实现审计效率、独立性的提升与审计改革成本节约同步实现。

基于上述认识及思考，本课题形成了省以下审计机关人、财、物管理改革方案，简称为统一管理改革方案。统一管理改革方案是指在现有双重领导管理体制的基础上，将上级审计机关和同级政府对审计机关的领导方式进行改进与调整，将审计机关的人权、财权、物权、事权都集中在省级审计机关，由省审计厅统一管理并保障审计机关的人、财、物、事，强调上级审计机关对下级审计机关的主导权。

二、统一管理改革方案

在现有的双重领导管理体制下，审计机关同时接受本级政府和上级审计机关的领导和业务指导，但现实运行结果显示本级政府的领导“权力”明显大于上一级审计机关，各级审计机关实际上是在本级行政首长的领导下开展工作的，本级政府对审计机关在干部任免、人员编制、经费支持、资产配置、业务计划等方面具有绝对主导权。在一些情况下如涉及局部与整体、地方与中央有利益不能协调，特别是有利益冲突的状况下，地方审计机关的权威性、独立性就会受到一定程度的影响，对事关全局的国家重大战略部署贯彻落实审计监督难以形成整体合力。因此，在《省以下地方审计机关人财物管理改革试点方案》的基础上，针对现有政府审计体制机制运行中的问题，提出了统一管理改革方案。统一管理改革方案是指在现有双重领导管理体制的架构下，将上级审计机关和同级政府对审计机关的领导方式进行改进与调整,将审计机关的人权、财权、物权、事权集中统一到上级审计机关,地方政府对本级所属审计机关具有职能上的领导权和审计委托权(事权)。管理改革的内容具体表现为以下几个方面。

(一)人员及编制管理

1. 领导干部管理

按照党管干部,统一管理的要求,改进现有的干部管理制度,实现上级审计机关对下级审计机关领导干部管理的主导权,充分实现上级审计机关在下级审计机关领导干部管理方面的话语权,保障审计机关的独立性,为实现审计全覆盖准备现实条件。

在省级以下审计机关领导干部的管理制度改进上,有两个问题需要首先明确:一是对审计机关领导干部管理采取省级党委(党委组织部)直接管理,还是委托授权市地级党委(党委组织部)管理;二是审计机关领导干部正职与副职等领导班子是否分开管理任免。下面列举了可以选择的三种方案。

(1)直接管理与正副职任免不分开。设区市、县级审计机关的领导班子成员统一由省级党委组织部直接管理,审计机关正副职不分开任免。基本管理程序为设区市、县级审计机关领导班子成员均由省审计厅党组与市委、县委协商沟通、酝酿确定提名人选并报省委组织部研究考察,按规定程序进行任免(见图1－1)。

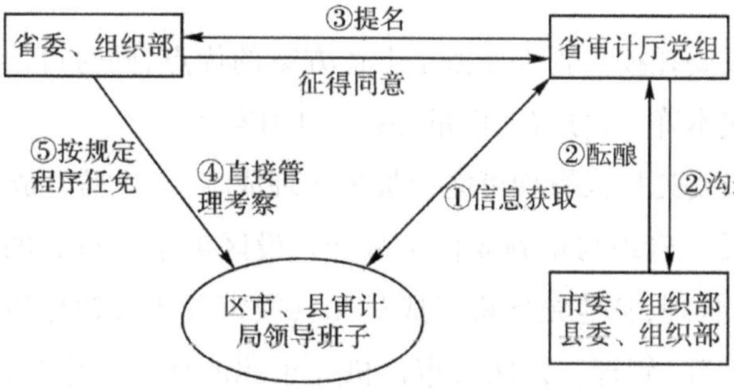

图1－1 直接管理型的正副职任免示意图

优点:这种领导干部管理方式比较彻底,基本上实现了统一管理的要求,充分体现了“党管干部”的要求,有利于省审计厅对人员的统一管理,方便了省审计厅在安排跨区域审计业务时对人员的调配。

缺点:这种由省级党委组织部直接管理的模式,层级较多,管理跨度较大,对省级党委组织部的协调及识人善任能力要求较高,工作量较大,考察成本高。如不能充分了解地方审计机关的具体情况,容易走过场,从而带来不良影响。

（2）分级（委托）管理与正副职任免不分开。设区市审计机关的领导班子成员统一由省级党委组织部管理、县级审计机关的领导班子成员统一由市级党委组织部管理，正副职不分开任免。基本管理程序为设区市审计机关领导班子成员由省审计厅党组与市委协商、沟通、酝酿、确定提名人选并报省委组织部研究考察，按规定程序进行任免。县级审计机关领导班子成员由市审计局党组与县委协商沟通酝酿确定提名人选并报市委组织部研究考察，按规定程序进行任免（见图1－2）。

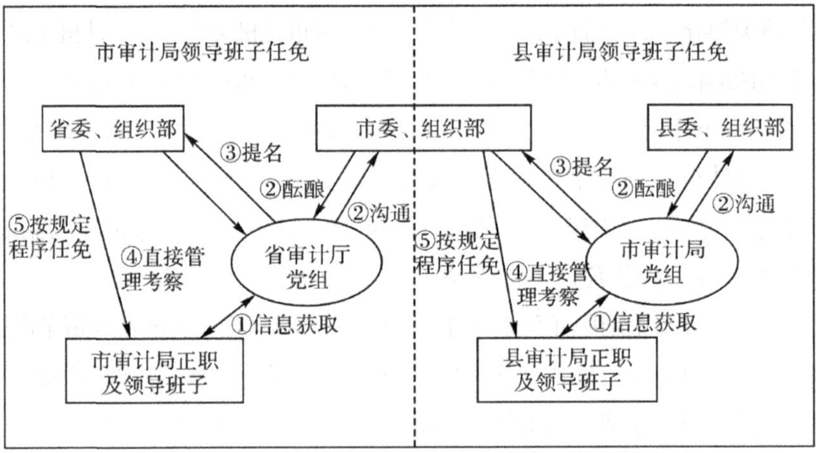

图1－2　分级（委托）管理型正副职任免示意图

优点：分层级委托授权管理保留了上述方案的优点，同时可使审计干部管理跨度减小，沟通成本降低，分解工作量并提高工作效率。

缺点：分层级委托授权管理可能会带来代理成本，产生监管成本。

（3）分层级委托管理与正副职任免分开。设区市审计机关的正职由省级党委（省委组织部）管理，其他领导班子成员和县级审计机关领导班子成员由市地级党委（市委组织部）管理。设区市审计机关正职的任免程序为，首先由省审计厅党组商市委酝酿提出人选报省委组织部考察研究，并征得省政府主管领导同意，再按照规定程序决定任免结果，任免应建立在各方达成一致意见的基础上；设区市审计机关其他领导班子成员和县级正职的任免程序为，首先由地方党委商省审计厅党组提出人选报省委组织部考察研究，并征得省审计厅党组及当地政府主管领导的同意后，再按照规定的程序进行任免；县级审计机关其他领导班子成员的任免，由县委商设区市审计机关党组酝酿提出人选报市委组织部考察研究，并征得设区市审计机关党组及县级政府主管领导的同意，再按照相关程序任免(见图1-3)。

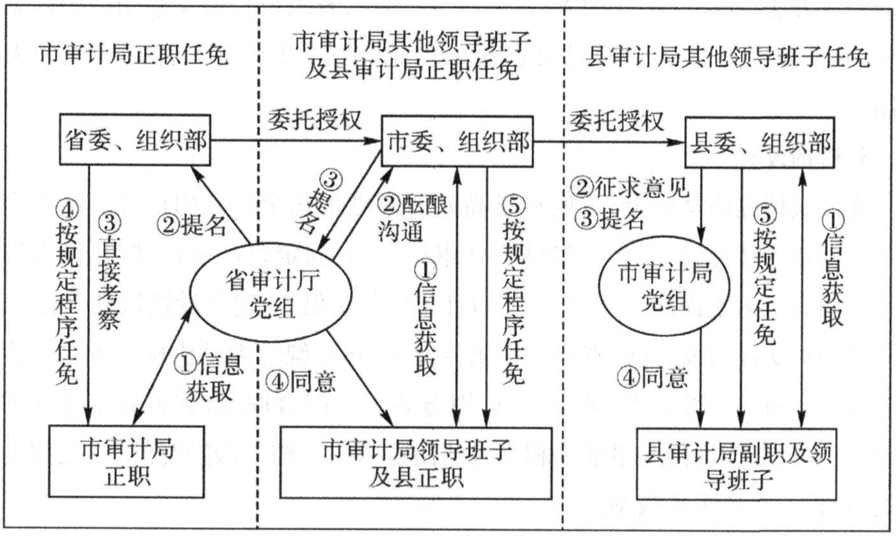

图1-3 分层级委托管理型正副职任免示意图

优点:这种领导干部管理方案强化了审计机关正职的审计主导权,在一定程度上也体现了"党管干部"的要求,领导干部分级管理,管理跨度小,上一级省级机关或者上一级党委对于下级审计机关的情况也容易掌握,有利于协调,能够在更大程度上保证领导干部人选的适当性。

缺点:在这种管理方式下,同级审计机关正副职的管理方式不同,负责管理的部门不同,可能会造成地方审计机关正副职之间的嫌隙或者冲突,不利于地方审计机关开展工作,也不利于省审计厅为配合审计全覆盖进行人员调配。

2. 编制管理

针对目前编制管理较为混乱的现状,省级审计机关协助省级机构编制部门统一管理本地区审计机关的机构编制。省级审计机关采取科学高效、因地制宜的原则,围绕地方政治、经济发展需求、全面履行审计监督职责以及实行审计全覆盖的部署,设计并优化地方审计机关机构设置及人员编制,科学合理配置审计力量。设区市、县级审计机关的机构编制监督检查、统计等工作,由省级机构编制部门会同省审计厅进行管理。

在现有编制的前提下尽可能采用科学的方法测算出地方各级审计机关的人员编制总数,以此为基础由省编办和省委组织部会同省审计厅统一重新核定省市县各级审计机关的领导职数和非领导职数。具体测算人员编制数的方法可以采用多指数权重模型法和综合因素分析法，对省市县各级审计机关可以采用不同的测算方法；如市县级采用多指数权重模型法，省级审计机关采用综合因素分析法，并可参考发达及临近兄弟省份人员编制数，以确定本省审计机关人员编制。

3. 机构设置

在摸底情况的基础上，按照科学高效的原则优化全省机构设置。结合审计机关主要业务状况，建议设置经济责任审计部门、固定资产审计部门、国有资源审计部门等。为了提高审计效率，使审计工作与时俱进，建议设置信息中心。

可根据实际需要，加强省审计厅领导力量，建立健全内设机构。可进一步强化省级审计机关干部管理、业务管理、财务管理等综合职能，完善省审计厅的机构设置，建立职能部门与事业部相结合的网状部门结构，打通职能部门之间的业务通道，提升审计工作效率。

根据工作需要可以设置审计机关派出机构，增强设区市、县级审计机关业务力量。原审计人员编制和身份的问题由省级机构编制部门会同省人社部门统筹解决。

4. 人员管理

（1）人员招录管理。省级以下设区市、县地方审计人员在管理上应在总量控制的前提下，做好存量与增量管理。

在存量上，地方党委和政府对审计机关中事业人员身份问题，要进行统筹研究，建立审计人员分类管理制度。根据公务员法规定和审计职业性质特点，建立适合审计工作需要的审计人员管理制度。按照审计机关履行职责的需要，设置审计专业技术类职位和综合管理类职位，对审计专业技术类公务员和综合管理类公务员实行分类管理。根据工作需要，在符合条件的情况下，审计专业技术类公务员与综合管理类公务员可以相互转任。

在增量上，省级以下设区市、县地方审计机关人员由省级统一招录，实行设区市、县审计人员动态管理机制，合理确定审计专业技术类职位，优先保证市地、县级审计机关的专业力量，省以下审计机关事业人员招聘由省审计厅统一负责，与审计职业化相结合，确保招录的审计人员具备职业道德素养和职业能力。由设区市审计机关根据工作需要提出招录计划，报省审计厅汇总，经省人力资源和社会保障厅审核后，由省公务员局按照公务员招录程序进行公开招聘。

(2)监督考核和薪酬福利管理。地方审计机关要同时对上级审计机关和地方党委负责,所以上级审计机关和地方党委政府都有责任对地方审计机关进行监督管理,要建立健全双重考核制度。上级审计机关要强化对下级审计机关的考核制度和考核结果运用,并将考核结果抄送地方党委政府,落实地方党委政府对审计机关的监督管理;各设区市、县级审计机关人员的薪资和津贴,应按照省级相关政策规定标准执行,由省财政统一保障,要确保改革以后审计人员的薪酬待遇不低于原有水平。

(二)经费管理

全省审计系统经费按照"统一管理,分级负责"的原则实施。省审计厅为省级一级预算单位,设区市级、县级审计局为二、三级预算单位,省以下审计机关人员供养、机构运转、履行职责所需的经费等由省级财政统一管理,纳入省级财政预算足额安排。

有关主管部门在地方审计机关预算编制、经费安排方面,要根据调查摸底情况,充分了解各区市县目前经费状况,按照统一标准、科学地测算各市县审计机关所需的经费水平,确保各项经费标准不低于现有水平,并且根据业务工作需要和经济发展水平,逐步加大经费投入;同时省审计厅也需要设计相关机制来保证经费预算与执行的合理性与可靠性。

另外,为保障审计工作的有效执行,针对目前存在的较大的实际花费与经费预算之间的缺口问题,省审计厅需要提前制定相关方案来解决预算不到的这部分花费,如为各市县审计机关预留一部分资金,该笔经费可以用于先花费后补交申请,以此来保证审计工作及时执行。

省级以下各市县审计机关审计外勤经费按照省级标准执行,由省财政统一保障。对于各级审计机关政府投资审计项目及其他交办事项所需要的委托社会中介、购买社会服务等经费,由同级政府统筹解决。省财政厅做好经费管理体制调整方案,合理确定各区市县负担经费的上划基数。

对于在审计处理处罚中涉及应收缴的资金,全省审计机关要按照其资金性质分类进行管理。其中,涉及收缴财政资金的,按照财政体制规定的预算资金收缴各级国库;全省审计机关审计执法罚没收入等,全额由省审计厅汇总缴入省财政。

(三)资产管理

要保证省以下地方审计机关工作正常运转,经费、资产保障是必不可少的消费资源。在对资产的管理方面,根据调查摸底情况,主要是办公用房、车辆,办公设备等资产,对于原来审计机关独立所有的资产,省以下审计机关人财物改革后,审计机关相关资产统一纳入省级国有资产进行管理,由省审计厅统一监管,分级占有使用。

对于省政府与设区市、县级政府共同投入建设形成的资产,所有权和使用权归属审计机关。

对于借用地方政府或者其他部门办公用房进行办公的地方审计机关,审计机关仍然保留使用权,地方政府不得因为统一管理收回。

(四)业务管理

1.强化项目计划统筹

审计项目计划实行省级统一管理,分级实施制度。强化上级审计机关对下级审计机关的领导是为了更好地独立行使审计监督权,因此,不仅在人、财、物方面进行统一管理,事权也要实现统一管理,如果事权不实现统一管理,基层审计机关很难独立行使审计监督权。

省级审计机关应在审计全覆盖的要求下,根据本地区经济、社会发展实际,统筹管理全省审计资源,围绕省委、省政府的中心工作,科学合理地编制全省行业性、系统性的审计项目计划,开展好涉及全局的重大项目审计。下级审计在完成省级审计计划任务的同时,需要围绕地方党委、政府中心工作制定本级审计项目计划。下级审计机关的审计项目计划,应在报经同级政府审核后,报上一级审计机关批准执行。年度审计项目计划需要调整的,原则上需要在同级政府与党委知情的情况下,按照原程序报批。

在统一管理改革方案下,审计机关的独立性与权威性有所增强,但在一定意义上审计机关管理跨度变大,沟通成本变高。同时,虽然审计机关还是双重领导体制、名义上的地方政府领导,但实质上是受上级审计机关领导,领导者的身份发生了重大变化,因此,审计机关与地方政府之间的关系也发生了巨大的改变,这些为审计工作的有效执行带来了挑战。所以省审计厅必须制定相关的沟通协调机制、纠偏机制、反馈机制等,来协调各级审计机关的管理工作,以及审计机关与地方政府之间的关系，确保地方政府对审计机关工作的支持。另外，目前各市县地方政府本身每年都有大量的审计服务需求，而且会在年中临时追加审计项目，所以省审计厅每年为各市县审计机关制定审计计划时，需要充分考虑政府审计需求，也需要设计相关机制来满足地方政府临时追加审计项目的需要。

根据实际需要，上级审计机关可以采取上审下或者授权审计方式开展审计，也可以组织下级审计机关开展异地交叉审计。各级审计机关要强化审计项目的统筹管理，努力实现对公共资金、国有资产、国有资源和领带干部履行经济责任情况审计全覆盖。

2. 健全审计结果报告和公告制度

全省审计机关要建立健全重大事项报告制度。地方审计机关的审计结果以及在审计过程中发现的重大违纪违法问题线索，要及时向上级审计机关和本级党委、政府报告。

市地、县级审计机关对本级预算执行情况和其他财政收支情况的审计工作报告和整改情况报告，在听取本级政府行政首长的意见并报经上级审计机关审定后，按照规定程序向本级人民代表大会常务委员会报告。

市地、县级审计机关完成的上级审计机关安排在本地的审计任务，审计结果经部署任务的审计机关同意后，纳入向本级人民代表大会常务委员会所作的审计工作报告中。加大审计结果公告力度，原则上，除了涉密内容外，其他的都要公开，接受社会监督，把审计监督和群众监督、舆论监督结合起来，保证了公众知情权，对政府和有关部门进行有效的监督。

3. 强化审计质量控制

全省审计机关要牢固树立审计质量意识，建立健全审计质量风险管控体系，明细岗位职责，强化审理职能。严格实行审计执法过错责任追究制度，对执法不严、查处不力及其他重大审计质量问题，严格追究责任。加强对下级审计机关的业务指导，强化对审计质量的监督检查，促进全省审计机关审计质量和水平的整体提升。

4. 推进信息化建设

建立健全全省统一的审计信息系统，健全完善分行业、分领域的审计对象数据库，提高审计信息系统运维保障能力。建立健全数据定期报送制度，构建数字化审计平台，加强数据挖掘和分析工作。健全完善地税、财政、社保、金融等联网审计系统。统筹规划全省审计系统信息化建设目标和任务，加大对基层审计机关信息化建设的支持力度。加强计算机技术专业人才的培养和引进，促进提高信息化环境下的审计人员的职业胜任能力。

第六节　方案可行性分析及过渡模式论证

一、统一管理改革模式分析评价

（一）领导干部管理制度改进方案选择

在前述省级以下审计机关领导干部管理制度改进上，提出了三种方案，主要是针对两个问题的不同处理选项而产生的。在三种方案中，本研究认为：分级（委托）管理、正副职不分开任免这个方案更具有现实可行性。其原因有：第一，分级管理可使党委组织部门干部管理跨度减小，更有利于近距离沟通，信息成本降低；同时也大大分解了直接管理的工作量并提高工作效率，能够在更大程度上保证审计领导干部人选的适当性。第二，正副职任免不分开，同属于一级党委组织部门任命，可以增强领导之间的身份认同、减少不必要的误解，当面对重大问题决策时有利于统一意见，形成审计合力。第三，分级委托使得上级审计机关与地方党委政府沟通交流密切，既便于选拔政治坚定、坚持原则、忠诚干净、尽责担当、能力过硬的审计干部，同时也可建立并打通审计机关与地方政府各部门之间人才交流的网络通道，使得人尽其才、强化审计队伍。第四，分级委托、正副职任免不分开可使统一审计管理的重心下移，审计经费预算、业务计划制定更能围绕地方政府的中心工作展开，贴近审计实践，减少信息的阻滞和误导。

（二）统一管理方案的优势

统一管理改革改变了目前人财物事的管理办法，将人权、财权、物权、事权都集中在省级或上一级审计机关，强化了上级对下级审计机关的领导，减少了审计机关受地方政府行政干预的可能性，将大幅度增强审计机关的审计独立性与权威性。

在统一管理下，强化了审计机关整合各层级审计资源的能力，加强了审计项目计划统筹。在摸清审计对象底数的基础上，可以建立分行业、分领域审计对象数据库,分类确定审计重点和审计频次,编制中长期审计项目规划和年度计划时,既突出年度审计重点,又保证在一定周期内实现全覆盖。统一管理改革方案加大了审计资源统筹整合力度,避免重复审计,更适应审计全覆盖的要求,增强审计监督整体效能。

(三)可能存在的问题

任何改革都不是一蹴而就的。统一管理改革有明显的优势,但也存在可能的问题,通过前期的实地调研及访谈,分析下来有可能存在以下几种问题:

第一,统一管理改革方案强化了上级审计机关对下级审计机关的领导,必然改变了现有审计机关与地方党委、政府的关系。既然审计工作的展开必然围绕地方政府工作重心,在这样的情况下,审计机关与地方政府关系的协调就成为一个重要问题,有可能政府对审计工作的支持与配合也将打折扣,这点不利于审计机关开展工作。

第二,统一管理改革方案完全改变了目前审计机关人财物事的管理办法,将人权、财权、物权、事权都集中在省级或上级审计机关,营造了一个全新的审计机关内部环境,改革变动幅度较大,对基层审计人员的适应能力要求较高,需要审计人员重新适应一个新的管理体制,可能不易被审计人员所接受。

第三,统一管理改革将省以下审计机关人事、物事权收归于省或上级审计机关,对省或上级审计机关的组织能力以及信息沟通能力要求较高。地方审计机关必须充分了解现有的组织管理协调能力,改变管理思路及管理方式,避免形成不作为和乱作为的状况,偏离改革的初衷。

第四,现有地方审计机关的人员复杂、编制混乱、资产所属关系不一、业务计划管理不规范,其中的每一项均会对实施统一管理改革方案带来时间及空间上的问题,有些问题在短时间内解决的难度较大,仓促进行改革,可能会产生新的管理问题而不利于审计工作改进。

二、渐进式管理改革方案

渐进式管理改革方案是指在现有双重领导管理体制的基础上,将审计业务内容细分并分层级界定,将政府对同级审计机关审计内容有负面影响、干扰审计独立性的业务由上级统一管理,其他的保持现有管理体制不变。

现阶段审计体制管理改革依旧是围绕地方政府的需要为中心展开,不改变地方审计机关隶属于地方政府部门的法律性质，主要是为地方党委政府中心工作服务的，在改革的过程中会涉及很多方面，牵扯多方利益，如何平衡各方利益和矛盾，是推进改革进行必须考虑的内容。在推进改革的过程中，地方审计机关与地方政府的关系协调、地方审计机关的组织能力、省审计厅的协调能力、管理跨度、现有审计人员的适应能力都是不得不考虑的重要方面，我们不仅要进行改革，更重要的是如何应对改革中的阻力及难点问题，真正将改革方案落实到位。

考虑到以上问题，并明确审计体制改革的目的所在——增强审计独立性，更好地统筹调动审计力量，为实现审计全覆盖创新体制、机制，在细分现实问题及权衡改革成本效益的基础上，提出了一种过渡模式，称为渐进式改革模式。渐进式改革模式的基本思考有以下几个方面。

首先，本着实事求是的科学态度及问题导向的指导思想，改革主要是针对存在问题之处进行。从前文的分析可以看出，审计独立性受干扰的主要问题有两点：一是体现在审计业务上，主要是公共资金的预算执行审计容易受地方政府负责人的干预及影响；很显然，现有管理体制属于政府首长领导下的内部审计，而内部审计独立性最大的局限就是不能超越领导人的管理而发表审计意见，尽管有时候实质上能够做到，但形式上也是不独立的，这也是众多专家、学者诟病现有体制的推理证据及主要观点。二是体现在审计干部队伍的管理上，主要是缺少人员进入的统一专业标准及编制管理的科学化，地方政府在审计人员进入、升迁、调配及编制管理上享有主导权，进而影响审计的独立性特别是本级政府的公共资金预算执行审计。这两点则是改革着力与入手之处。

其次，从系统设计的基本理念出发，辩证的思考改革的着力点，现行管理体制有自身的问题存在，但也有明显的优势与长处。因此，现行管理体制下审计独立性不受干扰、能够有效发挥审计功能并已取得显著成效的审计业务，应保持现有的管理体制不变。这样就需要将审计业务按独立性是否受到影响进行分类，将独立性受干扰的业务统一到上级审计机关，强化上对下的审计，从形式上和实质上同时实现审计机关依法独立行使审计监督权。

再次，渐进式改革的整体设计遵循成本与效益权衡原则，以较小的体制机制调整成本代价取得改革的最大收益，实现内外部审计融合模式。从全覆盖审计的任务内容来看，国有资产、国有资源和领导干部履行经济责任审计在现有管理体制下，按照审计一般关系人基本原理分析，隶属于地方政府行政首长领导的审计机关是具有独立性的；而且，随着国家治理体系建设及民主法治化进程的推进，地方政府及所属部门、企业对审计不仅仅是被动地接受审计监督，而是有强烈的内生性需求，一方面是对于自身履行职责的审计印证与解释，另一方面更重要的是地方政府需要利用审计的超脱地位及专业能力更好地推动经济社会协调健康发展。因此，在这些审计内容方面，审计机关的独立性是有保证的，隶属于地方政府行政首长领导是最优安排。

而公共资金审计特别是预算执行审计与决算草案审计由于涉及地方政府行政首长的决策，即便是集体领导，也需要一把手负主要责任。在这种情况下，审计的独立性是难以保证的。因此，预算执行审计与决算草案审计不应该由政府领导的内部审计来执行，而应该由上级审计机关进行全面的年度预算执行审计与决算草案审计，这一块业务内容应该统一管理规划，从而保障依法独立行使审计监督权。

（一）人员管理

1. 领导干部管理改进

在领导干部管理方面，依照《中华人民共和国审计法》的规定，审计机关负责人任免按照法定程序进行，审计机关同时对本级政府和上级审计机关负责，业务上以上级审计机关为主，在进行审计机关负责人任免时，要事先征求上级审计机关的意见。

在改革中，针对实践运行中上级审计机关话语权弱化的现实，强化上级审计机关与地方党委政府的沟通机制，在进行市审计机关正、副职以及县级审计机关正职的任免前，由地方政府党委组织部提出人选并与上级审计机关党组沟通协商，并必须经由上级审计机关党组的同意，再按照相应的程序进行任免工作。

2. 编制管理

编制统一由省级编制部门进行管理，由省审计厅进行协助。在对现有编制情况、人员业务能力进行摸底后，结合各地方人口、经济量、地域面积等情况，合理安排各地方编制数量。为了完善上级审计机关对下级审计机关的监督作用，增强审计机关的独立性，强化上审下业务，省及市级审计增加上审下业务编制。为了更好地适应当地政府的工作，当地政府可以根据自身需要增加审计部门的编制并纳入当地政府进行管理。

3. 机构设置

根据摸底情况可以发现，现在各地方机构设置比较混乱，各地都按照自身需要进行部门设置，为了便于管理，建议在摸底情况的基础上，按照科学高效的原则优化全省机构设置。结合审计机关主要业务状况，建议设置经济责任审计部门，固定资产审计部门。为了提高审计效率，使审计工作与时俱进，建议设置信息中心；另外为了加强上审下能力，提高审计独立性，强化上级审计机关对下级审计机关的业务监督作用，可设置上审下部门，专门负责上审下业务。

4. 人员管理

现有人员管理状况仍旧由地方政府进行管理，同时可以结合审计职业化发展，增强审计人员业务能力，对于不同年龄的人员区别对待，设置行政岗和业务岗，在对现有审计人员调查摸底的情况下，划分不同类型进行管理。

(1)人员招录管理。在新增人员的招录上，省级以下设区市、县审计机关的人员招录工作由省审计厅统一负责。设区市、县级审计机关根据工作需要提出人员招录计划，报上级审计机关批准，由省审计厅进行汇总，报经省人力资源和社会保障部批准，按照公务员招录规定程序进行招录。确保招录的人员应当具备审计人员应有的职业素养和职业能力。

(2)监督考核和薪酬管理。因为渐进式变革改动不大，主要是在机构设置和编制管理上有所变动，所以薪酬管理仍旧按照原来的薪酬制度进行，对于新增的上审下审计部门参照同级审计机关各部门薪酬制度执行。要确保改革后各审计机关审计人员薪酬福利待遇不低于原有水平。

同时，要增强上级审计机关对下级审计机关的监督考核，也就是说地方审计机关同时对上级审计机关和地方政府负责，完善双重监督制度。对于上审下业务的报告应该同时抄送地方人大，保障审计工作发挥应有的效力。

(二)经费管理

在渐进式变革中，省以下审计机关人员供养、机构运转、履行职责所需的经费等要列入财政预算，由同级人民政府予以保证。各项经费标准仍按照目前各地方审计机关水平与以确保，且根据业务工作需要和经济发展水平，逐步加大经费投入。省级以下审计机关审计外勤经费按照目前各区市县标准执行，由地方财政保障。对于各级审计机关政府投资审计项目及其他交办事项所需要的委托社会中介、购买社会服务等经费，也是由同级政府统筹解决。

（三）资产管理

为了审计工作的顺利开展，相应的办公用房和办公设备是必不可少的。在渐进式变革中，考虑到各地方审计机关的情况不同，仍根据各地方具体情况进行资产管理，不改变资产原有的归属权和使用权。

（四）业务管理

1. 强化项目计划统筹

在渐进式改革方案下，审计机关应从审计全覆盖的要求入手，按照审计业务实质，将审计业务分为公共资金审计项目与其他审计项目（包括国有资产审计、国有资源审计和经济责任审计）。其中，公共资金审计项目计划实行省级统一垂直管理制度；其他审计项目则仍然按照目前管理办法进行管理。对于公共资金审计项目，省级审计机关公共资金审计部门应根据本地区实际情况，统筹管理全省公共资金审计资源，科学合理地编制全省全年财政预决算审计项目计划，开展好涉及全局的财政预算项目。下级审计机关的公共资金审计部门则在上级审计机关对应部门的指导下完成审计计划任务，如果下级审计机关公共资金审计部门年度审计项目计划有需要调整的，应在报经同级政府审核后，报上一级审计机关批准执行。对于其他审计项目，分析其审计实质，审计机关具备有效完成审计业务的独立性与权威性，所以仍然按照目前实行的管理办法进行管理，审计机关同时接受上级审计机关和同级政府的领导，为地方发展提供服务。

2. 健全审计结果报告和公告制度

全省审计机关要建立健全重大事项报告制度。地方审计机关的审计结果以及在审计过程中发现的重大违纪违法问题线索，要及时向上级审计机关和本级党委、政府报告。市地、县级审计机关对本级预算执行情况和其他财政收支情况的审计工作报告和整改情况报告，在听取本级政府行政首长的意见并报经上级审计机关审定后，按照规定程序向本级人民代表大会常务委员会报告。市地、县级审计机关完成的上级审计机关安排在本地的审计任务，审计结果经部署任务的审计机关同意后，纳入向本级人民代表大会常务委员会所作的审计工作报告中。加大审计结果公告力度，除了涉密内容外原则上都要公开，接受社会监督，把审计监督和群众监督、舆论监督结合起来，保证了公众知情权，对政府和有关部门进行有效的监督。

3. 强化审计质量监督

要加强上级审计机关对下级审计机关审计质量的监督检查,定期通报情况,研究提出加强审计质量控制的制度措施,督促下级审计机关严格依法审计、依法报告、依法公告。建立健全审计业务质量控制机制,建立审计质量标准,明确各岗位职责的权限,对发现的重大审计质量问题,要按照权责一致的原则,严格实行审计执法过错责任追究制度,保证有错必查,有错必究。

4. 推进审计信息化建设

实现“审计信息化”,则需要构建大数据审计工作模式,提高审计能力、质量和效率,扩大审计监督的广度与深度。首先,要着眼于建立健全全省统一的审计信息系统,构建省级审计数据系统,有关部门、金融机构和国有企事业单位应根据审计工作需要,依法向审计机关提供与本单位本系统履行职责相关的电子数据信息和必要的技术文档,不得制定限制向审计机关提供资料和开放计算机信息系统查询权限的规定,已经制定的应予修改或者废止。

其次,地方审计机关要建立健全数据定期报送制度,加大数据集中力度,对获取的数据资料严格保密,地方审计机关收集的审计相关电子数据信息,按照审计署规定的标准、方式、要求统一集中管理。

再次,要适应大数据审计需要,构建审计数据系统和数字化审计平台,积极运用大数据技术,加大业务数据与财务数据、单位数据与行业数据以及跨行业、跨领域数据的综合比对与关联分析力度,提高运用信息化技术查核问题、评价判断、宏观分析的能力。

最后,创新计算机审计技术,探索建立审计实时监督系统,推进互联网审计。省级审计机关要加强对本地区审计信息化建设的统筹规划,加大对基层审计机关信息化建设的支持力度。

第七节　统一管理改革方案资源配置

一、提升省级审计机关组织领导能力

统一管理改革将省以下审计机关人事、物事权收归于省或上级审计机关,对省或上级审计机关的组织能力以及信息沟通能力要求较高,所以必须提升省级审计

机关组织领导能力。从领导职能的角度来看,可以从审计分工和审计技术的应用这两个方面进行分析,以解决统一管理改革方案下政府审计资源配置的问题。

(一)审计分工

随着审计工作日益复杂和繁重,审计不仅需要审计、会计的知识,而且需要法律、管理、经济等方面的知识。因此,政府审计分工是势在必行的。目前,湖南省的“四分离审计”就是审计分工的良好运用。“四分离审计”将审计业务流程划分为计划、审计、审理、执行四个环节,设置相应的四类业务部门,计划权、审计权、审理权和执行权分别由相应的业务部门和业务人才来履行。湖南省的审计报告已经证明“四分离审计”在对审计资源的配置起到了高效率、高效果的作用。另外,在审计分工中,省审计厅还可以根据个人才能或是个人长期从事的业务领域进行分配,对于需求较大的业务领域或者难度系数较大的领域可以对审计人员进行业务培养,这样做可以最大限度地实现对审计人力资源的利用。然而,对于一些审计人员不熟悉、不擅长的领域,政府机关可以聘请相关领域的学者、专家加入审计团队,在整个审计活动中提出建议。

(二)审计技术的应用

强化省级审计机关组织领导能力,还可以从审计技术的应用方面入手,应该将计算机审计与具体的审计工作有机结合起来,这样可以使得省审计厅的沟通协作工作事半功倍。计算机审计技术不仅是未来审计方法的主要发展方向,而且实践已经证明计算机审计技术对审计证据的收集、整合、分析等方面有着不可替代的作用。因此,政府审计更需要加大对计算机审计的重视力度,从开发、运用、保护等方面进行发展。另外,需要上级审计机关领导或者项目负责人对审计人员进行计算机审计知识和技术方面的指导。

二、提升地方审计机关适应能力

统一管理改革方案完全改变了目前审计机关人、财、物、事的管理办法,将人权、财权、物权、事权都集中在省级或上级审计机关,营造了一个全新的审计机关内部环境,改革变动幅度较大,对基层审计人员的适应能力要求较高。针对这一点,可以通过加强宣传培训力度和建立项目组运行机制来解决。

（一）加强宣传、培训力度

新的统一管理改革方案完全改变了目前审计机关人、财、物、事的管理办法，需要审计人员重新适应一个新的管理体制，可能不易被审计人员所接受。针对这一点，可以通过加强宣传以及对基层审计人员的教育与培训予以解决。通过宣传统一管理改革方案的优点，使之了解审计改革的迫切性以及重要性，暂时平息基层审计人员的抵触心理，以便于改革的顺利开展。另外，在此基础上，审计机关也要不断加强对基层审计人员的培训教育力度，为他们剖析完整的新审计体制，使其了解改革带来的变化，以及改革为他们带来的好处，让他们支持统一管理改革方案的实施，以便于改革的成功推行。

（二）建立项目组运行机制

在审计资源的配置上，审计机关应逐步改进组织方式，建立审计项目组的运行机制，在一定限度内模糊部门界限，推动部门之间的交流，强化协作整体意识。在当前的形势下，审计组与审计机关的内部机构设置有关，一般是由内部专业分工承担某一行业审计项目，这种方式不利于各部门之间的合作，也不利于调动全员的积极性。随着审计事业的不断发展和工作的不断深入，迫切需要在审计机关内部创新资源配置方式。在审计资源配置上，要突破以往以审计机关科室为单位的现状，在一定范围内实行审计项目组负责制，充分发挥审计机关的整体效能。要打破科室的专业分工，统一协调配合。在此基础上，从审计组所要承担任务的角度思考审计人力资源、信息资源的最优配置，进一步深化机构改革，达到审计资源与审计对象的最佳组合。如对涉及计算机、建筑、农业、环保等领域专业知识的项目，审计组可以借用其他单位的专业人员参加审计。

三、强化审计计划管理

现有地方审计机关的业务计划管理不规范，会对实施统一管理改革方案带来时间及空间上的问题，不利于审计工作改进。针对这一点，可以通过加强审计项目的计划管理和加强审计信息化建设来解决这个问题。

（一）加强审计项目的计划管理

对于解决政府审计资源的配置，审计计划主要在于两个方面：第一是对审计计划制订程序的完善；第二是加强对审计计划的重视。因此，审计计划的制订应该由传统的“自上而下”、单箭头的制定程序转变成为“自上而下 ”与“自下而上”相结合的新型程序。传统的单箭头的审计计划的制定程序容易造成工作目标模糊、评判标准不清晰、沟通不畅等诸多不利因素。然而，这种新型的双箭头制订程序能够最大程度弥补传统审计计划制订上的实际工作模糊、可实现性差、执行过程中交流性较差等缺陷。

具体而言，首先应该由审计上级机关根据审计任务、审计目标、审计要求等制订审计计划的总期望、总目标、总要求，然后由审计机关的领导人员和基层实施审计工作的人员一起对总体目标、具体目标以及实施可能遇到的问题和相应的措施等各个方面进行商讨，最后在实施过程中，基层审计人员面对还没有解决，或者新出现的问题进行向上级审计领导进行及时的反馈、交流，最后对相关审计经验教训的总结。审计计划是审计活动顺利开展的重要保证和重要前提。值得注意的是审计计划应该贯穿于整个审计过程中，而不只是在审计计划的制订阶段。这里的审计过程就是不仅指编制审计计划的初始阶段，而且包括执行审计计划的阶段、修改审计计划阶段以及总结审计结果的最后阶段。

（二）加强审计信息化建设

信息化建设是当代社会发展的潮流，在审计技术上，要充分利用信息技术，重视计算机技术在审计工作中的应用，强力推进审计信息化建设和计算机辅助审计，把现代科学技术与审计工作紧密地结合起来，不断提高审计管理水平。目前，审计系统的计算机辅助审计工作还相对滞后，尤其是一些通用和专用审计软件的开发还远远不够。因此，审计机关在这方面应加大力度，针对不同行业特点，与专业软件公司合作，研发出实用性强的审计软件，并加以不断完善和推广应用，提高审计工作效率。此外，审计机关在大力推进审计信息化建设的同时，也应该看到计算机审计虽然代表着审计手段的发展方向，但从我国审计机关的建设水平来看，大规模地实施计算机审计还有很长的路要走，计算机审计技术还很不成熟，计算机审计和手工审计将在很长一段时间内并存。这就要求审计机关不能一味追求计算机审计，要处理好传统的审计手段和计算机审计之间的关系，既不能放弃传统的审计手段，又要十分重视计算机审计的应用，在手工审计和计算机审计两种手段的整合中求效率。

四、审计人员素质整体提升

进行省以下地方审计机关人、财、物管理改革以后，人员、资产、业务统一由省审计厅进行管理。在人员管理方面主要会造成两方面的问题，首先是省内不同地方审计机关的编制分配问题，其次是基层审计人员的管理问题。

（一）设立编制标准，统一编制管理

通过调研我们发现，现阶段各地方审计机关并没有统一的编制管理办法，没有设立一个统一的编制数量分配标准，各地方根据当地政府的需求和安排设定基层审计机关的编制数量。这就导致了编制管理上的混乱，尤其是在进行人、财、物改革以后，各地方的编制数量如何确定至关重要。建议编制数量的确定应采取科学的方法，例如具体测算人员编制数的方法可以采用多指数权重模型法和综合因素分析法，对省市县各级审计机关可以采用不同的测算方法；如市县级采用多指数权重模型法，省级审计机关采用综合因素分析法，并可参考发达及临近兄弟省份人员编制数，以决定本省审计机关人员编制，确定因素可以参考几个重要的变量，例如各地方经济总量、人口总量、区域面积等直接影响审计业务数量和审计工作强度的指标。

（二）设定人员标准，进行职业化建设

进行省以下地方审计机关人、财、物改革以后，人员应统一由省级部门进行管理。人员录入应按照公务员录用标准进行，同时结合审计人员的特殊专业要求，要保证人才进入的质量。针对地方党委和政府对审计机关中事业人员身份问题，要进行统筹研究，建立审计人员分类管理制度。根据公务员法规定和审计职业性质特点，建立适合审计工作需要的审计人员管理制度。另外，根据审计机关履行职责的需要，还可以设置审计专业技术类职位和综合管理类职位，对审计专业技术类公务员和综合管理类公务员实行人员分类管理，推进审计人员的职业化进程。

省级以下设区市、县地方审计机关人员由省级统一招录，实行设区市、县审计人员动态管理机制，合理确定审计专业技术类职位，优先保证市地、县级审计机关的专业力量，省以下审计机关事业人员招聘由省审计厅统一负责，和审计职业化相结合，确保招录的审计人员具备职业道德素养和职业能力。

第八节 研究结论

一、研究工作总结

按照本课题研究的基本要求及研究设计思路、框架，我们完成了课题的基本内容。首先，摸清了现行审计管理体制下的干部制度和人、财、物管理现状，分析了已经取得的成效以及存在的主要问题，并对省以下审计机关人、财、物改革的看法和主要关切点进行了了解，为探索省以下地方审计机关人、财、物统一管理的可操作路径提供了现实基础。其次，以上述内容为基础，依据《关于完善审计制度若干重大问题的框架意见》及相关配套文件，并基于审计三方关系人基本原理，探索性地提出了审计干部管理制度的三种方案，分析了其优缺点并对人财物管理改革内容给出了具体建议措施。再次，在确定统一管理目标模式的基础上，按照渐进式改革的思路及权衡改革的成本收益，我们提出了省以下审计机关人、财、物管理改革的过渡模式。

二、主要研究结果和结论

本课题研究取得的主要认识和观点如下：

(1)坚持党管干部、不断完善审计法律法规、更新审计理念、围绕党和政府的中心工作开展审计监督是审计机关取得成效的主要原因。

(2)审计机关人员、编制、机构等设置不统一，人员结构不合理、审计力量不足与现有审计领导体制有关。

(3)上级审计机关对本级政府预算执行审计监督流于形式的主要原因是时效性不强。

(4)审计机关对本级政府预算执行审计独立性弱化的主要成因是其内部审计属性所具有的自身局限性。

(5)审计业务变动主要来源于经济责任审计和投资审计，其中经济责任审计项目变动主要是因为其业务的特殊性，导致年初无法确定其项目数量；投资审计项目数量变动则主要是因为业务计划制定往往滞后于实际审计业务的开展。绝大多数审计机关在制定审计计划之前会挑选一些金额较大的投资项目先行审计,然后再依据政府的要求追加审计业务。

(6)现有政府审计机关的双重领导体制既有独立性上的缺陷,也有地方政府党政领导支持工作的优势、长处,如何扬长避短、权衡利弊是人、财、物管理改革必须考虑的问题。

(7)客观审计环境、国家大政方针政策为省以下审计机关人、财、物管理改革奠定了客观基础和提供了政策依据。

根据上述研究及其结果,我们可以得出研究结论如下:

(1)通过比较三种干部管理方案的优劣,"委托管理、正副职不分开"的管理制度可作为地方审计机关干部管理的目标模式。

(2)在现有审计环境下,统一管理改革模式不可能一蹴而就;遵循改革整体谋划、分类设计、分步实施的基本原则,并依据审计三方关系人原理可将审计业务内容(审计事权)决定审计资源配置的模式作为省以下审计机关人财物管理改革的过渡模式。

(3)过渡模式的主要内容为:对审计业务内容细分并分层级界定,将政府对同级审计机关审计内容有负面影响、干扰审计独立性的业务进行上级统一管理,实现"上审下",并加强上级审计机关对下级审计机关的领导权,其余则保持现有管理体制不变。

三、政策建议

(一)统一思想认识,完善国家治理

《框架意见》及其相关配套文件从改进领导干部管理制度、完善机构编制和人员制度管理、改进经费和资产管理制度、建立审计项目计划统筹管理机制、审计结果报告和公告制度、建立健全审计执法责任、统筹推进审计信息化建设等方面对省以下地方审计机关管理体制改革进行了规定。笔者认为,有效推进省以下地方管理体制改革,既要从宏观上把握和确定改革方向和主要方面,解决改什么的问题,也要从微观上制定出具体的措施,解决怎么改的问题。更重要的是要统一思想,让基层审计人员认识到省以下审计机关人、财、物改革的必然与必要,增加改革的主动性与积极性,减少改革的阻力。

(二)做好方案设计,以审计职业化发展为前提

实行省级地方审计机关对省以下地方审计机关人员的统一管理,破解市县

级，特别是县级审计机关人员素质不高，不能适应国家审计发展需要的难题是本次改革的一个重要出发点。

笔者认为，确保地方审计机关人员素质能力整体提升，关键是要明确通过什么途径选人，选什么样的人，怎样用人并发挥人的潜能，怎样保证人的能力可持续。解决这些问题，国家审计职业化是行之有效的制度安排。所以，在推进审计改革的道路上，必须要以审计职业化发展为前提条件，适时推动职业化发展。

（三）协调好与地方政府的关系，明确各项权利

省级地方审计机关对省以下地方审计机关的管理应当充分结合地方政府事权特点，充分考虑下辖地方审计机关的守土责任。地方政府的职权和管理方式的差异性决定了对省以下地方审计机关管理的多样性和复杂性。

基层审计部门仍应以地方政府的需要为主，仍然是为了地方经济发展需要服务的。在改革过程中，协调好与地方政府的关系至关重要，这关系着改革的成败。在改革方案中更要明确上级审计机关和地方政府的权责划分，包括干部管理、经费管理等，避免未来推诿扯皮的现象发生。

（四）完善法律法规，推进国家审计的发展

调查发现，《审计法》中的一些规定在执行中往往流于形式，不能起到真正的作用，例如所提到的上级审计对下级政府的预算监督情况，立法的出发点往往是好的，但没有考虑到实际情况，执行力度不强。

笔者建议在完善审计相关法律法规时要充分征求基层审计机关业务人员的意见，使法律法规扎根实践，更具有生命力。

参考文献

[1]陈红蕊. 省级以下审计机关人、财、物统一管理的意义和探索[J]. 审计与理财，2015：04.

[2]董娟. 当前我国政府垂直管理的问题与思考[J]. 天津行政学院学报，2009：05.

[3]高存弟，史维. 国家审计的发展趋势研究[J]. 审计研究，2003：03.

[4]胡建国. 当前我国国家审计制度存在的问题及对策研究[J]. 审计与经济研究，2008：03.

[5]孔凡民. 推进省以下地方审计机关统一管理的思考[J]. 理财,2015:02.
[6]李先秋. 省级以下审计机关人财物统一管理初探[J]. 审计月刊,2015:01.
[7]刘威,周恺. 中美两国政府审计制度的比较与借鉴[J]. 财贸研究,2007:01.
[8]柳协春. 发挥审计特派员作用[J]. 中国审计,1994:12.
[9]廖洪,余玉苗. 审计比较研究[M]. 武汉:武汉大学出版社,1996.
[10]李齐辉等. 试论我国审计制度的构建与创新[J]. 审计研究,2001:02.
[11]马曙光. 政治制度、历史传统与中国政府审计体制选择[J]. 审计与经济研究,2006:06.
[12]秦荣生. 受托经济责任论[M]. 大连:东北财经大学出版社,1994.
[13]戚振东,尹平. 经济责任审计产生的动因和权力监督特征研究[J]. 审计研究,2013:01.
[14]孙发锋. 当代中国政府垂直管理存在问题及对策研究[J]. 理论导刊,2011:05.
[15]沈燕兵. 刍议如何推进省以下地方审计机关人财物统一管理[J]. 审计署网站理论之窗,2015:06.
[16]孙庆忠,王金国,王秀吉. 审计特派员的定位[J]. 中国审计,2001:08.
[17]沈荣华. 分权背景下的政府垂直管理:模式和思路[J]. 中国行政管理,2009:09.
[18]周振超. 当代中国政府"条块关系"研究[M]. 天津:天津人民出版社,2009.
[19]吴联生. 政府审计机构隶属关系评价模型[J]. 审计研究,2002:06.
[20]王会金. 国外政府绩效审计评析与我国绩效审计战略[J]. 会计研究,2010:05.
[21]王鲁平. 国家审计职业化及管理对策[J]. 审计研究,2013:02.
[22]杨肃昌,肖泽忠. 论宪法思想对审计制度的影响[J]. 审计研究,2004:01.
[23]杨肃昌."立法审计":一个新概念的理论诠释与时间思考——基于加强地方人大预算监督的视角[J]. 审计与经济研究,2013:01.

[24]杨肃昌,欧阳丽君,王彦平. 有关立法型审计体制改革若干问题的思考[J]. 审计与经济研究,2006:02.

[25]杨时展. 国家审计的本质[J]. 当代审计,1982:02.

[26]尹颖. 我国地方审计机关管理体制改革问题研究[D]. 郑州:河南大学硕士学位论文,2012.

[27]尹振东. 垂直管理与属地管理:行政管理体制的选择[J]. 经济研究,2011:04 .

[28]尹平. 现行国家审计体制的利弊权衡与改革抉择[J]. 审计研究,2001:04.

[29]王慧. 对省以下地方审计机关人、财、物统一管理的思考[J]. 财会月刊,2015:17.

[30]邹爱娟. 关于省以下审计机关垂直管理体制改革的思考[J]. 中国乡镇企业会计,2015:04.

[31]张瑞民. 对省以下地方审计机关人、财、物统一管理的几点思考[J]. 审计署网站理论之窗,2015:03.

[32]BERRY, Eugene L, GORDON B. Harwood and Joseph L. Katz. Porformance of Au diting Procedures by Governmental Auditors: Some Preliminary Evidence[J]. The Accounting Review, 1987:62(1).

[33]BOWERMAN M. Auditing performance indicators: the role of the auditing commission in the citizen's charter initiative[J]. Financial Accountability and Management ,1995:(2).

[34]DEIS, Jr. Determinants of Audit Quality in the Sector [J]. The Accounting Review,1992:67(3).

[35]SUZANNE L, Jr. Audito Specialization, Perceived addit quality,and audit fees in the local government audit market[J]. Journal of Accounting and Publicy, 2007:26.

[36]SCHWARTZ,RACHEL, REGIME L. Audit Quality and Invesyment[J]. The Accounting Review, 1977:72(3).

第二章

自然资源资产离任审计评价指标体系研究

第一节 引 言

改革开放以来,我国在实现经济高速发展的同时,使得资源与环境遭到了一定程度的破坏。在过去较长一段时间以来,某些政府领导干部为了追求经济的高速发展,获得短暂利益,从而满足在任期间的政绩考核要求,曾实施过一些无节制的,只关注眼前利益的举措,过度地消费自然资源资产,对自然资源环境造成了一些不可逆的损害。越来越多的自然资源环境问题的出现警示我们:人们赖以生存的自然环境正在不断恶化,自然资源环境问题已经成为我国综合实力发展的重大影响因素,而强化对自然资源资产的保护已成为我国当务之急。

在这样的背景下,为了强化对自然资源资产的保护,将审计工作的内容延伸到自然资源资产领域已成为大势所趋,审计人员利用自身审计监督、审计鉴证、审计评价等审计职能来帮助解决自然资源资产问题是合理、科学的。也正是基于此,2013 年 11 月,党的十八届三中全会通过的《决定》指出:“加快生态文明建设,探索编制自然资源资产负债表,对领导干部实行自然资源资产离任审计,建立生态环境损害责任终身追究制”,该《决定》首次以国家法律的形式提出了“领导干部自然资源资产离任审计”这一概念。

作为资源环境审计与经济责任审计的交集,领导干部自然资源资产离任审计有着其自身的独特性,首先,它对领导干部赋予了新的职能,使得领导干部在实现经济收益,履行经济职能的同时,需要兼顾资源和环境的生态职能,充分考虑经济与自然资源的协调发展,实现生态的可持续发展。另外,该审计的提出将领导干部政绩的数量和质量有机结合在一起,完善了领导干部的问责机制,并且建立健全了领导干部政绩考核的方式方法,为日后领导干部的任用选拔提供重要的参考。由于该审计的特殊性,所以传统的经济责任审计评价指标体系并不能做到对领导干部政绩的全面、完整地考核;因此,建立一套科学的、完整的、新的,既符合领导干部职能要求又符合我国实际情况的领导干部自然资源资产离任审计评价指标体系显得尤为必要。

一、促进生态文明建设

建立领导干部自然、资源、资产、离任审计评价指标体系,有助于促进生态文明建设。当前,很多自然资源的定价不合理,导致许多矿产资源、水资源、森林资源等被不计成本地滥用或者过度开采,制约经济社会的持续健康发展。开展领导干部自然资源资产离任审计,让自然资源资产的价格更加充分地反映自然资源的稀缺程度,有利于实现自然资源的合理定价和有偿使用,提高自然资源的使用效率,从而缓解经济发展与资源环境的矛盾。

二、强化领导干部生态责任意识

建立领导干部自然、资源、资产、离任审计评价指标体系,有助于强化领导干部生态责任意识。在综合考虑生态效益、经济效益和社会效益的基础上,如果当期的自然资源资产增值,表明地方政府形成了正的生态政绩,对生态文明建设做出了贡献。而如果当期的自然资源资产出现贬值,则辖区政府的生态政绩为负,对生态文明建设的贡献也就为负。在这种情况下,开展审计是加强生态文明建设的重要内容,是对领导干部经济责任审计的拓展和延伸,为落实领导干部政绩考核和生态责任考核提供了重要参考依据,有利于领导干部更好地履行自然资源资产决策和管理职责。因此,探索将自然资源资产作为领导干部离任审计的重要内容,是强化各级领导对生态文明建设的责任的重要举措,有利于引导领导干部形成正确的政绩观。

三、促进经济可持续发展

建立领导干部自然、资源、资产、离任审计评价指标体系,有助于促进经济可持续发展。加强对自然资源资产的保护、开发、管理和利用,不仅是实现可持续发展的客观需求,对国家安全和国家战略也具有重要意义。创新性开展这项审计工作,有利于防止自然资源过度消耗、浪费甚至破坏,对于促进转变经济发展方式、推动资源节约型和环境友好型社会建设、推进国家治理的现代化具有重要意义。促进领导干部真正贯彻落实科学发展观,树立正确的政绩观,特别是树立“绿色政绩观”,破除唯 GDP 论英雄的错误观念,自觉建设生态文明。

四、为实行生态环境损害责任追究制提供依据

建立领导干部自然、资源、资产、离任审计评价指标体系,有助于为实行生态环境损害责任追究制提供依据。在生态文明建设领域,终身追究制要解决的是生态环境损害问题的滞后性。大多数生态环境损害都是在项目运行多年后才出现,这是个世界性的难题。在我国,由于地方主要领导任期过短,加剧了滞后性问题。由于地方政府领导干部在项目批准建设中起着至关重要的作用,事后追究责任的主体比较明确。开展领导干部自然资源资产离任审计不仅是对领导干部经济责任审计的一个拓展和延伸,而且是落实领导干部生态文明建设责任的创新性实践。研究制定领导干部自然资源资产离任审计的制度办法,加强领导干部自然资源资产离任审计力量,有利于把生态环境损害责任终身追究制落到实处。

第二节　相关概念及文献综述

一、领导干部自然资源资产离任审计相关概念界定

2013 年第十八届三中全会首次提出领导干部自然资源资产离任审计的概念,由于提出时间较短,目前关于该审计的定义还没有统一。为了深入理解该审计,本研究在借鉴国内外相关理论成果的基础上,分别对其审计主体、审计客体进行深入分析,从而对该审计进行定义;然后分析该审计与常规审计项目相比较具有的特点;最后对比分析了领导干部自然资源资产离任审计与自然资源资产负债表审计的不同,具体如下。

(一)审计主体

审计主体是审计活动的组织者及实施者,为了确定领导干部自然资源资产离任审计的审计主体,本研究主要从以下两个方面进行考虑:该审计的审计关系以及其本身的特殊性、专业性。

首先是从该审计的审计关系入手,目前我国审计体系主要是由三部分构成:

政府审计、内部审计和社会审计,其中政府审计是按照相关法律法规的要求和授权对国有资产进行审计;内部审计是对自身所在组织的经营管理活动进行审计;社会审计则是作为独立的第三方,接受委托人的委托,对被审计对象的经济活动的真实性、有效性等进行审计。在我国,自然资源资产管理是由政府负责的,所以考虑到这三类审计分别的特点以及发挥作用的领域,同时有且只有国家审计机关对政府部门才拥有审查和惩罚权利,因此将该审计定位为政府审计的一类,既具有独立性又具有权威性。所以该审计的审计主体应当确定为国家审计机关。

其次是从该审计本身的特殊性入手,一方面是相比较其他政府审计项目而言,该审计的专业性较强,我国自然资源种类繁多,同时分布状况比较复杂,所以审计人员需要具备这些自然资源科学相关的知识架构以及充分的实践经验,需要在懂得相关测量技术的同时,具备提取样本、分析数据、量化评价的能力,而这恰恰是我国大多数审计人员做不到的,因此有专家提出将该审计工作委托给环境工程师或者自然资源资产相关部门工作人员。另一方面,执行该审计也需要同时借助审计的手段和方法,从而进行相应的职业判断,尤其是对自然资源资产相关资金征收以及使用情况,更需要专业的审计人员在旁监督。所以,该审计同时需要专业审计人员以及相关自然资源资产相关部门工作人员。审计主体具体示意图见图2-1。

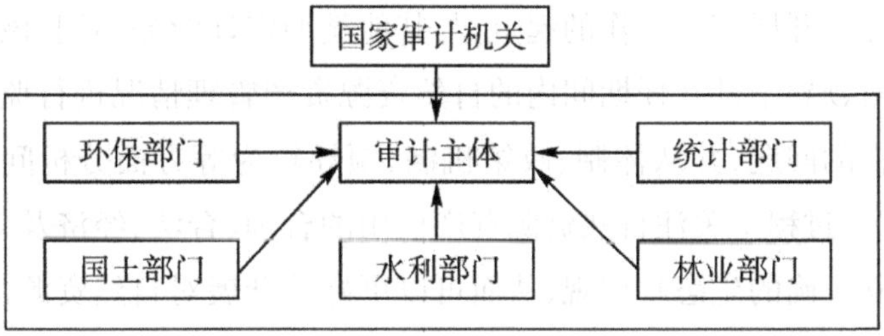

图2-1 审计主体具体示意图

综上所述,本研究认为该审计的审计主体应该是以国家审计机关为主,辅以其他自然资源资产相关管理部门。

(二)审计客体

审计客体是指审计主体作用的对象,接受审计人的审计,即被审计对象。在我国,领导干部承担政府部门活动的责任,这些领导干部或者是有权利监督和控制其他部门与自然资源资产相关的活动，或者是有权利制定和执行影响自然资源资产的政策、法规以及各种年度计划等，或者是直接或间接对本地区内自然资源资产造成影响。因此，领导干部对自然资源资产的管理情况需要接受国家和人民的监督。该审计的审计对象是各级党政领导干部，即指在本地区内对自然资源保护和污染治理承担行政管理责任的各级党政部门的领导人和相关负责人。

（三）定义

综上所述，通过分析得出领导干部自然资源资产离任审计的定义为：国家审计机关在其他自然资源资产相关管理部门的配合下，依据相关法律法规，对地方各级党政领导干部任职期间当地自然资源资产开发利用、资源环境污染防治和生态环境保护活动及其效果进行监督、评价和鉴证工作，并对其在自然资源资产管理过程中所应承担责任的履行情况进行评价和鉴定。

（四）审计特点

领导干部自然资源资产离任审计是对现有审计体系的继承与发展，所以该审计既保存着所有审计所具备的共同性质，同时又有其自身特有的特点，主要表现在以下几点。

1. 审计目标的特殊性

审计目标是开展审计工作的起点，与其他类型审计业务不同，该审计的审计目标是通过对领导干部在任期间内的自然资源资产管理情况进行监督、评价，发现其管理存在的问题，并从体制、政策机制、领导行为等方面分析问题存在的原因，同时在审计过程中关注自然资源资产使用的合理、合法、经济及效率性，使得领导干部树立正确的生态政绩观，从而可以更好地开展对自然资源的开发、保护工作，最终达到经济效益、生态效益与社会效益的完美统一。

2. 审计标准的多样化

审计人员在开展领导干部自然资源资产离任审计的过程中，需要遵循我国所有的与之相关的法律法规，这些即为开展该审计的审计标准。在我国，关于自然资源资产的法律法规有很多，包括国家层面颁布的各类自然资源资产的管理和保护法，也包括各地方依据自身区位条件制定的一些相关条例。与此同时，为了使领导干部自然资源资产离任审计试点工作可以有序开展，国家也出台了几部与该审计相关的法规和方案，如《关于开展领导干部自然资源资产离任审计的试点方案》《党政领导干部生态环境损害责任追究办法(试行)》等。上述这些法律、法规、条例、方案等都是审计人员在开展审计工作的过程中需要遵循的审计标准，审计标准的多样性也在一定程度上加大了开展审计的难度。因此，审计人员在开展该审计评价工作的时候，应该以国家颁布的法律法规为主要评价依据，同时结合地方颁布的一系列条例，建立具备地方特色的审计评价标准。

3. 审计存在高风险性

该审计的被审计对象是各级领导干部，同时其审计结果会作为领导干部政绩评价的重要依据之一，会影响领导干部的提拔、任免及处置。在这种情况下，执行该审计需要审计人员严格保证自身的审计独立性，但是，由于目前我国政府审计机关的体制属性，审计人员与被审计对象之间可能会存在影响其审计判断的关系，这在一定程度上使得审计人员的独立性大打折扣，从而导致该审计的高风险。另外，与此同时，由于该审计在我国尚处于试点、探索阶段，所以相关法律法规还不完善，评价标准也不健全，所以在审计过程中更多的是需要依据审计人员的职业判断，而且在审计过程中出现一些尚未出现情况的可能性会很大，在这种情况下，审计人员因为没有标准可以参考，所以很难依此作出正确的评估，从而导致该审计的高风险。

二、国内外相关研究文献综述

(一)国外相关研究文献综述

由于我国和国外的社会体制存在着很大的差异，国外关于领导干部自然资源资产离任审计的研究文献较少，但是关于政府环境绩效审计的研究相对比较成熟，且对本文具有一定的借鉴、参考意义，因此本书的国外研究文献综述主要是针对政府环境绩效审计研究进行综述。国外关于政府环境绩效审计的研究，主要成果表现为以下几个方面。

第一是关于政府环境绩效审计的目标。美国环境审计委员会(1991)认为政府环境绩效审计的目标是确定一个项目或者组织是否遵循了法律法规中要求的对环境管理的所有要求，同时在审计过程中要预测出环境未来可能出现的问题以及解决方案。Biovin B 等(1991)认为，政府环境绩效审计的目标是评价一个公司对与环境管理相关的法律法规的遵循情况。

第二是关于政府环境绩效审计的主体。加拿大审计长 L. 丹尼斯·德萨特斯(1992)认为政府环境绩效审计的主体应该是政府部门的相关机构。Karapetrovic S (2001) 认为,政府环境绩效审计应该与社会环境绩效审计一起执行。目前在国外,政府环境绩效审计的主体主要是政府审计机关,同时辅助于企业内审部门以及注册会计师等社会中介机构。

第三是关于政府环境绩效审计的内容。Biovin B 等(1991)认为,政府环境绩效审计与传统环保资金审计存在着重大差异,因此执行该审计需要着重强调“绩效审计”这一概念。R. S. Mahar 等(2004)认为政府环境绩效审计内容除了绩效评估以外,还需要包括对环境监管和控制职责的审计。最高审计机关组织所属的环境审计委员会(1992)认为政府环境绩效审计的内容应该包括:对环境管理项目的审计、对会对环境产生影响的非环境管理项目的审计、对政府与环境管理相关的法律法规执行情况的审计、对整个政府环境管理系统有效性的审计、对政府预备落实的政策和项目正确性的审计。

第四是关于政府环境绩效审计的评价指标体系。加拿大特许会计师协会(1994)提出政府环境绩效指标的设计应该与环境管理目标一致,可以从投入、产出、影响和效应这四个方面进行设计,同时为不同行业提供可参照的环境绩效指标。最高审计机关组织所属的环境审计委员会(2001)提出审计过程中应该参考环境系列标准,并且采用调查问卷、统计抽样等评价方法。

(二)国内相关研究文献综述

党的十八届三中全会首次提出领导干部自然资源资产离任审计这一概念,该审计是一项具有中国政治特色的审计项目,也是我国审计制度的一大提升,是目前学术界研究的热点问题,梳理相关的研究,主要成果表现在以下几个方面。

第一是关于领导干部自然资源资产离任审计的主体。目前国内对该审计主体的探究观点主要分为两类:单一审计主体和多元审计主体。持单一审计主体观点的学者,如安徽省审计厅课题组(2014)通过对自然资源资产特征的分析以及该审计主体职责的研究,指出开展该审计的主体只能是国家审计机关;王平波(2015)分析现有审计体制,认为开展该审计的主体应该为国家审计机关。也有学者持多元审计主体的观点,如蔡春、毕铭悦(2014)认为开展该审计的主体应该是多方面来源的,在保证国家审计机关主体地位的同时,可以将社会审计和内部审计纳入审计主体的体系。

第二是关于领导干部自然资源资产离任审计的内容，按照时间点进行归纳。在提出该审计概念之前，蔡春、陈晓媛（2007）认为开展领导干部经济责任审计，不仅要评价其经济责任的履行情况，还需要关注其社会责任的履行情况。黄溶冰等（2010）从外部宏观环境着手分析，认为实施领导干部经济责任审计，重点在于评价领导干部履行经济责任所付出的外部环境成本。王淡浓（2011）认为该审计的审计内容应该包括自然资源的保护开发利用情况、政府对环保资金的使用情况，以及法律法规的落实情况。党的十八届三中全会正式提出该审计概念之后，该审计的审计内容再次成为学术界的热点问题。林忠华（2014）分析我国现有审计体系之间的关系，认为该审计的重点审计内容应该包括对领导干部制定自然资源资产决策的经济性以及可行性的审计，以及对领导干部自然资源资产管理制度执行情况的审计。陈波、卜琦（2014）将我国开展该审计所涉及的审计监督对象进行了分类，分别为地方政府领导人员、自然资源资产部门管理领导人员，以及自然资源资产相关国有企业领导人员，针对不同类型的审计对象，本研究给出了其对应的审计考核的侧重内容。安徽省审计厅课题组（2014）认为该审计侧重内容应该为自然资源资产的开发利用和保护情况。王复美（2014）认为开展该审计应该包括专项基金使用、政策执行、资产管理三个方面的内容。

第三是关于领导干部自然资源资产离任审计的评价指标体系。周曦（2011）在领导干部环境保护责任审计的研究中，认为该审计评价指标的设计应该依据领导干部的基本责任而进行，同时作者提出了环境质量指标、环保工程完成指标、环境保护目标完成指标等。徐泓、曲婧（2012）为自然资源绩效审计评价设计了自然资源政策、资金、开发保护、使用、收益分配等五方面共 31 项指标。刘笑霞、李明辉（2014）总结了苏州市近十年的工作经验，提出从环保政策执行情况、资金使用效率等方面设计相应的评价指标。杨斌（2014）认为构建该审计评价指标体系，政府审计机关可以借鉴领导干部经济责任审计的评价体系。张宏亮等人（2014）综合考虑数据的获取难度，设计了耕地占补平衡完成比例、空气质量优良天数等 16 个评价指标。陈波（2015）提出将自然资源资产绩效评价方法应用于该审计评价中，并将自然资源资产分为草原、野生动植物等 8 类分别设计评价指标。杨蕾（2016）通过对该审计的内容进行分析，从环境质量状况、质量改善、环保工程建设、环保资金投入使用、资源经济贡献五个方面设计了共 29 个指标。刘明辉等（2016）从领导干部自然资源资产管理活动的全链条出发，构建了自然资源资产管理投入、过程、产出、成果、影响五个维度的评价指标体系，并提出采用层次分析法和模糊综合评价法对各评价指标进行定量分析和综合评价。刘宝财(2016)分析了湖州市该审计具体试点情况，从自然资源资产政策法规制定执行、管理责任履行、预算编制与执行三方面入手，构建了该审计的评价指标体系模型。

(三)文献评述

综合上述，首先，在我国，目前领导干部自然资源资产离任审计由于提出的时间比较短，而且只是在一些城市开展试点工作，所以理论界对其的研究比较少，而且很多理论之间也存在着争议，没有达成一致观点，也没有形成系统化的理论体系。其次，关于领导干部自然资源资产离任审计评价工作，目前学术界还没有形成比较公认的评价指标体系和评价方法，所以审计人员在开展该审计的过程中，更多的是借鉴和发展现有的领导干部经济责任审计及政府环境审计的评价指标体系和方法。最后，关于领导干部自然资源资产离任审计的评价标准，目前我国开展该审计可供参考的法律法规极少，大多数更注重强调该审计的重要性，但是没有对领导干部自然资源资产管理和保护职能进行一个具体的规定，法律法规的不健全可能会使得最终审计评价结果的保障程度较低。所以说，目前审计人员开展领导干部自然资源资产离任审计，因为评价指标和评价方法不明确，各指标考核权重也没有具体的划分，审计评价工作很难达到统一，因此需要结合各区域自然资源资产现状设计评价指标，构建一个比较全面的评价指标体系。本研究则是通过借鉴现有研究成果，以及现有的审计项目的评价方法，试图构建领导干部自然资源资产离任审计评价指标体系，为该审计的发展贡献一份自己的力量。

第三节　领导干部自然资源资产离任审计的缘起及发展

一、发展演变情况

随着各种环境问题的出现，我们生存的环境正面临着各种考验，我国的自然资源问题也已经发展到刻不容缓的地步，这样紧迫的大背景需要将审计工作的范围扩展至自然资源资产领域。党的十八届三中全会首次提出领导干部自然资源资产离任审计这一概念，我国制定了环境保护及责任认定方面相关政策，开展了部分自然资源审计试点工作。

（一）政策引导渐趋明显

1996 年 8 月 3 日，国务院颁布了《国务院关于环境保护若干问题的决定》，该决定提出，地方各级人民政府及其主要领导人需要对本辖区环境质量负责，并且要将辖区内的环境质量作为考核领导人的重要内容之一，实行环境质量行政领导负责制。这就要求审计机关工作的涉及范围也需要进一步涵盖对领导干部环境质量责任的界定和追究。

2003 年 9 月 1 日起施行《中华人民共和国环境影响评价法》，目的是为了实施可持续发展战略，预防因规划和建设项目实施后对环境造成不良影响，促进经济、社会和环境的协调发展。此外，为加强环境监测管理，根据《环境保护法》等有关法律法规，制定环境监测管理办法，自 2007 年 9 月 1 日起施行。

2010 年 10 月 12 日，中共中央办公厅国务院办公厅印发《党政主要领导干部和国有企业领导人员经济责任审计规定》第十八条提出，审计机关在经济责任审计中应关注“与领导干部履行经济责任有关的管理、决策等活动的经济效益、社会效益和环境效益情况”，其中提出“环境效益”，则明确意味着将资源环境的保护纳入了领导干部经济责任审计的范畴。

2013 年 11 月，党的十八届三中全会提出“探索编制自然资源资产负债表，对领导干部实行自然资源资产离任审计，建立生态环境损害责任终身追究制”。这是首次提出“自然资源资产离任审计”的概念，也为后续各地市进行该审计试点奠定了政治基础。另外，该决定所提及的“生态环境损害责任终身追究制”也成为当下各地政府执政的重点关注点，并且被广泛应用于评价领导干部政绩。

2015 年 7 月 1 日，由习近平总书记主持召开的中央全面深化改革领导小组第十四次会议上审议通过了《开展领导干部自然资源资产离任审计试点方案》和《党政领导干部生态环境损害责任追究办法（试行）》，再次明确了领导干部对生态环境损害负终生责任，不论调离、提拔或者退休等。同时，这两个文件提出：自然资源资产离任审计将从 2015 年启动审计试点，2016 年起扩大试点范围，至 2018 年开始形成经常性审计制度。

2015 年 11 月 9 日，中共中央办公厅、国务院办公厅发布《开展领导干部自然资源资产离任审计试点方案》，正式展开该项审计工作的试点。该方案提出了该项审计试点的主要目标，同时方案确定了试点期间的审计对象只有地方各级政委和政府领导干部。该方案强调开展该项审计工作，各地市需要因地制宜，根据各地区位条件等，并且结合领导干部岗位职责特点，有针对性地确定审计内容。

从2015年至2017年，在上述各政策的指导下，各试点城市政府也陆续颁布了各类与自然资源资产离任审计相关的试点方案，例如，《江苏省领导干部自然资源资产离任审计试点方案》等，在这些政策的指导下，各地市的试点工作如火如荼地开展开来。

（二）实践探索渐趋成熟

2014年试点之初，内蒙古自治区审计厅就将草原资源纳入了重点审计范围，经过两年多的审计试点，内蒙古审计厅在领导干部草原资源资产离任审计方面积累了比较丰富的经验，在审计试点中形成了比较完善系统的审计方法、操作实务、评价体系等。2016年，受审计署委托，内蒙古自治区审计厅编制了领导干部草原资源离任审计操作指南，总结了审计评价事项，并且形成了一套包含5个一级指标、16个二级指标和30个三级指标的评价指标体系，成了全国试点审计的参照。

2014年11月底，贵州省审计厅完成了对赤水市、慕波县的自然资源资产离任审计试点。通过审计，审计厅发现个别地方在自然资源资产开发利用、出让、转让以及专项资金收支管理等方面存在一些重大违法违规问题，并已向有关部门移送14项损害自然资源生态的违法案件，进而对相关责任人进行了问责。

2016年6月至8月，按照审计署的统一部署，浙江省审计厅在开化县开展了领导干部自然资源资产离任审计试点工作，对领导干部森林资源管理情况进行审计评价。首先是梳理地方政策，审查上级政策规章等的贯彻执行情况以及效果；其次是对领导干部森林资源管理的业务进行分析，评价森林采伐、占用林地等基础业务的完成情况，从而评价领导干部对该资源的管理情况；第三是审查领导干部审批和监管的具体情况，审核林地资源审批程序以及审查是否存在非法占用自然保护区的问题等。在该审计试点中，审计人员发现了一些森林资源管理存在的问题，如森林防火工作履职的不到位、森林火灾存在少报的情况、个别造林项目存在重复申报的问题等。

2016年10月，山东省审计厅开展水资源资产离任审计试点工作，并且取得了初步的效果，首先是掌握山东省水资源的基本情况，为将来政府决策提供了基本依据;其次是在试点工作中发现了一些违规做法,并且进行了处理。另外,在审计试点工作中,水资源资产离任审计作为一项新生事物,山东省审计厅也尝试了一些分析技术以及计算方法,初步建立了一套有效评价水资源的科学的分析技术体系,如利用 GIS 技术检测全市地表水的补给、地下水的数量、质量等,为审计工作提供了科学的理论、数据支撑。

正如上述这些案例,虽然各地区试点侧重内容、进度等不同,但是领导干部自然资源资产离任审计这项工作的试点已经在全国范围内展开,进一步深入落实以及统一化的操作规程也成了迫在眉睫的事情。但是,该领域的理论研究发展速度落后于实际进程,理论是在实践需求的逼迫下被动展开的,不能充分满足实际的需求,这使得该项工作在诸多方面受到阻碍。

第四节 领导干部自然资源资产离任审计开展现状及问题

近年来,领导干部自然资源资产离任审计试点工作在全国范围内持续展开,各地审计机关都在实践探索该审计业务,并对地方党政主要领导干部进行自然资源资产离任审计,力求在该审计内容、方法、评价指标和成果运用等对各方面形成一套可供借鉴的实务操作模式。

通过对省审计机关主要参与者及涉及领导干部自然资源资产离任审计试点工作的审计人员,进行半结构化访谈,获得了目前省审计机关开展该审计试点工作的具体进展情况以及取得成果,归纳、总结、分析出自然资源离任审计的审计主体、审计客体、审计方法、审计流程步骤、自然资源资产审计类型、各类自然资源审计内容以及对应的评价指标等;结合审计现状辨析出目前审计评价存在的问题,以及开展该审计评价工作评价指标体系的缺点等。

一、审计主体

由于领导干部自然资源资产离任审计工作涉及领域较广、专业要求较高、牵涉部门较多、沟通协调难度较大,并且考虑到 ZSX 省的区位条件,所以省审计机关在制定自然资源资产离任审计计划时,将统计局、环保局、国土资源局、林业局、农业委员会、水利局等资源环境主管部门,以及地方审计局纳入了审计主体成员单位,同时吸收各界专家,形成由审计部门牵头的联合审计组。在具体执行审计业务时，审计厅主要领导人担任联合审计组组长，审计厅各业务骨干担任主审计人员，各相关资源环境部门人员以及各界专家配合审计部门人员的工作，为审计业务执行提供数据、技术等的支撑，具体各部门成员分工见表2-1。

表2-1　联合审计组各部门分工

成员单位	职能分工
审计部门	组建审计组，提出审计方案，发送审计通知书，拟定审计实施方案，明确审计要求，与其他成员单位共同完成审计内容，与被审计对象沟通协调，汇总形成审计报告上报市委、市政府，组织协调落实审计整改等
统计部门	利用部门专业优势，为联合审计组提供与领导干部自然资源资产离任审计相关的指标数据
环保部门	利用部门专业优势，提供相关数据，对领导任期内当地环境保护相关指标、情况进行分析
国土部门	利用部门专业优势，提供相关数据，对领导任期内当地土地资源利用、耕地保护等相关方面指标以及情况进行分析
林业部门	利用部门专业优势，提供相关数据，对领导任期内当地林木覆盖、湿地保护等相关指标、情况进行分析
水利部门	利用部门专业优势，提供相关数据，对领导任期内当地水资源、水环境保护等相关指标、情况进行分析
…	…

二、审计方法

联合审计组在执行该审计的过程中应用了以下审计方法：

第一，召开座谈会。与被审计单位领导班子成员、有关职能部门或下属单位负责同志进行个别谈话，召开有关人员参加的座谈会，初步了解重点自然资源资产的管理模式和相关决策流程，并对可能存在的重大事项及其影响做出初步判断。

第二,检查重大决策制度。收集、审阅与生态文明建设、自然资源资产管理有关的各种决策制度,包括各种议事规则、工作规则、有关“三重一大”实施细则、各业务事项的决策流程、有关决策事项的可行性研究或专家咨询评估规范及其他相关管理制度等,掌握重大决策制度执行的关键环节和控制点,检查和评价重大决策管理制度的建立健全情况。

第三,查阅相关记录。通过查阅业务会议等会议记录和纪要,收发文件记录,领导干部对有关事项的批示,发展规划与年度计划,各年度工作报告以及领导班子成员工作总结,结合与被审计单位领导班子成员和有关职能部门负责人的谈话内容,梳理被审计单位在自然资源资产离任审计范围内的重大决策事项,并结合不同类别自然资源的特点对重大决策事项进行分类,检查和评价重大决策事项的数量、涉及金额等总体情况。

第四,分析电子数据。综合运用各种数量分析工具,对收集整理的相关电子数据进行分析,包括自然资源资产规模、结构分析,资源环境保护分析,资金收支情况分析等,多角度了解重大决策事项的基本情况,分析各决策事项中的异常情况,并与前述掌握的总体情况进行核对、检查,进而发现薄弱环节及在执行有关决策事项中存在的问题。

第五,抽查详审。根据审计目标和总体分析情况,结合相关制度与职权划分,合理确定重点自然资源有关重大决策事项的定性定量标准,抽查一定数量的重大决策事项,并对照国家有关法律法规、方针政策和决策部署,检查和评价具体事项决策内容的合法性、决策程序的民主性、科学性、效益性。

第六,重点延伸。综合运用数据分析、审阅判断、个别谈话、召开座谈会、实地调查等审计方法,对重点决策事项的执行情况进行详细审查,并对有关决策事项的完成情况作出判断,评价该决策事项的预期目标或效益是否实现。

三、审计流程

在领导干部自然资源资产离任审计试点过程中,省审计机关开展该项审计工作的具体流程为:第一,在确定具体审计对象以后,审计人员去省级有关部门进行调研了解,取得相关自然资源数据,管理办法和要求等,了解重点关注的内容;第二,审计人员来到地方了解具体情况,出实施方案;第三,审计人员再听取专家意见，出正式审计方案，并且给地方下达审计通知书；第四，审计人员按照审计方案开展审计工作，揭示审计对象在自然资源资产管理方面存在的问题以及重大失误；第五，审计人员分析重大失误产生的原因，并提出建议；第六，审计人员与相关领导干部进行座谈，谈论具体改进意见以及责任追究。具体流程见图2-2。

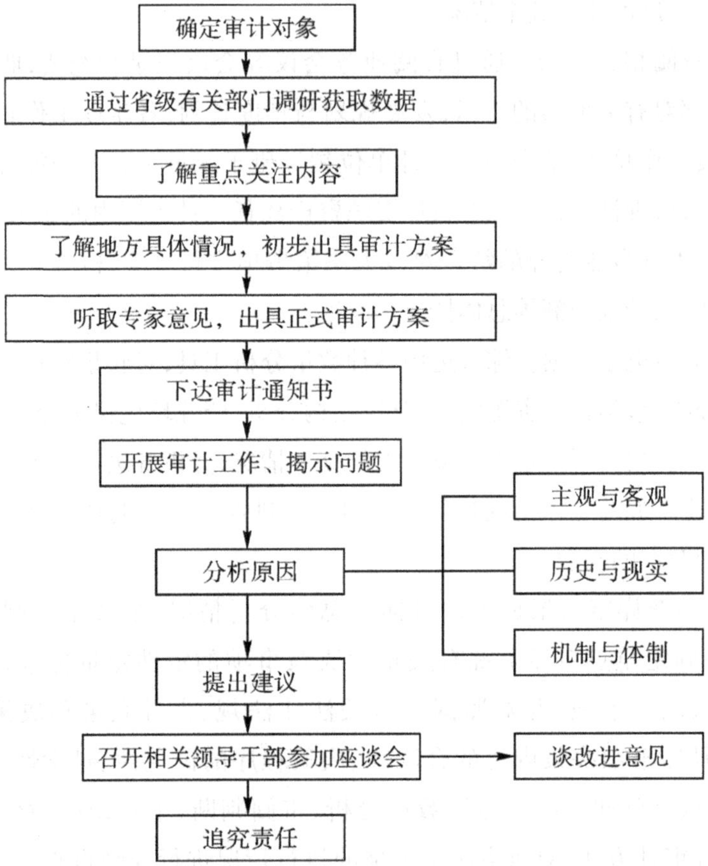

图2-2　领导干部自然资源资产离任审计具体工作流程图

四、各类自然资源审计内容以及现行评价指标

目前，省审计机关自然资源资产离任审计的审计内容主要包括森林资源、水资源、国土资源以及矿产资源。下面将分别总结、描述这四类自然资源的审计内容以及现行评价指标。

（一）森林资源

省审计机关领导干部森林资源资产离任审计的具体审计内容以及现行评价指标具体如下。

1. 资产状况

第一，检查森林资源资产的数量、质量和变动情况。检查森林资源资产形成的真实性、完整性，各具体类别森林资源资产的确认是否准确，森林资源资产减值准备、折旧的计提是否合规，有无多计、少计森林资源资产，对多计、少计问题进行原因分析。摸清期初和期末两个时点上森林资源资产的总量和质量，通过各指标深入分析森林资源资产总量、结构和质量变化的原因等。具体指标有：林地总面积、有林地面积、乔木林面积、竹林面积、疏林地面积、灌木（草）面积、未成林地面积、无立木林地面积、宜林地面积、公益林面积、商品林面积、苗圃面积、林业辅助生产用地、林地保有量、森林覆盖率、天然林比重、林分郁闭度、林种结构、森林病虫害发生率、森林火灾发生次数、森林火灾过火面积、森林火灾受灾面积、森林火灾受害率、林业有害生物成灾率、有害生物成灾面积、林地质量评价定级情况等。

第二，检查森林资源资产确权登记情况。检查森林资源是否落实产权登记，确权面积、确权率和林权证发放情况，有无森林资源资产确权不规范造成森林资源资产流失等突出问题。具体指标有：已确权面积、国有林地面积、集体林地面积等。

2. 资源保护情况

审查森林资源的保护目标及责任是否明确，是否有一套森林资源保护及责任履行的考察机制；审查是否对野生动植物的疾病防控采取措施，是否建立森林病虫害防治信息系统；是否建立森林防火等相关制度；是否对森林进行投保，投保类型是什么，投保率是多少；是否建立相应的制度来保护森林资源，是否存在违法征占林地情况；是否有林地保护年度计划，林地的保护年度计划是否符合林地保护利用规划。具体指标有：森林无公害防治面积、森林无公害防治率、森林病虫害测报准确率、种苗产地检疫率、征收检疫费、森林投保率、森保投入、野生动植物数量、重点保护的野生动植物数量、古大珍稀树木、各类自然保护区面积、造林面积、造林成活率、造林保存率、退耕还林工程面积等。

3. 开发利用情况

审查是否具有有效的林业建设项目立项审批程序，是否有一套有效的林业建设项目实施监督措施，林业建设项目是否按照合同日期开始动工和完工；审查是否按要求办理采伐证，有无无证采伐情况，是否建立规范完整的采伐台账，有无重复登记采伐证情况；审查是否进行了采伐备案及采伐验收，是否存在以前年份未验收而以后年份又颁发了采伐许可证；森林资源的采伐是否超过限额，林地的开发、利用年度计划是否符合当地林地保护利用规划。具体指标有：森林蓄积量、活立木总蓄积量、林木计划采伐指标、林木实际采伐量、竹材采伐量、木材总价值、林业产值、林业产值占 GDP 比重、森林旅游人数、森林旅游收入、人均公园绿地面积等。

4. 资金使用情况

第一，专款的拨付及使用情况。审查专款的实际拨付情况，审查专款的支出是否按照森林资源专项资金预算制度规定进行安排，支出安排是否真实、合法，有无在预算安排环节挪作他用。审查资金是否按规定用途使用，项目资金使用是否真实、合规，是否按照项目管理规定实施；有无资金体外循环；有无套取项目资金、挤占挪用等问题；有无补充林地数量不足、质量不高、后期管护不善等效益低下甚至损失浪费。没有对应评价指标。

第二，国有林地流转收益。审查有无国有林地流转审批程序，国有林地流转的定价是否公允，有无造成国有资产流失情况，国有林地流转收益的使用是否合法、恰当，有无造成国有资产流失情况。没有对应评价指标。

第三，林业建设项目的实施情况。主要检查项目申报资料是否真实、是否按照项目管理规定实施，有无自行改变项目实施内容，项目资金使用是否真实、合规，项目是否能够有效增加森林面积、改善森林质量。重点关注有无多头申报，重复立项，套取项目资金；有无虚报冒领、挤占挪用和高估冒算；有无进度滞后和偷工减料。没有对应评价指标。

5. 贯彻落实政策、制度和措施情况

第一，地方政府林地保护利用规划和林业发展规划编制与执行情况。检查自然资源开发利用相关总体规划、年度计划的目标任务分解、完成情况，是否存在违规调整规划、过度耗费自然资源等影响自然资源资产开发、使用和保护的问题。第二，为了加大森林生态系统保护力度，加快生态文明建设。近年来，党中央、国务院出台了森林资源有偿使用、生态补偿、用途管制等一系列政策，审计应结合各地实际及森林行业特点，对贯彻落实生态文明建设有关政策情况进行监督检查,有无违反规定超标准采伐与限额发放林木采伐许可证;有无超越职权发放林木采伐许可证、木材运输证等情况。没有对应评价指标。

(二)水利资源

省审计机关领导干部水利资源资产离任审计的具体审计内容以及现行评价指标具体如下。

1. 资产状况

了解水资源基本情况,主要包括:一是水资源状况及年度用水情况,包括各类水资源数量、各类水资源利用量,以及用水结构情况;二是河流、湖泊、水库的分布情况及水体水质和水功能区水质达标状况;三是蓄水动态,包括水库蓄水动态、平原区浅层地下水动态;四是用水指标。具体指标有:水资源总量、大中型水库蓄水量、地表水好于Ⅲ类水质的比例、地表水劣于Ⅴ类水质的比例、降水量、地表水资源量、地下水资源量、地表水与地下水重复计算量、年度用水总量、地表水地下水再生水以及疏干水等非常规水源利用量、用水结构情况;水库蓄水动态、平原区浅层地下水动态等。

2. 相关政策措施落实情况

第一,检查水资源相关规划编制情况,编制过程是否遵循了合理开发、优化配置、节约使用、有效保护的原则,是否进行了水资源综合科学考察和调查评价,是否符合主体功能区的要求,是否符合流域和区域统一规划;第二,检查水资源论证制度执行情况;第三,检查各级政府制定的相关政策规定及配套措施等情况,主要包括:水资源管理责任及目标考核是否落实,水资源监控体系是否健全有效,水资源配置、节约、保护和管理等方面的政策是否完善等;第四,检查取水许可制度执行情况;第五,评价水行政主管部门及流域管理机构的职责履行能力情况,具体指标有:水资源规划、水资源论证、取水许可、有偿使用、水资源管理责任和考核等。

3. 开发利用情况

第一,检查年度取用水计划的分配、下达及执行情况。主要检查各地区用水情况是否符合上级下达的用水总量控制指标,并按照自治区实行最严格水资源管理制度“三条红线”控制指标,将各项指标逐级分解下达。取用水户是否存在超限额取用水的情况,用水量是否符合地方行业用水定额标准。第二,水资源调度和水权转让情况。主要检查对主要用水户是否做到了总量控制和定额管理,年度引水量是否超过分水指标;水量调度是否严格控制,能否主要用于生态恢复。调查了解水权交易制度的建立、开展和运营情况。具体指标有:供水量、"三条红线"控制指标(用水总量控制目标、万元工业增加值用水量、农田灌溉水有效利用系数、水功能区水质达标率)、人均综合用水量、万元生产总值(当年价)用水量、农田实际灌溉亩均用水量、城镇人均生活用水量、农村居民人均生活用水量、水资源调度和水权转让情况、用水定额管理情况等。

4. 资源保护情况

第一,检查地下水管理和保护情况。对超采区是否进行了有效治理,能否实现地下水超采区采补平衡。是否建立了区域用水总量控制和水位控制双指标监测体系,是否划定并公布了地下水禁采区和限采区,取用地下水的高耗水产业是否得到严格禁止等。第二,节约用水管理情况。主要检查水资源短缺及生态脆弱地区对高耗水工业项目和高耗水服务业是否进行了严格限制,对农业粗放用水是否采取了管道输水、喷灌、滴灌等高效节水灌溉措施,对不符合节水强制性标准的产品是否禁止生产和销售,对中水和疏干水等非常规水源是否纳入水资源统一进行配置。第三,检查水功能区排污控制情况。一是检查入河排污口的审批管理和执法监察情况;二是检查饮用水水源地的保护和安全保障是否达到国家规定标准,是否建立了饮用水水源地突发事件应急预案,有无备用水源;三是检查重点河湖生态环境的保护和治理及修复情况。具体指标有:废污水排放量、饮用水水源保护情况、地下水管理和保护情况、节约用水管理情况、水功能区排污控制情况等。

5. 水资源费征收管理及使用情况

检查水资源费的征收、管理和使用情况。主要检查各级水行政主管部门是否按国家和自治区规定的征收范围、对象、标准和程序进行征收,是否存在擅自减免、缓征或停征水资源费的情况。征收的水资源费是否全额缴入同级国库,实行财政预算管理,专户储存,"收支两条线"管理,由财政部门按照批准的部门财政预算统筹安排使用,并按规定比例上缴中央财政。征收的水资源费是否主要用于水资源的节约、保护和管理以及水资源的合理开发方面,能不能达到预期效益,是否存在截留、侵占或者挪用等行为。具体指标有:水资源费征收管理使用情况、水资源保护治理等方面投入情况等。

(三)国土资源

省审计机关领导干部国土资源资产离任审计的具体审计内容以及现行评价指标具体如下。

1. 资产状况

第一,检查国土资源资产确权登记情况。检查关注国土资源是否落实产权登记,土地调查、地籍测量、土地登记是否及时、准确,有无土地权属纠纷,地籍资料是否能够公开查询,有无国土资源资产确权不规范造成资产流失等突出问题。

第二,检查国土资源资产的总量、结构和变动情况。审查地区土地总面积,耕地、荒地、沙地等数量及结构分布情况,摸清土地质量状况、土地供应结构;对比期初和期末两个时点上土地资源资产的总量、结构变化和质量等指标深入分析国土资源资产总量、结构和质量变化的原因。具体指标有:耕地数量、荒地数量、沙地数量、土地质量状况、耕地保有量、基本农田面积、新增建设用地总量、征地和农用地转用总量、土地供应总量以及质量、"招拍挂"以及协议出让土地的具体数量等。

2. 相关政策的贯彻落实情况

主要检查近年来土地征用、征收、转用等土地利用方面有关政策的贯彻执行情况,确保国土资源有关的宏观经济政策和重大决策得到不折不扣的贯彻落实。审计应关注土地利用规划情况、开发区规划情况、土地审批情况等,具体包括:政府及有关部门是否严格依照土地利用总体规划、年度计划和有关审核审批制度批准征地及农用地转用,有无违规调整土地利用总体规划、年度计划扩大建设用地范围以及化整为零越权批地;是否按照国家产业政策供地,有无违反产业政策、超出控制标准供地,有无违规设立开发区等。具体指标有:土地利用总体规划编制情况、建设用地供应总量、开发区审核目录、基本农田台账等。

3. 领导干部目标责任履行情况

主要检查领导干部任职期间履行加强土地管理,维护土地的社会主义公有制,保护、开发土地资源,合理利用土地,切实保护耕地的责任。审计应重点关注耕地保护目标责任完成情况,主要关注任期耕地保有量和基本农田保护面积是否低于考核标准;有无将工业、采矿、仓储、公园与绿地等建设用地划为基本农田;基本农田的质量是否出现下降趋势;是否出现将不可调整、达不到耕地质量标准的农用地划为基本农田;是否出现基本农田被占用未及时补划等。具体指标有:任期耕地保有量、基本农田保护面积以及质量、补充耕地面积、万元 GDP 建设用地占用下降率、耕地保护责任未落实土地面积等。

4. 相关决策制定、执行和效果情况

主要检查供地是否符合有关供地政策和节约用地要求,评价供地方式和程序是否合法、合规,土地审核审批是否健全、是否得到有效执行。重点关注有无超计划划拨土地;是否存在领导干部违反规定干预和插手工业用地和经营性土地使用权出让等问题;是否存在在未通过挂牌出让取得国有建设用地使用权情况下开工建设、未经批准擅自改变土地用途、土地尚未取得土地使用权证、少支付或拖欠借用地和征地补偿款、土地闲置等问题。有无违反产业政策、超出用地控制标准、低于最低价标准和向国家明令禁止项目供地等。具体指标有:违规审批征收土地面积、违规出让转让土地面积、违规办理土地证面积、基本农田闲置荒芜面积、耕地质量问题涉及面积、土地征收审批合规率、违规产业投向占用土地面积、开发区审批与实际使用情况差异值、闲置土地面积、土地受污染面积、违规出让、转让、征用土地涉及的金额、重大投资项目管理过程违规涉及金额、保障房建设违规涉及金额等。

5. 土地使用权出让金收支管理情况

第一,土地出让金征收方面,重点检查有关部门是否及时足额征收土地出让金。有无违规减免、缓征、先征后返、补贴等变相减免以及以项目抵顶土地出让金,有无对改变规划条件的土地不按市场价补征土地出让收入,有无违规向未缴清土地出让价款的用地单位发放土地证书的问题,评价征收管理是否按照国家规定的标准和程序进行。

第二,土地出让金管理使用方面,重点检查土地出让金收入是否直接缴入财政专户,并按规定将土地出让收入全额缴入国库,纳入预算管理;是否按照土地出让支出预算安排支出,支出是否真实、合规。具体指标有:土地出让收入金额,土地出让收支未纳入预算管理金额,土地出让收入征收管理违规金额,土地出让收入未及时足额计提各项基金、计提的基金未及时安排、长期闲置等涉及金额,土地转让支出预算执行违规金额,土地整治项目虚假招投标、应招标未招标个数等。

(四)矿产资源

省审计机关领导干部矿产资源资产离任审计的具体审计内容以及现行评价

指标具体如下。

1. 资产状况

检查矿产资源资产确权登记情况,关注矿产资源是否落实产权登记,有无矿产资源资产确权不规范造成资产流失等突出问题;检查矿产资源资产的总量、结构和变动情况。主要检查森林资源资产形成的真实性、完整性,自然资源资产负债表中矿产资源资产的核算范围是否真实完整,各具体类别矿产资源资产的确认是否准确;对比自然资源资产负债表中矿产资源资产数据与辖区内国土部门上报的基本数据,有无弄虚作假,是否存在矿产资源资产核算与国民经济核算、环境经济核算指标口径不一致的问题。具体指标有:矿产资源储量等。

2. 贯彻落实相关政策措施情况

了解地方政府在落实促进矿产资源有序开发、合理利用等方面,制定了哪些政策、制度,贯彻落实情况如何,取得了哪些主要成效,存在哪些问题;检查地方政府矿产资源规划编制与执行情况,重点关注是否已编制矿产资源专项规划和区域规划,是否与国家矿产资源总体规划相符,有无违规调整规划等问题。检查矿业权设置审批方式和程序的合规性,关注是否严格按照规定的管理权限和范围审批,有无越权审批,有无违规将矿产化整为零,分割出让,圈占资源以及乱采滥挖等问题。具体指标有:矿产资源战略情况、政策规划编制情况等。

3. 矿产权出让、使用情况

第一,检查新设矿业权的出让情况,关注矿业权出让是否符合矿产资源规划有关要求,有无将应以公开招标、拍卖、挂牌方式出让的矿业权违规采取行政审批方式出让或“暗箱”操作;第二,检查“招拍挂”出让过程中有无弄虚作假,营私舞弊等问题;第三,检查由历史原因形成的无偿取得矿业权的清理情况;第四,检查执行国家矿产资源开发整合和矿产资源总量控制政策的情况;第五,检查矿业权转让情况,关注矿业权人是否完成规定的最低投入,是否对矿业权进行了评估,是否经过了有关部门批准,有无以承包等方式擅自转让等问题;第六,检查矿业权人投资主体,关注有无地方领导干部职工入股或变相入股等问题。具体指标有:开采许可证、勘查许可证、矿产资源的开采情况、开办国有矿山企业情况、矿产资源开发规划等。

4. 矿山地质生态环境恢复治理情况

检查矿山地质环境的破坏和治理情况。一是调查因矿业开发而引起的矿山地质环境问题，了解其破坏的种类、程度、损失及产生的影响，摸清矿山地质环境恢复治理和矿区土地复垦重点工程的种类、规模、措施和实施效果情况。二是检查项目申报资料是否真实、是否按照项目管理规定实施，项目资金使用是否真实、合规，项目是否有明确的规划、计划，完成效果是否达到设计目标。三是调查已完工的治理项目，是否完成预期的目标和任务。对未达成预期效果的项目要进行调查研究，查清产生问题的原因，提出整改建议。没有对应评价指标。

5. 相关资金的征收管理使用情况

第一，检查相关资金的收缴与管理情况。摸清矿产资源资金的种类、规模及征管方式，关注地方政府矿产资源有偿使用制度政策的执行情况，有无违规向未缴清价款的单位发放矿业权证等问题；检查征收部门是否按规定及时足额征收，有无隐瞒、更改基数和擅自减免缓交矿产资源专项资金等问题；检查各项资金是否按规定及时足额解缴国库，纳入预算管理，有无隐瞒转移收入、截留坐支等问题。没有对应评价指标。

第二，检查相关资金的支出情况。检查是否按照矿产资源专项资金预算制度规定安排支出，支出预算安排是否真实、合法，有无在预算安排环节挪作他用；检查资金是否按规定用途使用，其中用于矿山地质环境恢复治理资金的种类和规模是否符合规定等。没有对应评价指标。

五、现行审计评价体系存在问题

通过上述对半结构化访谈结果的总结分析，我们可以发现目前省审计机关开展领导干部自然资源资产离任审计的试点工作取得了一定的成果，摸索出开展该审计的审计主体、审计方法、审计流程、审计内容等。但与此同时也存在一些问题，目前所使用的评价指标更多的是一些自然资源资产的数量描述指标，这些指标是各类自然资源资产管理部门针对所管理的自然资源所使用的专业统计指标，反映的是各类自然资源资产的存量、质量情况，体现的是自然资源的状态，属于自然资源资产负债表中的项目，但用于评价领导干部自然资源资产的管理情况可能会有所限制，最重要的是目前还没有形成一套评价指标体系，可以专门应用于开展领导干部自然资源资产离任审计评价工作，具体体现在以下几个方面。

(一)评价指标的匹配性不足

分析上述各自然资源审计内容以及对应的评价指标,我们可以发现,目前省审计机关自然资源资产离任审计评价指标存在匹配性不足的问题,主要体现在以下两个方面。

首先,指标全面性不足。审计指标评价内容比较单一,并不能全面反映各类审计内容的结果。具体表现为:第一,有些审计内容没有对应的评价指标,目前正在使用的评价指标大部分都是一些自然资源资产的数量描述指标,其他的审计内容没有或者只有很少的对应的评价指标,如各类自然资源的专项资金的拨付与使用情况、各类自然资源的政策贯彻落实情况等,目前开展审计工作所用的评价体系中并没有与之对应的评价指标;第二,一些有对应评价指标的审计内容,选取的评价指标并不能全面地反映该项审计内容的所有情况,即设计的指标不够准确,并不能反映该审计内容想要反应的审计结果,如审计人员审查各自然资源利用的情况,但是所设计的评价指标更多的是反映资源开发合法性情况,并不能反映其本质审计内容。

其次,评价指标重要性、针对性不足。目前正在使用的评价指标选取得不太恰当,大部分指标都只是单纯的资源资产存量指标,这些指标只是对目前自然资源数量现状的一个简单描述,更类似于是一个自然资源资产的统计指标表,更多的是关注量的变化,但是没有对该变化进一步进行系统的评价,同时也没有能够体现领导干部管理情况的指标,所以审计人员很难就这些基本状况数据,对领导干部自然资源管理的真实情况做出评价。

(二)评价指标客观性不足

分析上述各自然资源审计内容以及对应的评价指标,可以发现,目前部分评价指标存在客观性不足的问题,针对有些审计内容,审计人员对其进行评价时带有较强的主观性,如自然资源政策、制度以及规划的编制与执行情况、自然资源专项资金的拨付与使用情况、自然资源管理和保护情况等,这些审计内容并没有一个明确的评价指标或者一个清楚的计算公式或者评价标准等,更多的是依据审计人员的主观判断,这样会使得审计人员对领导干部自然资源管理的评价有失偏颇。

（三）评价指标不具有指导性、激励性

目前该项审计的评价指标不具有指导激励作用，领导干部很难借鉴该评价体系来思考、修改自身执政的理念。一般来说，一个好的评价体系应该是对评价对象有一个正面的指导激励作用，但是目前的审计评价指标只是一些自然资源数量指标，不能明确领导干部自然资源管理方面的权利与义务，从而并不能指导激励领导干部对自然资源的可持续发展管理。

（四）评价指标构不成一个完整的评价体系

目前该项审计的评价指标只是一些独立的评价指标，并不能构成一个完整的评价体系。众所周知，评价是审计工作的中心之一，评价指标的选取会直接影响到最终的审计评价结果。但是目前，针对自然资源资产离任审计，ZSX省政府并没有一套统一的、完整的评价指标体系，自然资源资产审计处于试点阶段。ZSX省审计人员在进行该审计的过程中，会涉及水资源、森林资源、国土资源和矿产资源等领域，这也决定了审计人员需要评价的对象是多方面的，针对每一个自然资源领域，目前审计人员只能做到对各项审计内容分别进行评价，没有对领导干部自然资源管理情况进行一个综合、系统的评价。在这样的审计环境下，审计人员的工作难以开展，并且最终的审计评价结果也难以让人信服。

第五节　领导干部自然资源资产离任审计评价体系构建

一、构建思路

（一）评价体系设计步骤

一套具有完整性、可操作性的领导干部自然资源资产离任审计评价指标体系应该既包括总体性的评价指标，也包括针对不同审计侧重点的具体的评价指标。领导干部自然资源资产离任审计是环境审计和经济责任审计的结合，所以该审计评价体系的构建应该具备环境审计和经济责任审计的共同评价内容。在审计评价上，一是既要有定性分析，又要有定量评价；二是要同时具备经济效益评价、社会效益评价以及生态效应评价；三是既要有现实效益评价，又要有长远

效益评价。该体系应该以综合性、客观性和发展性为构建原则,充分考虑审计现实情况,多维度的综合分析和评价领导干部在任期间对自然资源资产的管理情况,客观公正的开展审计评价。

按照上述这些要求,下面将从对我国自然资源资产形势和领导干部自然资源资产离任审计自身特点的综合分析入手,根据该审计评价的目标,构建一套完整的既符合领导干部职责要求,又符合我国实际情况的政府领导干部自然资源资产离任审计评价指标体系。

构建领导干部自然资源资产离任审计评价指标体系的步骤主要分为以下四大步:第一步,首先识别该审计主要分析问题,确定该审计的审计评价要素,明确第一层次的评价指标;第二步,依据前一步识别的审计评价要素和第一层次指标,确定第二层次以及第三层次的定量评价指标;第三步,确定上述各层次审计评价指标的权重;第四步,设计定性评价指标,并在此基础上完成综合审计评价指标体系构建,根据定量指标权重得分以及定性指标得分,综合计算对领导干部自然资源资产离任审计评价的总得分。具体如下:

第一,通过分析该审计的评价主体、评价客体、评价目标、评价内容几个方面,将该审计评价目标进行细分为根本目标、具体目标和分项目目标,在此基础上,再综合考虑现实以及相关研究文献中对该审计评价内容的研究成果,将这些审计评价内容进行归纳,提炼出领导干部自然资源资产离任审计评价的关键要素,确定审计评价要素,明确第一层次的评价指标。

第二,将基于前一步识别的审计评价要素和第一层次指标,设计第二层次以及第三层次的定量评价指标,针对该审计关注的问题以及期望达到的目标,争取定量指标可以涵盖并超出以往审计中能够反映的问题,从而比较全面、系统地反映领导干部自然资源资产离任审计的评价内容。为了解决现实审计工作中因为应用绝对数指标,而产生的因为地区行业不同导致的较大差异,本文将主要设计相对数指标,同时通过相关自然资源资产法规、行业数据以及历史经验等评价标准,设计第三层次评价指标的参考最优值。

第三,对已经构建好的定量评价指标赋予一定的权重,明确单个指标在整体评价指标体系中的重要性,具体采取的方法为专家打分法,并且应用层次分析法确定各级评价指标的权重。

第四,设计定性评价指标,完成综合审计评价指标体系构建。在给定量评价指标赋予权重之后，本文将增加定性评价指标，从而补全遗漏的信息，解决该审计评价要素仅局限于第一步确认的评价要素方面以及相应的定量评价指标所带来的问题。最后通过确定综合审计评价分数计算方法，将定量评价指标和定性评价指标结合为一个整体，形成一个相对完整的审计评价体系。

领导干部自然资源资产离任审计评价指标体系构建的过程见图2-3。

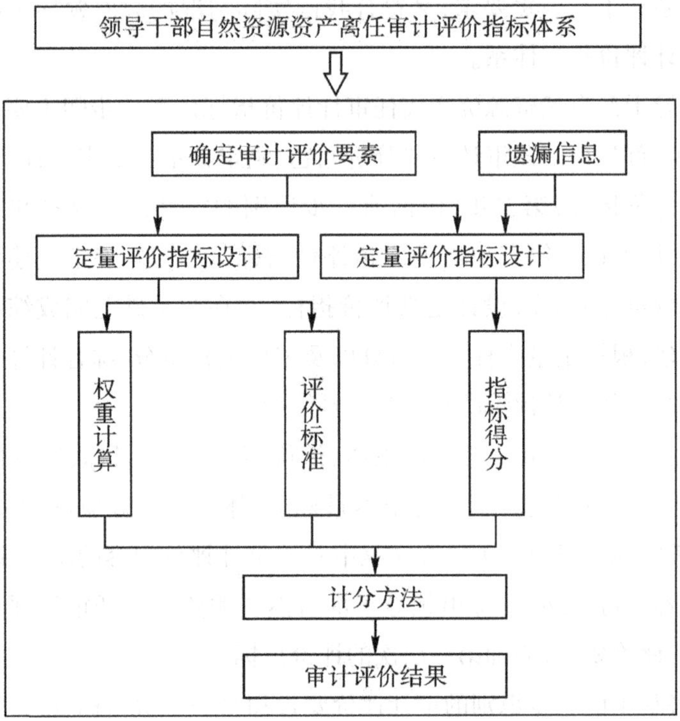

图2-3　领导干部自然资源资产离任审计评价指标体系构建流程图

(二)评价体系构建原则

构建领导干部自然资源资产离任审计评价指标体系，所设计或者选择的评价指标需要与领导干部自然资源资产管理内容相对应，要能够体现该审计的基本要素，从而使得审计人员能够快速、高效、科学、客观地对领导干部自然资源资产管理情况进行评价，并作出评价结果。同时，该评价体系要能够引导领导干部对自然资源资产的可持续发展管理观念。所以，设计该审计评价指标体系应该遵循的原则见表2-2。

表 2－2 评价指标体系构建原则

原则	具体内容
相关性原则	①评价体系要与该审计的审计环境以及审计目标相适应； ②评价体系的评价结论要能够满足信息使用者的需求
全面性原则	①评价体系既要具备设计的有效性，又要兼顾执行的有效性； ②评价体系需要包含领导干部自然资源资产管理的各项内容
成本效益原则	要求建立的评价指标不能太繁琐，尽量以较少的指标数量来体现完整的领导干部自然资源资产管理情况
定性定量结合原则	①为保证审计评价的客观性，指标尽量以选取定量指标为主； ②为保证评价内容的全面性，采取定性指标查漏补缺
可操作性原则	评价体系里的指标数据要易于搜集，具备一定的现实性
重要性原则	评价体系的设计要抓住领导干部自然资源资产管理的重点问题和主要矛盾，在保持评价的相对全面性的同时，选择能反映重大问题的指标
可比性原则	①在不同审计期间，相同或者类似的审计事项所应用的评价标准应该是一致的，使得其具备横向以及纵向的可比性； ②面对同一个审计对象，不同的审计人员应用审计评价指标体系所得出的审计结论应该是一致的
前瞻性原则	①评价体系在具备现阶段自然资源资产管理情况评价特征的同时，需要具备一定的前瞻性，使得评价体系的适用更加长远； ②将事后控制转变为事前控制

（三）评价体系可行性分析

近年来，ZSX 省领导干部自然资源资产离任审计工作已经持续展开，审计厅及相关机关对该审计有一定的认识，这是指标体系构建的基础。

省审计机关已经印发 2017 年领导干部自然资源资产责任审计试点工作方案，要求摸清被审计领导干部任职期间所在地区自然资源实物量（含数量及质量）和生态环境质量状况变化情况，审计内容包括落实中央决策、遵守相关法律法规、自然资源相关重大决策、目标完成情况、履行监督责任及相关资金及项目管理情况六个方面。

以“贯彻落实政策、制度和措施方面”为例，审计人员可以收集领导任期内每年政府工作报告、会议纪要、收发文记录，比较本级政府制定的政策和制度与国家和上级政府相关政策，审核是否与国家政策制定相一致，是否与当地实际相适应，确定政策符合率。在资金方面，可使用的资料有：①财政部门。非税收入专户入库单等财务资料、预算报表；②业务主管部门。资金过渡户台账、财务资料、缴库单；③地方政府及主管部门。地方出台的规章制度。

现行指标是原有审计内容的改进。现行指标对原有审计内容进行细化，设置了三级定量指标，为了体现指标重要性不同，确定每个定量指标的权重，在此基础上设置定性指标，保证了指标体系的完整性。现行综合评价指标体系是分别对定量指标和定性指标进行打分，最终评价结果以得分的形式表现，确保指标体系的客观性、综合性。

二、确定审计评价要素

构建一套领导干部自然资源资产离任审计评价指标体系，首先需要明确领导干部自然资源资产离任审计评价指标体的第一层次指标。为完成该步骤，确定评价要素，下面从该审计的评价主体、评价客体、评价目标、评价内容几个方面入手分析，具体分析步骤见图 2 -4。

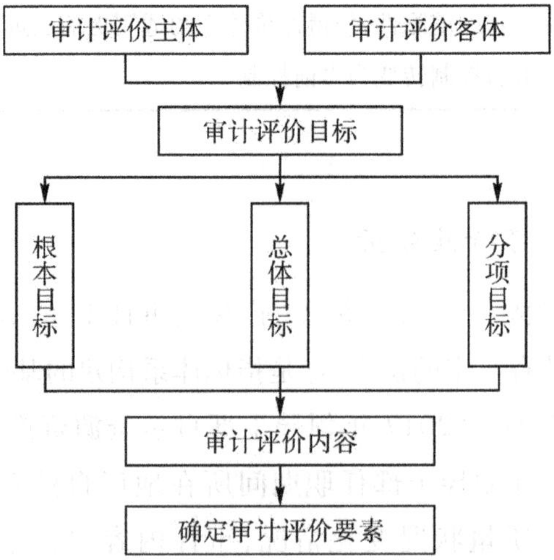

图 2 -4　领导干部自然资源资产离任审计评价要素确定流程图

(一)评价主体、客体

根据前文对评价主体、客体的解释,我们可以得出,在进行领导干部自然资源资产离任审计评价的时候,我们的评价主体是独立开展该审计业务的审计联合组的部门和人员,我们的评价客体是各级政府党政领导干部,包括党政领导人和自然资源资产主管部门的负责人,评价其在任期间对自然资源资产的管理活动和经济活动。

(二)评价目标

领导干部自然资源资产离任审计的评价目标是开展该离任审计评价工作的指南,也是该审计工作想要达到的理想状态。确定该审计的评价目标,有利于为该审计评价工作提供基本依据,同时,只有确定了审计评价目标,才能有的放矢,使得领导干部自然资源资产离任审计评价工作有序开展。该审计评价的目标可分为根本目标、总体目标和分项目标。

根本目标是改善自然资源资产管理,确保领导干部自然资源资产保护职责全面有效履行,从而引导自然资源资产相关政策和行为向更为有效的方向发展,促进领导干部实现经济、社会、生态环境的协调,实现可持续发展。总体目标是确保自然资源资产管理的经济性、效率性和效果性。其中,经济性是指在保证一定数量以及质量水平的前提下,能否以最少的消耗取得自然资源资产的使用;效率性是指能否以最少的自然资源资产投入来取得相应的产出;效果性只是是否达到了使用自然资源资产预计要达到的目标。

根据具体评价内容的不同,本研究将总体目标进一步分解为四类具体的分项目标。第一,评价领导干部制定自然资源资产相关政策法规制度是否健全,以及是否具备合理性和科学性,从而不断完善自然资源资产政策和法规制度;第二,评价自然资源资产相关资金运用情况,包括拨付资金使用情况和自然资源资产收入核算情况,以确保资金合法拨付、收取,以及合理使用;第三,评价领导干部关于自然资源资产开发利用以及保护治理的管理情况,从而制定更加科学合理的自然资源资产规划,并且为其管理提供建设性意见;第四,评价社会公众对领导干部自然资源资产管理的满意程度,从侧面体现自然资源资产管理水平,同时,评价领导干部自然资源资产保护培训情况,从侧面反映领导干部的环保意识。

各层评价目标之间的关系可用图 2 –5 来表示。

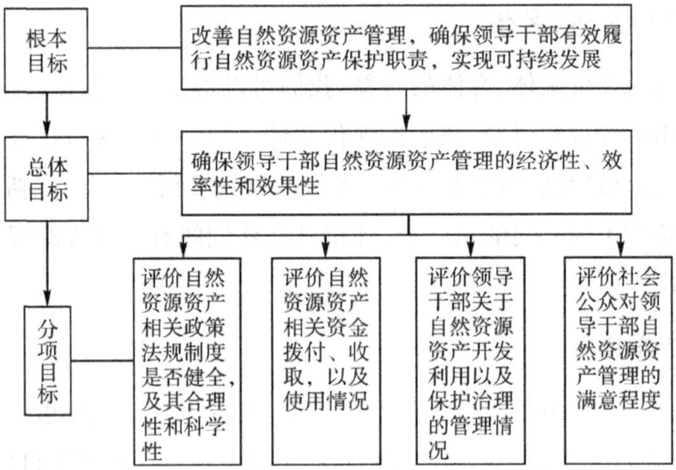

图2-5 领导干部自然资源资产离任审计评价目标层次关系图

（三）评价内容

在确定领导干部自然资源资产离任审计的评价内容时，本研究将通过两个方面进行分析，第一是分析上一章节对各类自然资源审计评价内容现状的描述，将各类自然资源的审计评价内容进行总结、归类，得出构建的评价体系所评价的内容；第二是借鉴政府环境审计评价的内容，得出领导干部自然资源资产离任审计评价的内容。

首先是对现状的总结、归类。根据上述对各类自然资源审计评价内容的描述，我们发现，各类自然资源审计内容具有一定的共性，所以我们可以将这些自然资源审计内容进行整合、归类。具体可以归为以下几类：自然资源资产状况方面、国家环境资源政策的贯彻落实情况、相关资金征收使用情况、资源开发利用情况、资源保护情况。

其次是借鉴政府环境审计以及经济责任审计评价的内容。主要从自然资源资产财务审计、合规性审计以及绩效审计入手分析。其中，从财政财务审计的角度来看，自然资源资产离任审计主要关注财政资金是否按审计规定的用途和拨款进度拨付到自然资源相关的项目，以及自然资源相关的财政收入是否及时足额收取；从合规性审计的角度来看，自然资源资产离任审计检查评价领导干部对于自然资源相关法律法规、战略、规划和政策的贯彻落实情况，以及领导干部在履职过程中是否存在重大失职、渎职和腐败行为；从绩效审计的角度来看，自然资源资产离任审计主要检查、评价领导干部履行自然资源资产所有权职责和公共管理职责所实现的经济效益、社会效益和生态效益，包括自然资源资产的开发利用，以及自然资源的保护治理，具体见图 2－6。

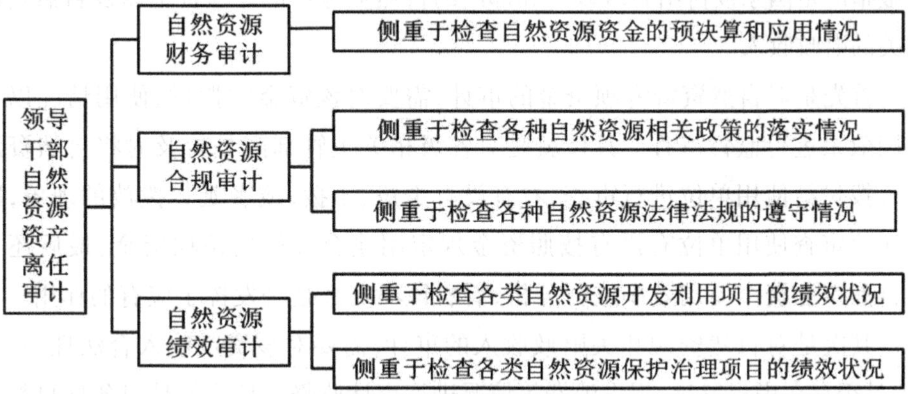

图 2－6 领导干部自然资源资产离任审计评价内容图

基于上述分析，再借鉴国内外研究成果，我们把领导干部自然资源资产离任审计评价的主要内容具体分为以下几个方面。

1. 自然资源资产状况方面审计

地方政府党政领导干部负责对自然资源资产进行管理，其管理情况也会直接由自然资源资产现状体现出来，所以具体审计过程中需要关注期初和期末两个时点上被审计自然资源资产的存量、结构、质量的现状及其变化，辨别这些变化的优良性，并且深入分析变化产生的原因，以及评价领导干部的管理情况。

2. 自然资源资产政策法规审计

地方政府党政领导干部负责与自然资源资产相关重大事项的决策，例如组织制定本地的自然资源开发、利用或保护政策、规划与制度等，因此对其开展离任审计，应围绕其做出的与自然资源资产相关的重大决策，评价其决策健全性、科学性、合理性以及决策执行效果。评价时需要关注以下两点：一是政策法规制度建立健全情况，评价领导干部任职期间是否建立健全了管理自然资源资产的政策制度、管理规划、年度计划等，考察相关政策和法规制度的落实情况；二是自然资源资产政策法规的符合性以及正确性情况，评价领导干部任期内制定的各项自然资源政策制度、管理规划、年度计划等，是否与国家中央政府制定的法律政策等相吻合，同时，也评价领导干部在做出与自然资源资产相关重大事项决策程序、决策过程中是否考虑生态环境因素等。

3. 自然资源资产相关资金财务审计

地方政府党政领导干部负责与自然资源资产相关资金的规划使用，这部分资金指的是国家拨付给各级政府和部门的自然资源资产专项资金以及自然资源相关的财政收入。

首先是对自然资源专项资金的审计，需要对该资金的拨付、使用情况以及使用效果进行监督审查。具体就是对各级相关主管部门是否及时将自然资源资金拨付给使用单位进行审查，看有没有少拨、不拨、或者延迟拨放的现象，同时还要审查使用单位有没有按照资金规定用途合理使用该项资金，最后还要对自然资源资金使用效率进行分析，看看该项资金是否发挥了应有的作用。

其次是对自然资源相关财政收入的审计，需要对该资产收入合法性、真实性，是否存在虚报冒领、损失浪费等情况进行审计监督。具体就是对各项自然资源资产使用费用上交情况进行审查，关注自然资源资产交易和定价是否按照相关的法定程序执行，并且看看是否是按规定上交收入，有没有少交、不交，或者延迟上交的现象，防止领导干部利用审批权为自己谋私，贱卖国家资产，同时还要审查该笔资金的使用用途是否合理、合法，最后需要对该笔资金使用效率进行审计，看看该项资金是否发挥了应有的作用。

4. 自然资源资产开发利用情况审计

地方政府党政领导干部负责对自然资源资产的开发利用规划进行管理，通过对自然资源的合理开发、节约使用，尽量减少不可再生资源的消耗，维持生态系统的动态平衡，实现可持续发展。具体审计评价内容主要关注以下三个方面：第一，自然资源资产的具体开发利用情况；第二，自然资源资产开发利用的合规性，主要关注领导干部在任期间自然资源资产开发利用是否合法合规，对自然资源资产占有、使用是否合法合规，是否经过严格的审批和评估程序等；第三，自然资源资产开发利用的有效性，即综合考虑努力实现以最少的资源数量创造最大的资源价值。

5. 自然资源资产保护治理情况审计

地方政府党政领导干部负责对自然资源资产的保护治理进行管理，通过对问题自然资源资产的治理保护，优化自然资源质量，提升自然资源价值。具体审计评价内容主要关注以下两个方面：第一，针对各地市县依据国家发展计划为本地区制定的各类自然资源资产发展指标,评价各级领导干部对这些任务指标的完成情况;第二,评价自然资源资产保护治理项目的成果性,评价自然资源质量改善情况。

(四)确定评价要素

根据上述对领导干部自然资源资产离任审计评价主体、评价客体、评价目标以及评价内容的分析,可以得到以下几项反映该审计评价的重要方面,分别是贯彻落实自然资源资产相关政策方面、自然资源资产开发利用情况方面、自然资源资产保护治理情况方面、自然资源资产相关资金方面和社会公众人文方面,这五项是审计评价目标以及评价内容的整合。为了保持审计评价指标体系的简洁性,本研究将自然资源资产状况方面合并到自然资源资产保护治理情况方面。

因此,这五大审计评价要素,也就成为评价领导干部自然资源资产管理情况的五大方面,具体见图 2-7。在构建领导干部自然资源资产离任审计评价定量指标时,就可以直接从贯彻落实自然资源资产相关政策与图 2-7 不同方面、自然资源资产开发利用情况方面、自然资源资产保护治理情况方面、自然资源资产相关资金方面和社会公众人文方面五个方面进行度量设计,这五大审计评价要素也是定量指标设计的第一层次指标。

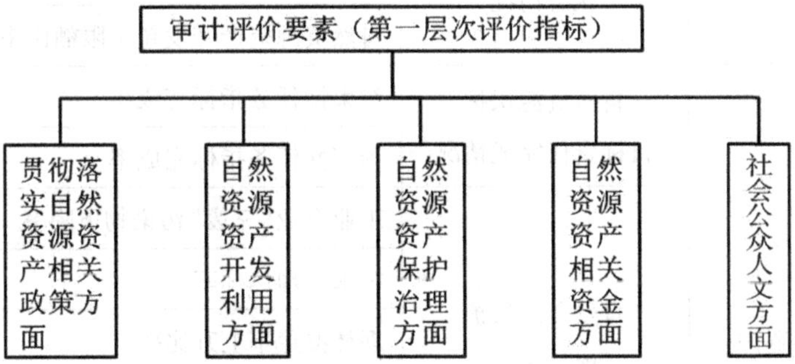

图 2-7 领导干部自然资源资产离任审计评价要素图

三、基于评价要素的定量评价指标设计

(一)定量评价指标体系架构

本文在遵循以上指标选取原则的基础上,并结合自然资源资产离任审计的特征,从上述选取的五个审计评价要素着手,设计领导干部自然资源资产离任审

计定量评价指标，构建定量评价指标体系，具体见表2-3。

表2-3　定量评价指标体系

一级指标	二级指标	三级指标
贯彻落实自然资源资产相关政策方面	政策符合性、正确性情况政策建立健全情况	自然资源资产政策符合率
		自然资源资产政策失误问责率
		自然资源资产政策调整率
		自然资源政策落实率
自然资源资产开发利用情况方面	开发利用有效性情况	自然资源资产产值率
		自然资源资产贡献率
		万元GDP自然资源消耗降低率
		自然资源资产国家收益率
	开发利用合规性情况	自然资源资产合法出让率
		自然资源资产违规使用率
	开发利用状态情况	自然资源资产开发率
		自然资源资产损失率
		自然资源资产开发超出限额比率
自然资源资产保护治理情况方面	自然资源保护目标责任完成情况	约束性任务指标完成率
		预期性任务指标完成率
	自然资源保护项目成果	工业企业“三废”污染物下降率
		污水处理达标率
		森林覆盖率上升比率
		矿山生态环境恢复率
		耕地保持率
	自然资源资产基本状况	水土流失治理率
		恶化的自然资源基本状况指标占比
		改善的自然资源基本状况指标占比

续表

自然资源资产相关资金方面	自然资源资产专项资金情况	专项资金使用合规率
		自然资源资产资金拨付率
		自然资源资产资金利用率
		自然资源资产资金增长率
	自然资源资产收入核算情况	自然资源投资占 GDP 的比例
		自然资源资产资金筹集合规率
		未纳入预算自然资源收入比率
社会公众人文方面		社会公众满意度
		领导干部参加资源保护培训的比例

(二)定量评价指标体系内容

1. 贯彻落实政策、制度和措施方面指标

根据上述对评价要素的分析,我们知道,评价领导干部贯彻落实自然资源相关政策、制度和措施方面的行为,需要从以下两个方面入手:政策建立健全情况和政策符合性、正确性情况。下面将从这两方面入手设计指标,具体审计内容及指标如下。

1)政策符合性、正确性情况

(1)自然资源资产政策符合率。该指标是对领导干部在职期间内制定的政策、制度、措施、管理规划、年度计划等的科学性以及正确性进行检查。领导干部在制定自然资源相关法规政策以及重大决定的时候,需要关注该项政策是否可以有效地鼓励自然资源的保护及合理开发,所以该指标衡量的内容包括两部分:一是判断地方政府制定的政策措施与中央政府制定的各项法律、政策是否相符合;二是判断断地方政府制定的政策措施是否符合自然资源资产的可持续发展。该指标的取值范围在 0 ~ 100% ,一般来说,取值越大,说明领导干部对自然资源政策制定得更加谨慎,对自然资源相关管理工作更加重视。该指标的计算公式如下:

$$自然资源资产政策符合率 = \frac{领导干部制定政策符合要求的个数}{领导干部制定政策的总个数} \times 100\% \quad (2-1)$$

(2)自然资源资产政策失误问责率。该项指标是为了检查审计地区内对自然资源资产政策的问责机制的建立情况以及运行情况。领导干部在任期间,如果其制定的自然资源政策不符合实际,使得建设项目产生极大的失误,并且对自然资源资产以及资金造成了巨大的浪费,那么应该向该政策的制定者进行问责,只有明确领导干部决策不恰当以及失误的标准,并据此加以监督,并且建立健全相应的问责机制,才能提高领导干部对自然资源资产的管理水平,合理开发利用自然资源。该指标的取值范围在0~100%,一般来说,取值越大,说明该地区领导干部自然资源政策的问责机制更完善,领导干部对自然资源的管理更到位。该指标的计算公式如下:

$$自然资源资产政策失误问责率 = \frac{自然资源资产政策失误问责个数}{自然资源资产政策失误个数} \times 100\% \quad (2-2)$$

(3)自然资源资产政策调整率。该项指标是为了检查并评价领导干部对自然资源政策的调整情况。自然资源资产的特殊性,以及我国自然资源资产的现状要求领导干部需要根据实际情况及时调整相关的资源政策,纠正错误的、不符合实际情况的政策,从而尽量降低错误政策对生态环境的破坏。该指标的计算公式如下:

$$自然资源资产政策调整率 = \frac{审计时段内政策调整的个数}{审计时段内制定政策的总个数} \times 100\% \quad (2-3)$$

2)政策建立健全情况

自然资源资产政策落实率。该项指标是衡量领导干部在任职期间内对各项政策、制度、措施、管理规划、年度计划等的落实情况。“无规矩不成方圆”,领导干部在进行自然资源资产的管理工作的时候,必须先按照相关规定制定各项法规政策,然后在这些政策的指导下开展工作。所以,对领导干部自然资源资产管理工作情况进行评价时,我们首先需要利用自然资源资产政策落实率这项指标,评价领导干部工作范围内相关政策的落实情况。该指标的取值范围在0~100%,一般来说,取值越大,说明领导干部自然资源相关管理工作开展的更到位。该指标的计算公式如下：

$$自然资源资产政策落实率 = \frac{领导干部落实的政策的数量}{领导干部需要落实的政策的数量} \times 100\% \quad (2-4)$$

2. 自然资源开发利用情况方面指标

根据上述对评价要素的分析，我们知道，评价领导干部自然资源开发利用情况方面的行为，需要从以下三个方面入手：开发利用状态情况、开发利用合规性情况，以及开发利用有效性情况。下面将从这三方面入手设计指标，具体审计内容及指标如下。

1）开发利用有效性情况

（1）自然资源资产产值率。该指标是用来检查消耗一定量的自然资源为国家所创造的国内生产总值水平，从而确定该地区对自然资源的使用是否达到最大限度。对于该指标，可以通过不同类型的自然资源对其进行进一步细分为若干指标，如土地资源资产产值率、森林资源资产产值率、矿产资源资产产值率等。该指标的取值范围是大于0，一般来说，该指标取值越大，说明该地区领导干部对自然资源的利用效率越高。该指标的计算公式如下：

$$自然资源资产产值率 = \frac{自然资源生产产值}{自然资源使用量} \times 100\% \quad (2-5)$$

（2）自然资源资产贡献率。该指标是为了检查该地区开发利用自然资源所创造的收益是否达到最大限度。在我国，为了获取自然资源的使用权，使用者需要向国家缴纳一定的使用费用，然后将自然资源投入生产从而提升自然资源产值，为该地区创造价值。该指标的取值范围是大于0，一般来说，该指标取值越大，说明该地区利用自然资源贡献率越高。该指标的计算公式如下：

$$自然资源资产贡献率 = \frac{自然资源生产总值}{自然资源出让价款} \times 100\% \quad (2-6)$$

（3）万元 GDP 自然资源消耗降低率。该指标是为了反映被审计地区自然资源开发利用有效性的改变情况。目前，随着国家越来越重视自然资源的保护，各地政府领导干部也在致力于不断降低自然资源的消耗量，但是，地方又有自身的经济发展压力，所以各领导干部需要同时兼顾地方的经济效益以及自然资源使用的持续性，在保持地方生产总值的情况下，尽量降低自然资源的消耗量。一般来说，该指标的取值范围是大于0，当该地区单位生产总值自然资源消耗量不减

反增的时候,该指标小于0,该指标取值越大,说明该地区对自然资源的使用越有效。该指标的计算公式如下:

$$万元\text{GDP}自然资源消耗降低率 = \frac{万元\text{GDP}自然资源消耗降低量}{基期万元\text{GDP}自然资源消耗量} \times 100\% \tag{2-7}$$

(4)自然资源资产国家收益率。该指标是为了考量企业开发利用自然资源获取收益后向国家缴纳的部分,包括自然资源使用费用以及资源企业上缴税费等。该指标的取值范围是大于0,一般来说,该指标取值越大,说明该地区自然资源被开发利用后为地区公众做出的贡献越大。该指标的计算公式如下:

$$自然资源资产国家收益率 = \frac{资源企业上缴国家的费用总数}{该地区资源企业的总利润} \times 100\% \tag{2-8}$$

2)开发利用合规性情况

(1)自然资源资产合法出让率。该指标是为了检查领导干部出让自然资源的时候是否是按照应有的方式进行出让的,是否存在"寻租"等不合法的情况,该指标一定意义上可以反映出该地区领导干部对自然资源的保护力度。该指标的取值范围在0～100%,一般来说,该指标取值越大,说明被审计对象对自然资源资产的管理更加合法合规。该指标的计算公式如下:

$$自然资源资产合法出让率 = \frac{合法出让的自然资源数量}{出让自然资源的总数量} \times 100\% \tag{2-9}$$

(2)自然资源资产违规使用率。该指标是用来检查被审计对象是否存在违反自然资源开发利用长期规划、政府规定用途等情况。审计人员在进行领导干部自然资源资产离任审计的过程中,需要关注该地区自然资源是否存在违规使用的情况,如对土地资源的未批先用、擅自改变用途规划等情况,或者是不按照规定开采矿产、不按规定采伐森林等情况。该指标的取值范围在0～100%,一般来说,该指标取值越小,说明该地区自然资源使用越合规。该指标的计算公式如下:

$$自然资源资产违规使用率 = \frac{违规使用的自然资源数量}{规划使用的自然资源数量} \times 100\% \tag{2-10}$$

3)开发利用状态情况

(1)自然资源资产开发率。该指标是用来检查地方领导干部对自然资源资产的开发是否做到了有序、可持续开发,尤其是不可再生资源。按照我国目前对自然资源资产的管理办法,各地方需要对已经形成的自然资源进行登记统计,对被消耗的自然资源进行注销，通过这样的动态监控，可以对当地自然资源的存量做到心中有数。该指标的取值范围是大于0，一般来说，该指标取值越大，说明该地区自然资源的开发力度越大，就越有可能产生过度开发的问题。该指标的计算公式如下：

$$\text{自然资源资产开发率}=\frac{\text{当期地方自然资源开发数量}}{\text{本地区自然资源储备总量}}\times 100\% \qquad (2-11)$$

（2）自然资源资产损失率。该指标是用来检查地方自然资源开发过程中对资源的浪费损失程度。由于目前自然资源的开发技术水平等局限，我们没办法做到对自然资源百分之百的开发利用，所以在开发过程中不可避免的会产生一些浪费，在这种情况下，地方领导干部需要加强对自然资源开发技术的监督，尽可能使得自然资源开发达到高利用率。该指标的取值范围在0～100%，一般来说，取值越大，说明该地区自然资源开发损失情况越严重，领导干部对自然资源资产的开发管理水平较差。该指标的计算公式如下：

$$\text{自然资源资产损失率}=\left(1-\frac{\text{当期自然资源实际利用量}}{\text{当期自然资源开发总量}}\right)\times 100\% \qquad (2-12)$$

（3）自然资源资产开发超出限额比率。该指标是用来检查地方领导干部对自然资源资产的开发利用是否超出了国家每年规定的限额，以及超出的程度。领导干部在对自然资源开发利用的审批过程中，必须要关注不能超出国家每年规定的限额，这样才能保证国家自然资源可持续发展政策的落实。该指标的取值范围是大于等于0，如果该地区开发数量没有超出限额，则该指标取值为0，一般来说，该指标取值越大，说明该地区自然资源的开发力度越大，更有可能发生因过度开发导致的问题。该指标的计算公式如下：

$$\text{自然资源资产开发超出限额比率}=\frac{\text{自然资源开发超出限额的数量}}{\text{自然资源开发限额的数量}}\times 100\% \qquad (2-13)$$

3. 资源保护治理情况方面指标

根据上述对评价要素的分析，我们知道，评价领导干部自然资源保护治理情况方面的行为，需要从以下三个方面入手：自然资源资产基本状况、自然资源保护目标责任完成情况和自然资源保护项目成果。下面将从这三方面入手设计指标，具体审计内容及指标如下。

1）自然资源保护目标责任完成情况

（1）约束性任务指标完成率。该指标是用来检查地方领导干部对国家为之设定的约束性任务量的完成情况。针对各地方的区位条件等因素，政府会将与自然资源相关的国家年度计划进行分配，然后下达各地，这些计划有些是硬性规定的任务，即约束性任务，所以领导干部必须积极配合去完成，这样才能保证国家制定计划的有序落实。具体国家制定的森林资源、水利资源、国土资源以及矿产资源的约束性任务指标见表2－4，在审计过程中，审计人员需要首先选取与被审计对象相关的指标作为依据，然后评价这些指标的完成情况。该指标的取值范围在0～100%，一般来说，该指标取值越大，说明地方领导干部对政府为其制定的约束性任务完成情况更好。该指标的计算公式如下：

$$约束性任务指标完成率=\frac{约束性任务指标完成个数}{约束性任务指标总个数}\times 100\% \qquad (2-14)$$

表2－4　各类自然资源资产相关约束性任务指标表

自然资源资产类别	约束性任务指标
森林资源	森林覆盖率、森林蓄积量、新增沙化土地治理面积、自然湿地保护率、林业自然保护区面积占国土面积、国家级公益林保护面积
水利资源	解决农村饮水安全人口、单位工业增加值用水量降低
国土资源	耕地保有量、基本农田面积
矿产资源	无

（2）预期性任务指标完成率。该指标是用来检查地方领导干部对国家为之设定的预期性任务量的完成情况。政府制定的与自然资源相关的国家年度计划中，除了为地方领导干部分配硬性的约束性任务，还会为其制定一些与自然资源资产相关的要求领导干部努力去达到的任务量，即预期性任务，这些任务与约束性任务不同，不要求硬性达标，但却是领导干部自然资源资产管理的努力方向。具体国家制定的森林资源、水利资源、国土资源以及矿产资源的预期性任务指标见表2－5，在审计过程中，审计人员需要首先选取与被审计对象相关的指标作为依据，然后评价这些指标的完成情况。该指标的取值范围在0～100%，一般来说，该指标取值越大，说明地方领导干部对政府为其制定的预期性任务完成情况更好。该指标的计算公式如下：

$$预期性任务指标完成率=\frac{预期性任务指标完成个数}{预期性任务指标总个数}\times 100\% \quad (2-15)$$

表 2－5 各类自然资源资产相关预期性任务指标表

自然资源资产类别	预期性任务指标
森林资源	林地保有量、义务植树尽责率、科技进步贡献率、良种使用率、林业产业总产值
水利资源	水利工程新增年供水能力、新增农田有效灌溉面积、新增高效节水灌溉面积、地方用水总量、农田灌溉水有效利用系数、新增水土流失综合治理面积、新增小水电装机容量
国土资源	土地整治面积、矿山废弃地复垦率、单位国内生产总值建设用地面积
矿产资源	新增石油天然气等重要矿产资源储量、新发现大中型矿产地、矿产资源总回收率、矿山地质环境治理恢复率

2)自然资源保护项目成果

目前 ZSX 省的自然资源保护项目主要有工业污染治理项目、污水处理项目、水土流失治理项目、退耕还林项目、植树造林项目及矿山生态环境恢复项目等。关于自然资源保护项目成果指标，本文主要选取以下指标：

(1)工业企业“三废”污染物下降率。该指标是为了衡量该地区领导干部对工业企业排出的“三废”污染物(即废气、废水、固废)的管理情况。一般来说，该指标的取值范围是大于 0 的，但是当该地区工业企业所排废物量不减反增的时候，该指标小于 0，该指标取值越大，说明该地区对工业企业排出污染物的管理越有效。该指标的计算公式如下：

$$工业企业“三废”污染物下降率=\frac{“三废”污染物下降数量}{基期“三废”污染物排放数量}\times 100\% \quad (2-16)$$

(2)污水处理达标率。该指标是为了衡量该地区污水处理项目的成果性。随着我国的工业化进程，水资源资产遭到一定的破坏，面临着严峻的考验，各地投入了大量的资金用于水污染治理项目，所以审计人员在进行审计过程中，需要考察这些项目的成果性。该指标的取值范围在 0～100%，一般来说，该指标取值越大，说明该地区污水处理项目的投资越有效。该指标的计算公式如下：

$$污水处理达标率 = \frac{污水处理达标数量}{污水数量} \times 100\% \qquad (2-17)$$

(3)森林覆盖率上升比率。该指标是为了衡量被审计地区植树造林、退耕还林等项目的成果性。该指标的取值范围在0～100%，一般来说，该指标取值越大，说明该地区植树造林、退耕还林等项目的投资越有效。该指标的计算公式如下：

$$森林覆盖率上升比率 = \frac{森林覆盖率上升量}{基期森林覆盖率} \times 100\% \qquad (2-18)$$

(4)矿山生态环境恢复率。该指标是为了衡量被审计地区矿山生态环境恢复项目的成果性。该指标的取值范围在0～100%，一般来说，该指标取值越大，说明该地区矿山生态环境恢复项目的投资越有效。该指标的计算公式如下：

$$矿山生态环境恢复率 = \frac{矿山生态环境恢复面积}{矿山生态环境受损面积} \times 100\% \qquad (2-19)$$

(5)耕地保持率。该指标反映的是领导干部对地方耕地资源资产的保护情况。在我国，由于人口众多等问题，需要对耕地进行保护，保证一定数量的耕地面积，为此国家也有一套关于耕地保护的完整的制度，各级政府需要层层落实耕地保护责任，保障地方粮食供应的稳定性。该指标的取值范围在0～100%，一般来说，该指标取值越大，说明该地区对耕地的保护越到位。该指标的计算公式如下：

$$耕地保持率 = \frac{审计地区耕地面积}{审计地区总面积} \times 100\% \qquad (2-20)$$

(6)水土流失治理率。该指标是为了衡量被审计地区水土流失治理项目的成果性。该指标的取值范围在0～100%，一般来说，该指标取值越大，说明该地区水土流失治理项目的投资越有效。该指标的计算公式如下：

$$水土流失治理率 = \frac{水土流失治理面积}{水土流失面积} \times 100\% \qquad (2-21)$$

3)自然资源资产基本状况

(1)恶化的自然资源基本状况指标占比。该指标是用来衡量各类自然资源资产基本状况的恶化情况。审计人员在开展领导干部自然资源资产离任审计的过程中，需要关注各类自然资源资产恶化的基本状况指标的情况，并计算其占比。具体各类自然资源资产的基本状况指标来源与上文“改善的自然资源基本状况指标占比”这一指标相同。审计人员在审计过程中，首先需要选取与被审计对象相关的自然资源基本指标,然后评价这些指标的恶化情况。该指标的取值范围在0~100%,一般来说,该指标取值越大,说明地方领导干部对自然资源资产的管理越差。该指标的计算公式如下:

$$\text{恶化的自然资源基本状况指标占比}=\frac{\text{恶化的自然资源基本状况指标个数}}{\text{自然资源基本状况指标总个数}}\times 100\% \tag{2-22}$$

(2)改善的自然资源基本状况指标占比。该指标是用来衡量各类自然资源资产基本状况的改善情况。领导干部对自然资源资产进行的一系列管理手段,最终都会体现在自然资源资产基本状况上,所以审计人员在开展领导干部自然资源资产离任审计的过程中,需要关注各类自然资源资产基本状况指标的改变情况,计算改善的基本指标的占比。具体森林资源、水利资源以及国土资源的基本状况指标的来源有两点,即地方自然资源资产负债表中的项目,以及地方目前开展该审计选取的基本状况指标,这些指标需要审计人员不断进行补充完善。为了计算该指标,审计人员首先需要选取与被审计对象相关的自然资源基本指标,然后评价这些指标的改善情况。该指标的取值范围在0~100%,一般来说,该指标取值越大,说明地方领导干部对自然资源资产的管理越有效。该指标的计算公式如下:

$$\text{改善的自然资源基本状况指标占比}=\frac{\text{改善的自然资源基本状况指标个数}}{\text{自然资源基本状况指标总个数}}\times 100\% \tag{2-23}$$

4. 相关资金方面指标

根据上述对评价要素的分析,我们知道,评价领导干部自然资源资产相关资金管理方面的行为,需要从以下两个方面入手:自然资源资产专项资金情况和自然资源资产收入核算情况。下面将从这两方面入手设计指标,具体审计内容及指标如下。

1)自然资源资产专项资金情况

(1)专项资金使用合规率。该指标是对自然资源资产专项资金使用合法合规情况进行检查。专项资金应该要做到专款专用,即该资金必须要按照其规定的用途进行使用,任何部门与人员不可以挤占或者挪用等,所以审计人员在审计过程中必须要关注该资金的使用情况。该指标的取值范围在0~100%,一般来说,取值越大,说明该地区专项资金的使用越规范,领导干部对自然资源专项资金的管理情况越好。该指标的计算公式如下：

$$专项资金使用合规率 = (1 - \frac{违规使用的专项资金金额}{专项资金总金额}) \times 100\% \quad (2-24)$$

(2)自然资源资产资金拨付率。该指标是为了检查审计地区内拨付自然资源相关资金的快慢和金额大小。资金的及时到位情况直接关系着自然资源资产项目建设目标的实现情况，如果出现自然资源资金拖付、少付等情况，可能会直接影响到项目建设的开展情况。所以可以通过对比资金的及时到位情况以及项目进展情况、上级批复文件等，判断自然资源资金的拨付情况是否合法合规。该指标的取值范围在0～100%，一般来说，取值越大，说明资金拨付得越及时，越有利于自然资源资产项目的开展。该指标的计算公式如下：

$$自然资源资产资金拨付率 = \frac{年财政资金实际拨付金额}{财政资金规定下达金额} \times 100\% \quad (2-25)$$

(3)自然资源资产资金利用率。该指标是用来检查下达的自然资源资金的使用情况，据此判断是否存在为获取更多自然资源资金而进行的盲目申报项目规模的问题。在审计过程中，审计人员需要关注各自然资源建设项目完工之后的竣工检验以及决算审计，判断该建设项目是否存在通过假预算、假合同、假支出等骗取自然资源资金的情况。自然资源资产资金利用率指标等于1才是合格的，小于1则意味着效益差。该指标的计算公式如下：

$$自然资源资产资金利用率 = \frac{自然资源项目投入金额}{自然资源项目批复金额} \times 100\% \quad (2-26)$$

(4)自然资源资产资金增长率。该指标是通过将本期自然资源资金支出情况与往年相比较，衡量该审计地区内领导干部对自然资源相关资金的投入情况。通常来说，该指标的取值范围是大于0，取值越大，说明自然资源的保护力度越大，更加有利于领导干部对自然资源资产的管理与保护。该指标的计算公式如下：

$$自然资源资产资金增长率 = \frac{自然资源资金支出增长金额}{基期自然资源资金支出金额} \times 100\% \quad (2-27)$$

(5)自然资源投资占GDP的比例。该指标是通过将本期对自然资源资金的投资与本期国内生产总值GDP进行比较，衡量该审计地区内领导干部对自然资源相关资金的投入情况。近年来，我国自然资源存在的问题一直没有得到解决，究其原因，自然资源投资不足是主要原因，我国自然资源投资力度较小。因此，要实现我国自然资源保护目标，需要在保持经济稳定增长的情况下，加大对自然资源保护的投资。一般来说，我们认为自然资源投资占 GDP 的比例越高，自然资源资金投入越大，说明领导干部对自然资源的管理保护情况越好。该指标的计算公式如下：

$$\text{自然资源投资占 GDP 的比例} = \frac{\text{本期自然资源投资金额}}{\text{本期国内生产总值}} \times 100\% \tag{2-28}$$

2）自然资源资产收入核算情况

（1）自然资源资产资金筹集合规率。该指标是为了反映该地区领导干部在出让国家自然资源资产的过程中对国家取得资源收益的保障情况。在我国，自然资源资产使用采用的是有偿使用机制，国家通过收取自然资源资产使用单位上交的资源价款、使用费、相关税费等来保障自然资源的保护开发利用等活动。所以审计人员在审计过程中需要关注该地区自然资源资产资金筹集的合法合规情况。该指标的取值范围在 0～100%，一般来说，取值越大，说明该地区领导干部对自然资源资产的出让管理更加到位。该指标的计算公式如下：

$$\text{自然资源资产资金筹集合规率} = \frac{\text{自然资源资金实际筹集金额}}{\text{自然资源资金应该筹集金额}} \times 100\% \tag{2-29}$$

（2）未纳入预算自然资源收入比率。该指标是为了检查该地区对自然资源收入预算管理的情况。按照我国对自然资源资金的管理制度，绝大多数自然资源资产收入都应该及时纳入预算管理中。所以审计人员在审计过程中需要关注该地区未纳入预算的自然资源收入占比，据此判断该地区资金预算工作的有效性。该指标的取值范围在 0～100%，一般来说，该指标取值越高，说明该地区财政部门和自然资源主管部门对自然资源资产收入资金的管理水平越低，对国家财务制度的落实情况越差。该指标的计算公式如下：

$$\text{未纳入预算的自然资源收入比率} = \frac{\text{未纳入预算的自然资源收入金额}}{\text{自然资源收入总金额}} \times 100\% \tag{2-30}$$

5. 社会公众人文方面指标

关于社会公众人文方面的评价指标主要有以下两个：

(1)社会公众满意度。该指标是为了衡量社会公众对地区领导干部自然资源资产管理情况的满意情况,一般通过调查问卷的形式获取指标信息。该指标的取值范围在0~100%,一般来说,该指标取值越大,说明该地区社会公众对领导干部自然资源资产管理情况越满意。该指标的计算公式如下:

$$\text{社会公众满意度} = \frac{\text{对地方自然资源资产管理满意的人员数量}}{\text{参与调查的人员数量}} \times 100\% \tag{2-31}$$

(2)领导干部参加资源保护培训的比例。该指标是为了检查地方领导干部参加自然资源资产保护的培训、学习情况。在我国,部分领导干部可能缺乏自然资源保护经验,需要对领导干部进行培训,使之树立正确的自然资源保护观念,并且学习先进的自然资源管理办法,所以审计人员在审计过程中需要关注地区领导干部参加自然资源保护培训的情况。该指标的取值范围在0~100%,一般来说,该指标取值越大,说明该地区领导干部参加资源保护培训情况越好。该指标的计算公式如下:

$$\text{领导干部参加自然资源保护培训的比例} = \frac{\text{参加培训的干部人数}}{\text{干部总人数}} \times 100\% \tag{2-32}$$

(三)定量指标评价标准

1. 评价标准的选取

领导干部自然资源资产离任审计评价标准体系既包括宏观的行业标准,又包括微观的技术专业标准。总体来说,该审计评价标准体系主要有以下几部分内容构成:政策法规性标准、行业历史性标准,以及部门和单位自行制定的计划性标准。

1)国家政策、法规以及各项计划

审计人员在进行自然资源资产离任审计评价工作的时候,需要关注国家与自然资源资产相关的政策和各项计划,将这些政策、计划中制定的与自然资源资产相关的目标、预算和定额作为该审计评价目标,这些标准也是审计评价的基本依据。例如,针对各项自然资源资产管理,国家发布的每五年的发展计划中都为之规划了一些发展指标,而对于这些宏观指标,各省市均有自身的分解任务指标,这些分解的任务指标就是对领导干部自然资源资产管理情况的评价标准之一。在进行该审计评价工作时，我们把国家各项政策、长期规划、年度计划等规定的目标作为评价标准，既符合审计合规性审计的目的，又能合理地对评价客体进行评价。

2）行业和历史标准

在选取自然资源资产离任审计评价标准的时候，我们也需要参考同行业的标准，既包括行业先进水平标准，又包括行业平均水平标准。这些标准是对上述各项计划预算的补充，完善领导干部自然资源资产离任审计评价的评价标准体系。例如，某一个领导干部完成了其所在地的各项自然资源资产任务指标，但是与国内行业先进水平相比较，该领导干部对自然资源资产的管理成果远远低于国内行业先进水平，甚至低于国内行业平均水平，这说明该领导干部自然资源资产管理情况较差。所以说，行业水平也是领导干部自然资源资产离任审计评价标准之一。

3）部门和单位自行制定的标准

审计人员在进行领导干部自然资源资产离任审计评价的时候，要综合考虑、利用各部门和单位自行制定的各项自然资源资产开发利用、保护治理的目标、预算、合同等作为审计评价标准。这里的目标和国家宏观制定的计划的意义不同，它不是强制性的，是作为部门、单位努力的目标；另外，政府部门在进行各项自然资源资产开发利用、保护治理投资前，都会进行事前预算，经过审批的预算也会成为领导干部自然资源资产管理情况评价的标准之一，超出预算则意味着其目标没有完成，就不能评价为高水平；最后，合同也是领导干部自然资源资产离任审计评价标准之一，且具备法律约束力，如果某项自然资源资产开发利用或者保护治理项目最终成果与最初合同规定的不同，则可以从侧面表现出领导干部自然资源资产监督职能的缺失。

2. 评价标准值的确定

按照评价标准的制定原则和依据，同时综合考虑省审计机关开展过或者即将开展自然资源资产离任审计的各审计专业人员的意见，让他们利用自身的专业优势和职业判断，同时综合考虑以往审计工作的结果和经验等，对各指标的评价标准值进行分级。本节将领导干部自然资源资产离任审计评价指标标准值分为四个级别，各级别对应的得分分别为一级（85～100 分）、二级（70～84 分）、三级（60～69 分）、四级（60 分以下）。其中，部分指标难以进行分级，如自然资源资产政策调整率及自然资源资产产值率、自然资源资产贡献率、自然资源资产开发率等，针对这些指标，可以在综合考虑被审计对象离任当年以及上任前一年该地区相关数据，进行比较，然后直接进行打分。具体评价标准值分级状况见表2-6。

表2-6　定量指标评价标准值分级状况表

评价指标	符号方向	标准值级别			
		一级	二级	三级	四级
自然资源资产政策符合率	正	>95%	90%~95%	80%~90%	<80%
自然资源资产政策失误问责率	正	>95%	90%~95%	85%~90%	<85%
自然资源资产政策调整率	—	—	—	—	—
自然资源资产政策落实率	正	>95%	90%~95%	80%~90%	<80%
自然资源资产产值率	正	—	—	—	—
自然资源资产贡献率	正	—	—	—	—
万元GDP自然资源消耗降低率	正	>25%	15%~25%	5%~15%	<5%
自然资源资产国家收益率	正	—	—	—	—
自然资源资产合法出让率	正	100%	95%~99%	90%~95%	<90%
自然资源资产违规使用率	负	>20%	10%~20%	5%~10%	<5%
自然资源资产开发率	—	—	—	—	—
自然资源资产损失率	负	>25%	15%~25%	5%~15%	<5%
自然资源资产开发超出限额比率	负	>10%	5%~10%	0~5%	0
约束性任务指标完成率	正	>95%	90%~95%	85%~90%	<85%
预期性任务指标完成率	正	>85%	75%~85%	60%~75%	<60%
工业企业“三废”污染物下降率	正	>25%	15%~25%	5%~15%	<5%
污水处理达标率	正	>80%	60%~80%	40%~60%	<40%
森林覆盖率上升比率	正	>20%	10%~20%	5%~10%	<5%
矿山生态环境恢复率	正	>80%	60%~80%	40%~60%	<40%
耕地保持率	正	—	—	—	—
水土流失治理率	正	>80%	60%~80%	40%~60%	<40%

续表

评价指标	符号方向	标准值级别			
		一级	二级	三级	四级
恶化的自然资源基本状况指标占比	负	>25%	15% ~25%	5% ~15%	<5%
改善的自然资源基本状况指标占比	正	>60%	40% ~60%	20% ~40%	<20%
专项资金使用合规率	正	100%	90% ~99%	85% ~90%	<85%
自然资源资产资金拨付率	正	>90%	80% ~90%	70% ~80%	<70%
自然资源资产资金利用率	正	100%	95% ~99%	90% ~95%	<90%
自然资源资产资金增长率	正	>20%	10% ~20%	5% ~10%	<5%
自然资源投资占 GDP 的比例	正	—	—	—	—
自然资源资产资金筹集合规率	正	>95%	90% ~95%	85% ~90%	<85%
未纳入预算自然资源收入比率	负	>30%	20% ~30%	10% ~20%	<10%
社会公众满意度	正	>90%	80% ~90%	70% ~80%	<70%
领导干部参加资源保护培训的比例	正	>95%	80% ~95%	70% ~80%	<70%

四、确定定量评价指标权重

（一）选取确定权重的方法

在确定了领导干部自然资源资产离任审计评价指标后，还需要用科学、合理、客观的方法确定各层次指标对评价领导干部自然资源资产管理情况影响的大小，只有明确了各指标影响的大小，才能给出合理的评价结果。关于影响的大小可以用权重来反映，本文采用层次分析法来进行各级评价指标的权重分析。

层次分析法（Analytical Hierarchy Process，AHP）是一种解决多层次、多因素、复杂性问题的决策思维方法，它首先将复杂问题简单化，形成多个组成因素，再按照各因素之间的关系进行分组，形成有序的阶梯层次结构，通过德尔菲法进行专家打分，确保打分的客观准确，获得层次中各因素的相对重要性，最后应用一些计算确定各因素重要性的总次序。利用层次分析法确定各指标权重的基本思路如下。

1. 构建层次结构

全面了解问题后，按照一定的方法分解问题，将复杂问题简单化，分解后的因素按照其层次属性进行排列，同一层次的因素同时受到上一层次因素的支配以及对下一层次因素的支配，形成一个阶梯结构。

2. 建立两两比较判断矩阵

将同一层次各个指标之间进行两两比较，运用标度法进行打分，对同一层次的各个指标对上一层次某指标的重要性进行比较，建立各层次的判断矩阵（见表2-7）。

表2-7 各标度取值

标度	含义
$b_{ij}=1$	指标 i 与指标 j 具有相同的重要性
$b_{ij}=3$	指标 i 比指标 j 稍微重要
$b_{ij}=5$	指标 i 比指标 j 明显重要
$b_{ij}=7$	指标 i 比指标 j 重要得多
$b_{ij}=9$	指标 i 比指标 j 极端重要
$b_{ij}=2,4,6,8$	表示在上述两个标准之间折中的标度
$b_{ij}=$倒数	两个指标的反比较，后者比前者的重要标度

依照上述标度法进行两两比较后，得到以下判断矩阵 $\boldsymbol{B}$：

$$\boldsymbol{B}=\begin{bmatrix} b_{11} & b_{12} & \cdots & b_{1n} \\ b_{21} & b_{22} & \cdots & b_{2n} \\ \vdots & \vdots & \vdots & \vdots \\ b_{n1} & b_{n2} & \cdots & b_{nn} \end{bmatrix} \tag{2-33}$$

其中，b_{ij}表示指标 i 与指标 j 重要性的比较结果，b_{ij}越大，表示指标 i 比指标 j 更重要，并且存在以下关系：

$$b_{ij}=\frac{1}{b_{ji}}(m \neq n),b_{ij}=1(m=n) \tag{2-34}$$

3. 求取单因素指标权重

指标权重的计算首先是求解判断矩阵的最大特征值λ_{max}和最大特征值对应的特征向量 $\boldsymbol{W}=(W_1, W_2\cdots W_n)^k$，然后，将特征向量进行归一化处理，即可得到对应指标的权重向量，而特征值可用于矩阵一致性水平检验。

$$\boldsymbol{BW}=\lambda_{max}W \tag{2-35}$$

设 $\boldsymbol{W}=\begin{bmatrix} W_1 \\ W_2 \\ \cdots \\ W_n \end{bmatrix}$，则上式可以表述为

$$\begin{bmatrix} b_{11} & b_{12} & \cdots & b_{1n} \\ b_{21} & b_{22} & \cdots & b_{2n} \\ \vdots & \vdots & \vdots & \vdots \\ b_{n1} & b_{n2} & \cdots & b_{nn} \end{bmatrix}\begin{bmatrix} W_1 \\ W_2 \\ \cdots \\ W_n \end{bmatrix}=\lambda_{max}\begin{bmatrix} W_1 \\ W_2 \\ \cdots \\ W_n \end{bmatrix} \tag{2-36}$$

4. 进行一致性检验

由于矩阵 $\boldsymbol{B}$ 中的元素具有主观性，很可能出现“$\boldsymbol{A}$ 比 $\boldsymbol{B}$ 重要，$\boldsymbol{B}$ 比 $\boldsymbol{C}$ 重要，但是 $\boldsymbol{C}$ 又比 $\boldsymbol{A}$ 重要”的矛盾，因此我们需要对该判断矩阵进行一致性检验。对判断矩阵 $\boldsymbol{B}$ 进行一致性检验，首先需要计算一致性指标 CI：

$$CI=\frac{\lambda_{max}-n}{n-1} \tag{2-37}$$

然后根据计算出来的 CI 计算相对一致性指标 CR：

$$CR=\frac{CI}{RI} \tag{2-38}$$

其中，RI 是平均随机一致性指标，具体数值见表 2-8。

表 2-8 平均随机一致性指标

矩阵阶数	1	2	3	4	5	6	7	8	9	10
RI	0	0	0.52	0.89	1.12	1.26	1.36	1.41	1.46	1.52

当相对一致性指标 $CR<0.10$ 时，认为该判断矩阵满足－致性检验，若 $CR>0.10$，则不满足，需要进行重新打分或进行修正。

5. 确定多因素指标权重

在确定各单因素指标的权重之后，需要确定各多因素指标权重。设一级指标各指标相对目标层指标权重分别为$w_1, w_2 \cdots, w_m (\sum_{i=1}^{m} w_i = 1)$，某一级指标$w_i$所对应的各二级指标权重分别为$p_1, p_2 \cdots, p_n (0 \leqslant p_j \leqslant 1, \sum_{j=1}^{n} p_j = 1)$，则该二级指标所对应目标层指标权重则为：

$$k_j = w_i p_j, (j = 1, 2 \cdots, n), K = (k_1, k_2 \cdots, k_n) \quad (2-39)$$

（二）确定权重

1. 一级评价指标权重确定

根据调查问卷的结果，整理专家打分的数据见表2-9。

表2-9　一级指标专家打分统计表

指标	相关政策法规制定执行	资源开发利用情况	资源保护治理情况	相关资金筹集使用	社会公众人文方面
相关政策法规制定执行	1.00	1.25	1.50	1.75	7.50
资源开发利用情况	0.88	1.00	1.25	1.25	6.50
资源保护治理情况	0.75	0.88	1.00	1.00	6.25
相关资金筹集使用	0.63	0.88	1.00	1.00	5.25
社会公众人文方面	0.13	0.15	0.16	0.19	1.00

根据上述数据，可以得到判断矩阵$\boldsymbol{B}$：

$$\boldsymbol{B} = \begin{bmatrix} 1.00 & 1.25 & 1.50 & 1.75 & 7.50 \\ 0.88 & 1.00 & 1.25 & 1.25 & 6.50 \\ 0.75 & 0.88 & 1.00 & 1.00 & 6.25 \\ 0.63 & 0.88 & 1.00 & 1.00 & 5.25 \\ 0.13 & 0.15 & 0.16 & 0.19 & 1.00 \end{bmatrix}$$

对矩阵进行运算求出一级指标的权重，并进行一致性检验，具体结果见表2-10。

表 2 – 10 一级指标权重以及一致性检验结果表

指标	权重	一致性检验
相关政策法规制定执行	0.30	$\lambda_{max}=5.11$，$CI=0.027$，$RI=1.12$，$CR=0.024<0.1$，满足一致性
资源开发利用情况	0.25	
资源保护治理情况	0.21	
相关资金筹集使用	0.20	
社会公众人文方面	0.04	

通过上述计算我们知道各一级指标的权重分别如下：相关政策法规制定执行 0.30；资源开发利用情况 0.25；资源保护治理情况 0.21；相关资金筹集使用 0.20；社会公众人文方面 0.04。

2. 二级、三级评价指标权重确定

1）贯彻落实政策、制度和措施方面指标权重确定

综合专家打分结果，进行本小节的判断矩阵的构造。本小节共需构造一个二级指标判断矩阵，以及一个三级指标判断矩阵，具体见表 2 – 11 到表 2 – 14。由于篇幅限制，此处仅呈现判断矩阵数据以及最终计算数据。

表 2 – 11 二级指标专家打分统计表

指标	政策符合性、正确性情况	政策建立健全情况
政策符合性、正确性情况	1.00	2.20
政策建立健全情况	0.53	1.00

表 2 – 12 二级指标权重以及一致性检验结果表

指标	权重	一致性检验
政策符合性、正确性情况	0.67	$\lambda_{max}=2.08$，$CI=0$，$RI=0$，$CR=0<0.1$，满足一致性
政策建立健全情况	0.33	

表 2-13 政策符合性、正确性情况指标专家打分统计表

指标	政策符合率	政策失误问责率	政策调整率
政策符合率	1.00	4.20	5.80
政策失误问责率	0.25	1.00	2.40
政策调整率	0.18	0.43	1.00

表 2-14 政策符合性、正确性情况指标权重以及一致性检验结果表

指标	权重	一致性检验
政策符合率	0.70	$\lambda_{max}=3.062$ $CI=0.031$，$RI=0.52$ $CR=0.059<0.1$，满足一致性
政策失误问责率	0.20	
政策调整率	0.10	

通过上述计算我们知道，一级指标贯彻落实政策、制度和措施方面所对应的二级、三级指标权重如下：①二级指标政策符合性、正确性情况所占权重为0.67，其中三级指标政策符合率权重为0.70，政策失误问责率权重为0.20，政策调整率权重为0.10；②二级指标政策建立健全情况所占权重为0.33，其中三级指标政策落实率权重为1。

2）资源开发利用情况方面指标权重确定

同上，本小节共需构造一个二级指标判断矩阵，以及三个三级指标判断矩阵，具体见表2-15到表2-22。

表 2-15 二级指标专家打分统计表

指标	开发利用有效性	开发利用合规性	开发利用状态
开发利用有效性	1.00	1.80	2.60
开发利用合规性	0.60	1.00	1.40
开发利用状态	0.40	0.80	1.00

表 2-16 二级指标权重以及一致性检验结果表

指标	权重	一致性检验
开发利用有效性	0.51	$\lambda_{max}=3.080$ $CI=0.040$，$RI=0.52$ $CR=0.077<0.1$，满足一致性
开发利用合规性	0.29	
开发利用状态	0.21	

表 2-17 开发利用有效性情况指标专家打分统计表

指标	产值率	贡献率	万元 GDP 消耗降低率	国家收益率
产值率	1.00	2.00	2.40	3.80
贡献率	0.57	1.00	2.00	3.60
万元 GDP 消耗降低率	0.52	0.57	1.00	2.20
国家收益率	0.27	0.29	0.47	1.00

表 2-18 开发利用有效性情况指标权重以及一致性检验结果表

指标	权重	一致性检验
产值率	0.43	$\lambda_{max}=4.192$， $CI=0.064$，$RI=0.89$， $CR=0.072<0.1$，满足一致性
贡献率	0.29	
万元 GDP 消耗降低率	0.19	
国家收益率	0.09	

表 2-19 开发利用合规性情况指标专家打分统计表

指标	自然资源资产合法出让率	自然资源资产违规使用率
自然资源资产合法出让率	1.00	2.00
自然资源资产违规使用率	0.57	1.00

表 2-20　开发利用合规性情况指标权重以及一致性检验结果表

指标	权重	一致性检验
自然资源资产合法出让率	0.65	$\lambda_{max}=2.06, CI=0, RI=0$, $CR=0<0.1$,满足一致性
自然资源资产违规使用率	0.35	

表 2-21　开发利用状态情况指标专家打分统计表

指标	资产开发率	资产损失率	资产开发超出限额比率
资产开发率	1.00	1.80	3.40
资产损失率	0.60	1.00	2.40
资产开发超出限额比率	0.32	0.43	1.00

表 2-22　开发利用状态情况指标权重以及一致性检验结果表

指标	权重	一致性检验
资产开发率	0.53	$\lambda_{max}=3.078$, $CI=0.039, RI=0.52$, $CR=0.075<0.1$,满足一致性
资产损失率	0.32	
资产开发超出限额比率	0.15	

通过上述计算我们知道,一级指标资源开发利用情况方面所对应的二级、三级指标权重如下:①二级指标开发利用有效性所占权重为0.51,其中三级指标产值率权重为0.43,贡献率权重为0.29,万元GDP消耗降低率权重为0.19,国家收益率权重为0.09;②二级指标开发利用合规性所占权重为0.29,其中三级指标自然资源资产合法出让率权重为0.65,自然资源资产违规使用率权重为0.35;③二级指标开发利用状态情况所占权重为0.21,其中三级指标资产开发率权重为0.53,资产损失率权重为0.32,资产开发超出限额比率权重为0.15。

3)资源保护治理情况方面指标权重确定

同上,本小节共需构造一个二级指标判断矩阵,以及两个三级指标判断矩阵,具体见表 2-23 到表 2-30。

表 2-23 二级指标专家打分统计表

指标	目标责任完成情况	资源项目成果	资源基本状况
目标责任完成情况	1.00	2.40	6.60
资源项目成果	0.43	1.00	3.40
资源基本状况	0.16	0.32	1.00

表 2-24 二级指标权重以及一致性检验结果表

指标	权重	一致性检验
目标责任完成情况	0.62	$\lambda_{max}=3.057$, $CI=0.029$,$RI=0.52$, $CR=0.055<0.1$,满足一致性
资源项目成果	0.28	
资源基本状况	0.10	

表 2-25 目标责任完成情况指标专家打分统计表

指标	约束性任务指标完成率	预期性任务指标完成率
约束性任务指标完成率	1.00	2.40
预期性任务指标完成率	0.43	1.00

表 2-26 目标责任完成情况指标权重以及一致性检验结果表

指标	权重	一致性检验
约束性任务指标完成率	0.70	$\lambda_{max}=2.02$,$CI=0$,$RI=0$, $CR=0<0.1$,满足一致性
预期性任务指标完成率	0.30	

表 2-27　资源项目成果情况指标专家打分统计表

指标	工业企业“三废”污染物下降率	污水处理达标率	森林覆盖率上升比率	矿山生态环境恢复率	耕地保持率	水土流失治理率
工业企业“三废”污染物下降率	1.00	1.50	2.00	2.25	2.75	3.00
污水处理达标率	0.75	1.00	1.25	2.00	2.25	2.50
森林覆盖率上升比率	0.58	0.88	1.00	1.00	1.75	2.00
矿山生态环境恢复率	0.46	0.58	1.00	1.00	1.50	1.75
耕地保持率	0.38	0.46	0.63	0.75	1.00	1.50
水土流失治理率	0.35	0.42	0.50	0.63	0.75	1.00

表 2-28　资源项目成果情况指标权重以及一致性检验结果表

指标	权重	一致性检验
工业企业“三废”污染物下降率	0.29	$\lambda_{max}=6.216$，$CI=0.043$，$RI=1.26$，$CR=0.034<0.1$ 满足一致性
污水处理达标率	0.22	
森林覆盖率上升比率	0.16	
矿山生态环境恢复率	0.14	
耕地保持率	0.10	
水土流失治理率	0.09	

表 2-29　资源基本状况指标专家打分统计表

指标	恶化基本指标占比	改善基本指标占比
恶化基本指标占比	1.00	1.40
改善基本指标占比	0.80	1.00

表 2－30 资源基本状况指标权重以及一致性检验结果表

指标	权重	一致性检验
恶化基本指标占比	0.57	$\lambda_{max}=2.06$，$CI=0$，$RI=0$，$CR=0<0.1$，满足一致性
改善基本指标占比	0.43	

通过上述计算我们知道，一级指标资源保护治理情况方面所对应的二级、三级指标权重如下：①二级指标目标责任完成情况所占权重为0.62，其中三级指标约束性任务指标完成率权重为0.70，预期性任务指标完成率权重为0.30；②二级指标资源项目成果所占权重为0.28，其中三级指标工业企业“三废”污染物下降率权重为0.29，污水处理达标率权重为0.22，森林覆盖率上升比率权重为0.16，矿山生态环境恢复率权重为0.14，耕地保持率权重为0.10，水土流失治理率权重为0.09；③二级指标资源基本状况所占权重为0.10，其中三级指标改善基本指标占比权重为0.57，恶化基本指标占比权重为0.43。

4）相关资金方面指标权重确定

同上，本小节共需构造一个二级指标判断矩阵，以及两个三级指标判断矩阵，具体见表2－31到表2－36。

表 2－31 二级指标专家打分统计表

指标	专项资金情况	收入核算情况
专项资金情况	1.00	1.60
收入核算情况	0.70	1.00

表 2－32 二级指标权重以及一致性检验结果表

指标	权重	一致性检验
专项资金情况	0.60	$\lambda_{max}=2.06$，$CI=0$，$RI=0$，$CR=0<0.1$，满足一致性
收入核算情况	0.40	

表 2-33　专项资金情况指标专家打分统计表

指标	资金使用合规率	资金拨付率	资金利用率	资金增长率	投资占 GDP 的比例
资金使用合规率	1.00	2.00	3.00	3.50	5.00
资金拨付率	0.50	1.00	2.25	3.50	4.75
资金利用率	0.33	0.46	1.00	2.50	4.50
资金增长率	0.29	0.29	0.42	1.00	2.25
投资占 GDP 的比例	0.20	0.21	0.23	0.46	1.00

表 2-34　专项资金情况指标权重以及一致性检验结果表

指标	权重	一致性检验
资金使用合规率	0.40	$\lambda_{max}=5.19$，$CI=0.048$，$RI=1.12$，$CR=0.043<0.1$，满足一致性
资金拨付率	0.28	
资金利用率	0.17	
资金增长率	0.10	
投资占 GDP 的比例	0.05	

表 2-35　收入核算情况指标专家打分统计表

指标	资金筹集合规率	未纳入预算自然资源收入比率
资金筹集合规率	1.00	2.80
未纳入预算自然资源收入比率	0.38	1.00

表 2－36 收入核算情况指标权重以及一致性检验结果表

<table>
<tr><th>指标</th><th>权重</th><th>一致性检验</th></tr>
<tr><td>资金筹集合规率</td><td>0. 73</td><td rowspan="2">$\lambda_{max}=2.04, CI=0, RI=0,$
$CR=0<0.1$，满足一致性</td></tr>
<tr><td>未纳入预算自然资源收入比率</td><td>0. 27</td></tr>
</table>

通过上述计算我们知道，一级指标相关资金方面所对应的二级、三级指标权重如下：①二级指标专项资金情况所占权重为 0. 60，其中三级指标资金使用合规率权重为 0. 40，资金拨付率权重为 0. 28，资金利用率权重为 0. 17，资金增长率权重为 0. 10，投资占 GDP 的比例权重为 0. 05；②二级指标收入核算情况所占权重为 0. 40，其中三级指标资金筹集合规率权重为 0. 73，未纳入预算自然资源收入比率权重为 0. 27。

5）人文方面指标权重确定

本小节需要构建一个三级指标判断矩阵，具体见表 2－37 和表 2－38。

表 2－37 三级指标专家打分统计表

指标	社会公众满意度	领导干部参加资源保护培训的比例
社会公众满意度	1. 00	2. 80
领导干部参加资源保护培训的比例	0. 38	1. 00

表 2－38 三级指标权重以及一致性检验结果表

<table>
<tr><th>指标</th><th>权重</th><th>一致性检验</th></tr>
<tr><td>社会公众满意度</td><td>0. 73</td><td rowspan="2">$\lambda_{max}=2.04, CI=0, RI=0,$
$CR=0<0.1$，满足一致性</td></tr>
<tr><td>领导干部参加资源保护培训的比例</td><td>0. 27</td></tr>
</table>

通过上述计算我们知道，一级人文方面所对应的二级、三级指标权重如下：三级指标社会公众满意度权重为 0. 73，三级指标领导干部参加资源保护培训的比例权重为 0. 27。

3. 评价指标综合权重确定

根据上述分析、计算,得出领导干部自然资源资产离任审计各级评价指标权重以及三级指标的最终综合权重,见表2-39。

表2-39 定量评价指标权重计算结果表

一级指标	权重	二级指标	权重	三级指标	权重	综合权重
贯彻落实自然资源资产相关政策方面	0.30	政策符合性、正确性情况	0.67	自然资源资产政策符合率	0.70	0.141
				自然资源资产政策失误问责率	0.20	0.040
		政策建立健全情况	0.33	自然资源资产政策调整率	0.10	0.020
				自然资源资产政策落实率	1.00	0.099
自然资源资产开发利用情况方面	0.25	开发利用有效性情况	0.50	自然资源资产产值率	0.43	0.054
				自然资源资产贡献率	0.29	0.036
				万元GDP自然资源消耗降低率	0.19	0.024
		开发利用合规性情况	0.29	自然资源资产国家收益率	0.09	0.011
				自然资源资产合法出让率	0.65	0.047
				自然资源资产违规使用率	0.35	0.025
		开发利用状态情况	0.21	自然资源资产开发率	0.53	0.028
				自然资源资产损失率	0.32	0.017
				自然资源资产开发超出限额比率	0.15	0.008
		自然资源保护目标责任完成情况	0.62	约束性任务指标完成率	0.70	0.091
				预期性任务指标完成率	0.30	0.039
				工业企业“三废”污染物下降率	0.29	0.017

续表

一级指标	权重	二级指标	权重	三级指标	权重	综合权重
自然资源资产保护治理情况方面	0.21	自然资源保护项目成果	0.28	污水处理达标率	0.22	0.013
				森林覆盖率上升比率	0.16	0.009
				矿山生态环境恢复率	0.14	0.008
				耕地保持率	0.10	0.006
				水土流失治理率	0.09	0.005
		自然资源资产基本状况	0.10	恶化的自然资源基本状况指标占比	0.57	0.012
				改善的自然资源基本状况指标占比	0.43	0.009
自然资源资产相关资金方面	0.20	自然资源资产专项资金情况	0.60	专项资金使用合规率	0.40	0.048
				自然资源资产资金拨付率	0.28	0.034
				自然资源资产资金利用率	0.17	0.020
				自然资源资产资金增长率	0.10	0.012
				自然资源投资占 GDP 的比例	0.05	0.006
		自然资源资产收入核算情况	0.40	自然资源资产资金筹集合规率	0.73	0.058
				未纳入预算自然资源收入比率	0.27	0.022
社会公众人文方面	0.04	人文方面	1.00	社会公众满意度	0.73	0.029
				领导干部参加资源保护培训的比例	0.27	0.011
总计	100%	—	—	—	—	100%

五、定性评价指标设计

根据前面的分析，如果只是通过上述五大评价要素方面的定量指标来开展该审计评价，那么可能会存在一些评价遗漏信息，如自然资源资产整体的管理情况等，从而导致审计评价结果可能会存在一定的误差。为了解决该部分信息的缺漏问题，下面将通过定性指标的设计来对其进行补充。

（一）正向定性评价指标

如果某地区领导干部自然资源资产进行了良好的管理，但是部分管理内容无法通过定量评价指标来进行反映，这种时候可以采用定性指标来进行适当的加分，从而全面反映领导干部自然资源资产管理情况。具体加分项目包括以下几项。

1. 地方自然资源资产可持续发展能力综合评价

作为一个综合性质的定性指标，审计人员在审计过程中为了获取自然资源资产保护以及可持续发展的综合评价，需要关注该地方自然资源资产可持续发展的基本情况以及能力，并对此做出一个综合性的评价，这样则可以避免有些地区因为个别自然资源管理情况较好，从而掩盖整体自然资源管理较差的事实情况。如果该地方做到了自然资源资产管理与地方经济、社会等的可持续发展，可以根据具体情况、水平加1～4分。

2. 各自然资源相关部门协调配合情况评价

对于一个地方而言，政府应该通过政策、体制、标准等方面来引导各部门之间相互协调配合，科学规划，切忌各部门依据自身各不相同的长、中、短期目标各自为政。如果国土、水利、林业、财政等各资源部门之间可以协调配合得较好，那么该地方自然资源资产管理情况会发展得更好。所以审计人员在审计过程中，需要关注该地区各资源部门是否是在政府领导人的指导下，按照自然资源资产总体发展的全局和长远规划来控制各自然资源资产的使用方向、利用方式以及开发强度等。如果各自然资源主管部门协调配合情况较好，则可以根据具体情况、水平加1～4分。

3. 地方自然资源资产负债表编制情况评价

随着各地市对领导干部自然资源资产离任审计的试点，该项审计最终会发展成为一项常规性审计，在这个过程中，自然资源资产负债表的编制会起到很大的作用，同时，编制自然资源资产负债表也是各地市进行试点的目标之一。如果某地区自然资源资产负债表编制得较为完整，则可以从侧面反映出该地区领导干部自然资源管理状况较好，所以审计人员在审计过程中，需要关注该地区自然资源资产负债表编制的真实性、完整性、及时性等。如果该地区自然资源资产负债表编制情况较好，则可以根据具体情况、水平加1～4分。

4. 自然资源资产开发利用档案管理情况评价

自然资源资产开发利用档案管理情况可以从侧面反映该地区自然资源资产管理情况，所以审计人员在审计过程中需要关注自然资源资产开发利用档案管理是否规范，例如，各资源管理部门对相关文件、资料以及合同保存的是否完整、及时；关于资源出让的统计档案是否可以全面反映各项出让的合同号、地理位置、面积、规定用途、年限、出让方式、出让单位等明细情况；各项资源出让的统计档案是否清晰记录了各资源出让应收、实收出让金额以及二者之间的差异和产生差异的原因等。如果自然资源资产开发利用档案管理十分合适，则可以根据具体情况、水平加1～4分。

（二）负向定性评价指标

1. 重大资源环境事故扣分

审计人员在审计过程中需要关注在审计时段氛围内，该审计区域范围内是否发生过重大资源环境事故，以及事故造成的人员死亡率或者职业病发生率等。例如，矿产开发的安全事故、废物超标准排放事故、重大森林火灾事故等。如果发生了重大资源环境事故，则审计人员依据具体情况酌情扣1～4分。

2. 重大违法违规事件扣分

审计人员在审计过程中需要关注在审计时段氛围内，该地区领导干部是否存在重大违法违规事件，例如，自然资源管理部门滥用职权、违法出让国家自然资源、贪污腐败等。如果发生了重大违法违规事件，则审计人员依据具体情况酌情扣1～4分。

3. 重大群众不满意上访、信访事件扣分

审计人员在审计过程中需要关注在审计时段氛围内，该地区群众、企业对领导干部自然资源资产管理工作的满意情况。如果在该审计时段发生了重大群众不满意上访、信访事件，则审计人员依据具体情况酌情扣1～4分。

4. 预决算编报造假事件扣分

审计人员在审计过程中需要关注在审计时段氛围内，是否存在预决算编报造假、不真实事件，如果发生此类案件，则审计人员依据具体情况酌情扣1～4分。

通过上述对各项定性指标的评分，可以帮助审计人员更好地对领导干部自然资源管理情况进行评价,从而提高我国自然资源资产的管理利用效率,防止自然资源浪费、流失、低效使用。

六、综合评价指标体系构建

本研究构建的领导干部自然资源资产离任审计综合评价指标体系,是分别对评价体系内的定量指标和定性指标进行打分,因此,审计评价的结果是以评价得分的形式来表现的。领导干部对自然资源资产管理情况好的,最终评价得分会比较高;反之,领导干部对自然资源资产管理情况差的,最终评价得分会比较低。

(一)定量评价指标得分计算

本研究采用功效系数法来计算各项定量评价指标的得分,即通过对比指标实际值与上述论文中确定的标准值,先计算出指标的基本得分,再应用功效系数计算出调整分,以指标基本得分和调整分之和确定单项定量指标得分。其中,论文前面依据审计标准确定了标准得分,即一级(85~100分)、二级(70~84分)、三级(60~69分)、四级(60分以下)。审计人员首先确定每项定量评价指标的实际值所处的级别,然后按照计算每项定量评价指标的得分。具体计算方法如下:

第一步,以本级别下限标准值对应的指标得分乘以该指标的综合权重,可以得到该指标的基本得分。即:

$$\text{定量指标基本得分} = \text{本级别下限标准得分} \times \text{指标综合权重} \quad (2-40)$$

第二步,为了解决同一指标级别内不同指标实际值其基本得分相同的问题,本文研究采用功效系数法来计算出各指标的调整分。具体计算方法如下:

$$\text{指标调整分} = \frac{\text{实际值} - \text{本级别下限标准值}}{\text{本级别上限标准值} - \text{本级别下限标准值}} \times (\text{本级别上限标准得分} \times \text{指标综合权重} - \text{本级别下限标准得分} \times \text{指标综合权重}) \quad (2-41)$$

第三步,计算每项定量评价指标的得分。具体计算方法如下:

$$\text{单项定量指标得分} = \text{定量指标基本得分} + \text{指标调整分} \quad (2-42)$$

(二)评价综合得分计算

领导干部自然资源资产离任审计评价综合得分则是定量指标总得分和定性

指标得分之和。具体计算公式如下：

$$\begin{aligned}审计评价综合得分 &= 定量指标总得分 + 定性指标得分 \\ &= \sum 单项指标得分 + 定性指标得分 \end{aligned} \quad (2-43)$$

具体评价指标得分计算表见表 2 - 40。

表 2 - 40 领导干部自然资源资产离任审计评价指标得分表

<table>
<tr><td colspan="3">评价内容</td><td>得分</td></tr>
<tr><td colspan="3">定量指标总得分</td><td>∑单项指标得分</td></tr>
<tr><td rowspan="11">定性指标得分</td><td rowspan="5">正向定性指标</td><td>地方自然资源资产可持续发展能力综合评价</td><td>1 ~ 4 分</td></tr>
<tr><td>各自然资源相关部门协调配合情况评价</td><td>1 ~ 4 分</td></tr>
<tr><td>地方自然资源资产负债表编制情况评价</td><td>1 ~ 4 分</td></tr>
<tr><td>自然资源资产开发利用档案管理情况评价</td><td>1 ~ 4 分</td></tr>
<tr><td>小计</td><td></td></tr>
<tr><td rowspan="5">负向定性指标</td><td>重大资源环境事故扣分</td><td>- 1 ~ 4 分</td></tr>
<tr><td>重大违法违规事件扣分</td><td>- 1 ~ 3 分</td></tr>
<tr><td>重大群众不满意上访、信访事件扣分</td><td>- 1 ~ 3 分</td></tr>
<tr><td>预决算编报造假事件扣分</td><td>- 1 ~ 3 分</td></tr>
<tr><td>小计</td><td></td></tr>
<tr><td colspan="2">定性指标总得分</td><td></td></tr>
<tr><td colspan="3">领导干部自然资源资产离任审计评价总得分</td><td></td></tr>
</table>

(三)审计评价结果

在计算领导干部自然资源资产离任审计评价综合得分之后，关于该审计评价结果，可以通过评价得分、评价类型、评价级别三方面来表示。根据领导干部自然资源资产离任审计评价综合得分，将领导干部自然资源资产管理水平分为四个档次：优、良、中、差，从而消除以评价得分作为唯一评价结果方式的缺陷。

同时,为了将同一评价类型中各领导干部自然资源资产管理情况的具体差异体现出来,本研究借鉴了信用评级方式,将四种评价类型进行了细分。具体评级类型、评级级别见表2-41。

表2-41　领导干部自然资源资产离任审计评价结果表

评级得分	评级类型	评级级别
分数≥95分	优(A类)	AAA
95分>分数≥90分		AA
90分>分数≥85分		A
85分>分数≥80分	良(B类)	BBB
80分>分数≥75分		BB
75分>分数≥70分		B
70分>分数≥60分	中(C类)	C
50≤分数<60	差(D类)	D
分数<50	较差(E类)	E

第六节　评价指标体系应用保障措施及实施策略

一、建立健全相关法律法规

目前在我国,针对领导干部自然资源资产离任审计,缺乏与其相关的具体实施的指导,也缺乏该审计的具体实施办法和评估标准,所以审计人员在对领导干部自然资源资产管理情况进行评价时有难度,审计风险较大。因此,需要建立健全与领导干部自然资源资产离任审计相关的法律法规,结合我国实际情况,应该从以下几方面做出努力。

首先,从理论层面上明确该审计的审计依据的框架,即关于该审计的审计主体的任职条件以及实施该审计的法律依据和执行该审计的过程中需要遵循的法规、制度等行为规范。具体包括两方面内容:第一是直接依据,包括审计法、该审计的审计准则和该审计的其他审计行为规范;第二是间接依据,包括国家的方针、自然资源保护政策、国家颁布的与自然资源资产有关的法令法规等。只有建立了与该审计相关的审计工作细则，才能避免审计工作的片面性和局限性，使得开展该审计制度化、规范化。

其次，修订相关法律，通过立法，完善法律体系，使得审计机关在自然资源监督、管理方面有特定的权限，充分发挥该审计的作用。具体包括：第一，修改我国《宪法》，明确政府审计机关自然资源资产审计监督的宪法地位，从宪法的高度赋予各级审计机关的职责权限；第二，修改《审计法》，明确各级审计机关在自然资源资产管理体系中的地位、职责、权利、工作范围和审计方法；第三，修订《审计法实施细则》行政法规规章，明确开展该审计的具体工作细则、范围、内容、职责分工、评价标准等。

最后，严格自然资源资产标准管理制度。一方面要积极借鉴国际标准，进一步制定和完善与自然资源资产相关的管理标准；另一方面要合理制定自然资源资产管理标准的实施计划，充分应用各类自然资源资产检测手段，监督检查自然资源资产管理标准的执行情况。

二、加强审计成果的应用

审计成果的运用是开展审计工作的出发点和归属点，领导干部自然资源资产离任审计的成果在运用过程主要有三个环节：披露、问责和整改，分别涉及多个相关职能部门，具体见图 2－8。

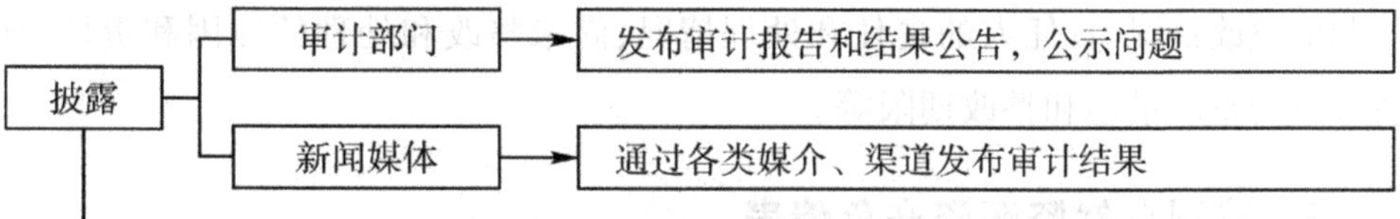

图 2－8　领导干部自然资源资产离任审计成果应用阶段简图

首先是披露环节。由于我国国家审计机关的特殊性，领导干部可能会对审计结果有一定的干涉性，所以审计人员在披露环节工作会受到一定的阻碍。在目前审计试点实践基础上，应该补充优化审计披露途径和披露内容。关于披露途径，除了目前在政府部门内的流程性游走外，应该进一步通过新闻媒体和网络的介入，加强对公众的公示，并借助公众的压力推进审计成果的落实。关于披露内容，应该进一步将完善的地区自然资源状况进行公示，使得自然资源资产相关人员对之有一个全面的认识，从而更利于自然资源的可持续发展管理。

其次是问责环节。关于审计问责，主要分为两个部分：责任认定和责任追究。关于责任认定，该审计作为经济责任审计的延伸和细化，所以在领导干部的自然资源管理责任认定环节，我们将借鉴经济责任审计，将领导干部的责任分为直接责任、主管责任和领导责任三类。直接责任对应单位的主要负责人；主管责任对应单位除了直接责任以外、直接主管自然资源的单位主要负责人；领导责任对应单位除了直接责任以外、非直接主管自然资源的单位主要负责人。关于责任追究，认定领导干部的责任之后，审计人员需要将审计工作移交相关部门对领导干部相关责任进行追究和处理，主要包括刑事处罚、行政处分，以及其他通过审计情况通报、审计结果公告等方式的处理。

最后是整改环节。审计人员对领导干部相关责任追究后，审计工作并没有就此结束，还需要加强对审计报告意见中的整改情况进行跟踪审计，要求被审计对象实时反馈自身整改情况，并且向社会公众发布跟踪审计报告，具体包括查出问题的整改情况、责任人的责任和处理情况、尚未整改和处理的原因和责任、准备采取的整改措施和整改期限等。

三、编制自然资源资产负债表

随着“互联网+”时代的到来，对审计信息化进程造成了重大的影响，在这种背景下，审计人员也需要更新审计理念，充分利用大数据。目前，审计人员在开展审计工作的过程中，因为无法搜集和分析全部数据，因此只能通过抽样分析，从样本的局部特点入手分析，据此推断审计对象的整体情况，采用这样的方法有很大的局限性，很有可能导致一些重大失误的漏查。但是随着大数据的应用，审计人员在开展审计工作的过程中，可以充分利用先进的技术软件，分析数据，发现问题。所以，为了更有效地开展自然资源资产离任审计评价工作，需要编制自然资源资产负债表,充分应用大数据。

首先,探索编制自然资源资产负债表,建立自然资源“数据库”。一个国家在特定时点的自然资源资产负债状况,是该国家的重要核算指标,是其国力的重要标志。分析自然资源资产负债的总量和分布状况,可以全面摸清家底,了解综合国力和基本国情。决策部门根据这些分析资料,可以研究国家和地区的中长期经济规划和发展战略,制定相应政策,以确保生态文明建设与经济、政治、文化和社会建设的协调、健康发展。所以应该探索编制自然资源资产负债表,对自然资源资产的流量和存量进行准确的统计,直观、量化的反映地区的资源环境情况,并进行连续性的分析,反应期间的变动情况。

其次,审计人员在审计过程中充分利用大数据优势。目前,我国正在逐步建立以地理空间信息技术、海量数据管理技术为核心的林业、土地、水利管理的信息化标准体系,也相继建立了覆盖全国的地形数据库、遥感卫星图像数据库、土地、林业以及水利等资源的网上审批数据库等,所以审计人员在审计过程中可以充分利用这些大数据的优势,建立从整体到局部的审计思维模式,从整体的视角入手建立数据分析模型,进行叠加分析,从而查找出问题,避免因为样本抽取导致的一些重大失误的漏查,提升审计效率以及质量。

四、优化审计评价方法

由于自然资源资产的特殊属性,所以导致领导干部自然资源资产离任审计具有专业性和技术性的特点,因此开展该审计,许多审计事项无法单纯的只采用一些财务指标,反而更为依赖一些自然资源资产技术指标和经济技术指标。因此,开展该审计的技术方法与传统的财务审计会有很大的差异,在审计过程中,需要审计人员与自然资源资产保护专业技术人员相互密切配合,在现有传统常规审计方法的基础上,结合环境科学、工程学、物理学等学科的知识和技能,使得审计结果更加科学化、合理化。

开展该项审计工作的审计评价方法包括一般方法和专业方法。一般方法是指在传统审计方法的基础上考量该审计的评价需求,结合审计目标的特殊性有针对性地收集审计证据,然后对照评价标准,依据职业判断得出最终审计结论。而专业方法则更倾向于各类自然资源资产相关的技术和技巧,涉及专业领域的抽样、测量、建模、评估、预判等过程,更为复杂化和专业化,概括来讲,则是需要事前审计、事中审计与事后审计相结合,同时结合现代审计技术方法,在政策制定、项目立项和落实执行的各项过程中,将卫星遥感数据接收系统、GPS 全球定位系统、空气监测系统、排污监测系统、GIS 地理信息系统等高科技手段综合应用于审计工作中,进行必要的在线监测,以取得第一手数据,进行深入分析、评价,结合自然资源资产管理专家的建议,从而不断优化资源环境责任审计方法。

五、动态完善评价指标体系

由于领导干部自然资源资产离任审计的综合性和复杂性,以及该审计所涉及的领域的广泛性,各地区自然资源资产特征、功能有所差异等原因。本研究所构建的评价指标体系在实际工作应用过程中,并不能适用于所有情况,而且本身可能存在着一些局限性,所以在应用过程中,需要根据实际应用情况不断地对其进行修改、补充,动态完善该审计的评价指标体系,直至该审计项目形成一套完整有效的审计评价工作机制。

第七节　结论与展望

一、研究结论

随着各类自然资源环境问题的出现,我国政府逐渐意识到目前经济高速发展与自然资源可持续发展之间的矛盾,为了纠正领导干部只关注地方经济利益的错误执政观念,促使地方经济与自然资源的协调发展,政府提出“领导干部自然资源资产离任审计”这一概念,并在全国范围内进行试点。审计评价是开展领导干部自然资源资产离任审计工作的核心环节与基本业务,如果不能对领导干部自然资源资产管理情况进行科学、有效地评价,那么开展该审计的意义就无从谈起。因而构建一套科学的、符合我国实际的评价指标体系,并保证其有效实施,是目前开展该审计工作的基础。本研究在分析领导干部自然资源资产离任审计相关概念及理论、总结国内开展该审计工作现状的基础上,以省审计厅为具体研究对象,调研分析省审计厅开展该审计的现状,以及目前应用的审计评价指标,发掘出其审计评价过程中存在的问题,然后对评价指标体系进行优化,以期为省审计厅构建一套科学的、比较公认的、符合实际省情的评价指标体系。

本项研究主要工作体现在：

第一，领导干部自然资源资产离任审计尚处于探索阶段，取得了一定的试点成果，但是其审计过程中应用的评价指标体系存在一定的缺陷。本研究从省审计厅开展该审计的前期准备入手，归纳该审计的审计主体、审计方法、审计流程以及总体审计内容；然后分为森林资源、水利资源、国土资源、矿产资源四类，具体为归纳、阐述、分析这四类自然资源的审计内容以及现行的审计评价指标，总结出省审计厅现行的该审计的评价指标体系存在的问题。

第二，构建了一套科学的、完整的、符合实际省情的领导干部自然资源资产离任审计评价指标体系。本研究在上述对省审计厅分析的基础上，从该审计的评价目标和评价内容着手，分析总结出省审计厅开展该审计评价工作的主要评价要素，即政策落实情况、资金征收使用情况、资源开发利用情况、资源保护治理情况、社会人文情况；然后依据上述五项评价要素设计了具体的共 32 个定量评价指标，并确定各指标的评价标准值以及为各指标赋予权重，计算各定量指标权重得分；最后设计定性评价指标，并在此基础上构建审计评价指标体系。

第三，针对性地提出保障措施，确保省审计厅可以有效应用上述所构建评价指标体系。本研究从建立健全相关法律法规、加强审计成果的应用、编制自然资源资产负债表、优化审计评价方法、动态完善评价指标体系五个方面提出了相应的保障措施，确保省审计厅可以有效应用本研究所构建的评价指标体系，开展领导干部自然资源资产离任审计评价工作。

通过研究可得以下结论：

第一，领导干部自然资源资产离任审计使得领导干部在实现经济收益的同时，兼顾资源和环境的生态职能，充分考虑经济与自然资源的协调发展；该审计的提出将领导干部政绩的数量和质量有机地结合在一起，完善了领导干部的问责机制，并且建立了健全的领导干部政绩考核的方式方法。

第二，领导干部自然资源资产离任审计有审计的共同特征，也有其独特性，主要为审计目标的特殊性、审计标准的多样化、审计存在的高风险性。

第三，目前该审计政策引导逐渐加强，实践探索逐渐成熟，但尚处于探索阶段，现行评价指标匹配性、客观性不足，审计结果对领导干部不具有激励作用，以及评价指标没有形成完整的体系。

第四，领导干部自然资源资产离任审计是环境审计和经济责任审计的结合，该审计评价体系的构建应该具备环境审计和经济责任审计的共同评价内容。在审计评价上，一是既要有定性分析，又要有定量评价；二是要同时具备经济效益评价、社会效益评价以及生态效应评价；三是既要有现实效益评价，又要有长远效益评价。该体系应该以综合性、客观性和发展性为构建原则，充分考虑审计现实情况，多维度地综合分析和评价领导干部在任期间对自然资源资产的管理情况，客观公正地开展审计评价。

第五，自然资源离任审计的根本目标是改善自然资源资产管理，确保领导干部自然资源资产保护职责全面有效履行，从而引导自然资源资产相关政策和行为向更为有效的方向发展，促进领导干部实现经济、社会、生态环境的协调，实现可持续发展。总体目标是确保自然资源资产管理的经济性、效率性和效果性。

第六，一套科学的、完整的、符合实际的领导干部自然资源资产离任审计评价指标体系应该包括：自然资源资产离任审计的评价目标和评价内容，主要评价要素，依据评价要素的定量评价指标，各指标的评价标准值以及为各指标权重、各定量指标权重得分，以及定性评价指标，并在此基础上构建系统全面的审计评价指标体系。

第七，领导干部自然资源资产离任审计评价指标体系的有效实施，必须建立在以下方面的配套措施基础上。一是建立健全相关法律法规，二是加快自然资源资产负债表的编制，三是优化审计评价方法，四是动态完善评价指标体系。需要特别指出的是，自然资源资产离任审计工作的开展需要对自然资源各个指标数据进行收集和采纳，这需要其他各部门的积极配合，建立评价指标的大数据平台，从而保证审计工作的顺利开展；同时，对自然资源资产的评价需要专业人才的鉴定和诊断，保证数据的利用是合理恰当的，其结果也是服务于实际的，这需要进一步建立自然资源专家库，实现跨专业的紧密配合。

二、研究展望

由于研究实践与篇幅有限，本研究有一些不足：首先，评价指标体系的适用性，虽通过文献梳理、专家咨询、实地调研等方式构建了领导干部自然资源资产离任审计评价指标体系，但是由于研究过程中可供参考的资料并不完善，试点时间并不充足等原因，所以构建体系中各项指标的适用性还需进一步完善；其次，评价指标体系的主观因素影响误差，通过专家打分与问卷调查等方式得出的一系列评价结果,虽已使用一定的客观指标与客观方法进行修正,但仍难以避免研究结果带有一定主观性。

在未来的研究中,有以下预期:

第一,应用评价指标体系。由于领导干部自然资源资产离任审计的数据和资料搜集有一定的限制,没有应用所构建的评价指标体系进行实证研究,所以在未来的研究中,可以将本研究构建的评价指标体系应用于具体的审计项目中,进一步研究体系中各项指标的适用性,并且添补本体系未涉及的盲区,以建立更能体现实际情况的评价体系。

第二,优化评价指标体系。本研究的侧重点在于领导干部自然资源资产离任审计的评价指标的设计,但是对于该审计的评价方法、评价标准等的研究不够深入,所以在未来的研究中,可以进行更深入探索,致力于研究更具客观性的、科学的、具体的审计评价标准以及权重确定方法等,从而优化评价指标体系,增强其实际应用性。

参考文献

[1]新华社. 中共中央关于全面深化改革若干重大问题的决定[J]. 天津政协, 2013, 34(11):6-17.

[2]陈波. 论产权保护导向的自然资源资产离任审计[J]. 审计与经济研究, 2015(5):15-23.

[3]温皓亮. 公共资源审计理论体系研究[D]. 长沙:中南大学, 2007.

[4]牛鸿斌, 崔胜辉, 赵景柱. 政府环境责任审计本质与特征的探讨[J]. 审计研究, 2011(2):29-32.

[5]HELTZER W. The asymmetric relationship between corporate environmental responsibility and earnings management: Evidence from the United States [J]. Managerial Auditing Journal, 2011, 26(1):65-88.

[6]张宏亮, 刘长翠, 曹丽娟. 地方领导人自然资源资产离任审计探讨——框架构建及案例运用[J]. 审计研究, 2015(2):14-20.

[7]黄溶冰. 我国节能减排的环境审计理论结构分析[J]. 中国行政管理, 2012(5):30-33.

[8]刘家义. 以科学发展观为指导推动审计工作全面发展[J]. 审计研究,

2008(3):3 -9.

[9]BIRDSEYE G. Food for Thought: The Audit Commission Study of Environmental Health[J]. British Food Journal, 1991, 93(8):17 -21.

[10]BIOVIN B, GOSSELIN L. Going for a gerrn audit[J], CA magazine, 1991, 61(3):18 -29.

[11]德萨特斯，周文华. 环境审计——九十年代的挑战[J]. 审计研究，1993(3):48 -49.

[12]KARAPETROVIC S, WILLBORN W. Audit and self - assessment in quality management: comparison and compatibility[J]. Managerial Auditing Journal, 2001, 16(6):366 -377.

[13]MAHWAR R S, CHAKRABARTI S P, BLAWAS D K. Environmental auditing program in India[J]. 1995, 13(6):13 -15.

[14]LEDGERWOOD G, STREET E, THERIVEL R. The environmental audit and business strategy : a total quality approach[J]. 1992,24(8):16 -21.

[15]STRANKS J. ISO 14031. [J]. A -Z of the Environment, 2008, 36(8): 23 -45.

[16]RUZICKA I. Technical Paper SEF II NO. 1. Conceptual framework for an environmental performance assessment (EPA) system for GMS countries, 2003. http://www. rrcap. unep. org/sef /pub. htm.

[17]安徽省审计厅课题组. 对自然资源资产离任审计的几点认识[J]. 审计研究，2014(6):3 -9.

[18]王平波. 论中国特色社会主义审计十大关系——基于学习贯彻十八大精神的审计梦想[J]. 湖南科技学院学报，2015(2):110 -115.

[19]蔡春，毕铭悦. 关于自然资源资产离任审计的理论思考[J]. 审计研究，2014(5):3 -9.

[20]蔡春，陈晓媛. 关于经济责任审计的定位、作用及未来发展之研究[J]. 审计研究，2007(1):10 -14.

[21]黄溶冰，单建宁，时现. 绿色经济视角下的党政领导干部经济责任审计[J]. 审计研究，2010(4):33 -36.

[22]王淡浓. 加强政府资源环境审计促进转变经济发展方式[J]. 审计研

究，2011(5)：18－23.
[23]林忠华．领导干部自然资源资产离任审计探索[J]．河南商业高等专科学校学报，2014(4)：5－10.
[24]陈波，卜琦．论自然资源资产离任审计的目标与内容[J]．会计之友，2014(36)：10－13.
[25]王复美．自然资源资产离任审计内容浅谈[J]．知识经济，2014(22)：98－98.
[26]周曦．基于经济责任的环境审计路径选择——浅析经济责任审计中的环境保护责任审计[J]．审计研究，2011(5)：24－27.
[27]徐泓，曲婧．自然资源绩效审计的目标、内容和评价指标体系初探[J]．审计研究，2012(2)：14－19.
[28]刘笑霞，李明辉．苏州嵌入领导干部经济责任审计的区域环境审计实践及其评价[J]．审计研究，2014(6)：10－15.
[29]杨斌．浅谈领导干部自然资源资产离任审计[J]．审计与理财，2014(6)：20－21.
[30]刘长翠，张宏亮，黄文思．资源环境审计的环境：结构、影响与优化[J]．审计研究，2014(3)：38－42.
[31]杨蕾．领导干部自然资源资产离任审计评价指标体系构建[J]．商业会计，2016(16)：38－40.
[32]刘明辉，孙冀萍．论领导干部自然资源资产离任审计评价体系的构建[J]．商业会计，2016(18)：12－15.
[33]刘宝财．自然资源资产离任审计评价模型研究——以党政领导干部权力运行为视角[J]．新会计，2016(6)：37－39.
[34]国务院．国务院关于环境保护若干问题的决定[J]．中国环保产业，1996(z1)：11－14.
[35]人民出版社．党政主要领导干部和国有企业领导人员经济责任审计规定[M]．北京：人民出版社，2010.
[36]中共中央办公厅．党政领导干部生态环境损害责任追究办法（试行）[J]．林业与生态，2015(9)：14－15.
[37]王立彦，李江涛．环境审计体系多纬度架构与职业化——《领导干部自

然资源资产离任审计试点方案》对环境审计的启动[J]. 中国环境管理, 2016, 8(1):38-44.

[38]任琳. 政府环境绩效审计评价体系研究[D]. 西安:西安建筑科技大学, 2012.

[39]LAW Y C F E. Environmental Performance Index[J]. Water Environment Research A Research Publication of the Water Environment Federation, 2006, 78(8):779-800.

[40]李洪仁. 关于加强政府非税收入管理的思考[J]. 四川政报, 2002(1):14-18.

[41]程月晴. 自然资源资产离任审计评价指标体系构建研究[D]. 蚌埠:安徽财经大学, 2015.

[42]曲婧. 我国自然资源绩效审计评价指标体系研究[D]. 北京:中国人民大学, 2012.

[43]孙丽芳. 政府环境绩效审计评价体系研究[D]. 济南:山东大学, 2009.

[44]芦锦心. 领导干部资源环境责任审计研究[D]. 杭州:浙江工商大学, 2015.

第三章

政府审计促进乡村振兴战略研究

第一节 引 言

当前，我国发展不平衡、不充分的问题在乡村最为突出，因此，党的十九大报告提出实施“乡村振兴战略”，并从国家战略层面提出“产业兴旺、生态宜居、乡风文明、治理有效、生活富裕”的总体要求及战略部署。2018 年中央农村工作会议指出，走中国特色社会主义乡村振兴战略必须创新乡村治理体系，走乡村善治之路。2018 年中央一号文件《中共中央国务院关于实施乡村振兴战略的意见》指出，乡村振兴，治理有效是基础。通过建立健全党委领导、政府负责、社会协同、公众参与、法治保障的现代乡村社会治理体制，坚持自治、法治、德治相结合，确保乡村社会充满活力、和谐有序。

治理有效是实现乡村振兴的基础。国家审计作为治理体系不可或缺的重要组成部分及基础性制度安排，是乡村振兴战略实施中的应有之义及必备条件。推进乡村治理体系和治理能力现代化需要国家审计的基础性支撑及功能性保障，乡村治理体系和治理能力现代化的推进则必然要求乡村审计制度与体制模式的重大改革，这为探索国家审计在乡村治理中的作用以及运行体制机制提供了最佳契机和新的平台。

从实践上来看，随着农村改革的不断深入，乡村审计需求日益突显。有不少的市县审计机关通过直审或派出机构或在乡镇政府建立内设审计机构开展乡村审计，实务上积极探索出多种乡村审计监督模式；在乡村基层初步形成了由国家审计机关、乡镇政府内设审计机构、农经部门、会计师事务所和村务监督委员会或民主理财监督小组等多元审计主体的格局。

这些各地不同的乡村审计实践在乡村社会治理过程中发挥了积极的监督职能，对完善乡村治理结构、保障基层和谐稳定、推动乡村持续发展起到了重要作用。然而,由于当前乡村审计缺乏清晰的制度化保障,特别是法律依据不充分、审计监督体系不健全、审计性质界定不清,所形成的多元化审计组织建制导致审计执行主体多且比较复杂,审计目标不明确、审计授权(委托)关系不明晰等问题,并且审计力量的不足也严重影响了乡村治理中审计监督功能的有效发挥。

从不同审计主体的运行效果看,会计师事务所、村务监督委员会或民主理财监督小组监督的实施要求全体村民有较强的民主意识,在农村基层民主政治、经济制度尚未真正落实到位的情况下,仅寄希望于靠其自身的运行机制即民主理财监督小组或委托社会审计来规范农村财务会计活动是不现实的。目前受各地文化水平差异的影响,如果没有政府强有力介入,短期可能难以普及推广。目前农村审计主要模式的农经站审计在村集体经济不够发展和发达、民主政治很不健全的特定历史背景下发挥了重要作用,但是独立性不强、审计力量有限、审计透明度不高、审计的深度和层次有限,审计问题处理有限,审计重点的选择有限、审计标准有限等诸如此类的问题是“体制下必然存在的,或称之为制度痼疾”,即体制问题所引发的结果。而体制上的问题只有从体制根源上进行改革才能根本解决。一旦时机成熟,它应该“回归正道”,应该纠正原有的审计制度上的偏差,使得重回国家审计的轨道上来,列入国家审计的审计域。国家审计在乡村治理中的积极作用受到了一致肯定,特别是当前,导致基层群众纠纷上访最难查清、最混乱的账目,地方党委政府往往最终都要交给审计机关审计,审计成了基层化解干群矛盾问题的最有效手段。乡镇政府内设审计机构多由上级审计机关指导并在其主导下开展工作,形式上是内设机构而实质上具有国家审计性质,如:安康市各乡镇的财政审计所在村级财务审计上实现了全覆盖、山东临沂市的乡镇审计所也取得了公认的审计效果。

因此,在乡村振兴战略及构建自治、法治、德治相结合的治理目标导向下,建立健全党委领导、政府负责、社会协同、公众参与、法治保障的现代乡村社会治理体制,必须确立国家审计在乡村治理中的地位。从农村的特征看,我国地域广阔,各地农村的经济发展水平、地理情况、民风民俗、民族宗教等差异较大,使得农村村民自治具有广泛的社会基础和现实依据。同时,一些地方性广为认同的乡规民约在农村德治中发挥了重要作用。随着国家法治现代化进程加快,自治和德治在具有中国特色的农村建设中发挥作用,但也存在一些诸如权威性不够、民生领域"小官贪腐"等问题,需要确立以国家审计监督为核心的法治地位,"三治有机结合"才能有助于实现乡村振兴。

从国家审计发挥作用的机理看,国家审计具有全面性、专业性、经常性等特点,其监督作用和影响是全方位、全过程和全局性的,是提升国家治理能力的重要力量,是推动国家治理体系和治理能力现代化的重要保障;国家审计是实现国家良治的重要途径和有效方式。这为分析国家审计在乡村治理的作用及机理提供了理论基础,国家审计在乡村有效治理中必然发挥重要作用。另外,乡村治理的现实需求也决定了国家审计的地位。

基于上述理解,本项课题基本研究问题设定为:(1)国家审计在乡村振兴战略中如何定位?(2)国家审计在乡村振兴战略中如何发挥促进作用?(3)国家审计发挥作用的实现途径和方式是什么?

一、研究意义

在实施乡村振兴战略中,深入探讨国家审计的作用及其发挥作用的具体途径和方式,不仅要从理论上解读国家审计在乡村振兴战略中的运行机制及作用机理,更重要的是要回答推进乡村治理有效、实现善治的现实问题。本研究对于国家审计如何助力乡村振兴具有重要意义。

(1)本研究以党的十九大报告中提出的乡村振兴战略的总要求为背景,以实地调研中国家审计在乡村中的实践探索为基础,探索国家审计在新时代乡村振兴战略中的定位及体制机制,可以建立国家审计与乡村治理新的关系架构,丰富和完善国家审计理论。

(2)本研究以新时代农村经济、社会、政治等发展的新需求为研究的起点,探讨在自治、德治、法治相结合的乡村治理视角下国家审计的作用及作用实现的途径和方式,不仅可以创新乡村审计体制模式,还可以丰富和完善乡村社会治理理论。

(3)本研究的现实意义在于响应走中国特色社会主义乡村振兴道路、协调农村干群关系、解决"三农"问题的要求和推进乡村治理体系及治理能力现代化的重要需求。

本研究可以为国家审计深度植入乡村振兴战略提供理论支持,为基层政府设置审计机关提供理论参考,以此来更好地推动乡村审计的发展,更好地发挥其在乡村治理中的基础保障作用,推进乡村治理体系和治理能力的现代化建设。

二、研究思路

本研究从解读党和国家提出的乡村振兴大政方针政策入手，遵循乡村振兴战略和健全自治、德治、法治的乡村治理体系的要求。通过文献梳理、实地调研，分析现行乡村治理的现状、乡村治理监督体系的情况和存在的问题，结合国家审计的性质、其在乡村治理中的不可或缺性以及与其他监督体系的关系，借鉴现有国家审计在乡村治理中的审计实践，探索国家审计在乡村振兴战略中的促进作用，设计国家审计在乡村振兴战略中发挥作用的具体途径和方式并提出相应的建议。

第二节 文献综述

一、国内外相关研究文献综述

（一）国内相关研究文献综述

乡村振兴战略是一个崭新的话题，目前国内学术领域直接关于国家审计在乡村振兴战略中的作用研究实属不多，可谓是凤毛麟角，但经过查阅文献及研读，相关研究的成果是非常丰富的，多集中在国家审计与国家治理、乡村审计等领域。

学者们关注较多的是国家审计与国家治理的关系，主要涉及国家审计与国家治理的关系、在国家治理中的系统定位、在国家治理中的职能及国家审计促进国家治理的路径等。最新的论断认为国家治理的需求决定了国家审计的产生，国家治理的目标决定了国家审计的方向，国家审计的模式决定了国家审计的制度形态。另有文献对国家治理与国家审计的互动关系进行了分析，认为国家治理与国家审计的关系及其互动主要是透过组织的设计与管理、政治制度的设计、合法化的基础及文化与社会等四个决定制度供给的要素实现的，国家审计正是通过这些要素而改进国家治理。那么国家审计在国家治理体系中处于什么定位？现有文献比较认可国家审计是国家治理重要组成部分、是国家治理这个大系统中内生的具有预防、揭示和抵御功能的“免疫系统”的观点。权威性的观点认为国家审计是宪法和法律确立的一项基础性制度安排，是权力制衡机制的重要方面，是监督控制系统的组成部分；从制度属性、法律地位和职能作用分析，国家审计是国家治理的基石，是推动国家治理现代化的重要保障。另有文献给出了国家审计在国家治理中的理论分析框架，指出法治、效率、透明、责任性、廉洁是国家善治的核心要素，国家审计在国家善治的核心要素中都具有重要的作用，在国家治理中处于中坚地位，是国家治理的基石；国家审计在国家善治各核心要素中发挥作用是通过保障机制来实现。

在厘清国家审计的定位后，有学者将重点关注到国家审计在国家治理中的职能及实现路径领域，代表性的观点包括：①政府审计职能是解除公共受托责任和对政府的公共管理活动进行监督评价；②国家审计应强化监督功能，推进评价功能，提升前瞻功能；③国家审计基本功能是经济问责信息保障机制；④监督、评价和鉴证是国家审计应充分应用的三个职能；⑤国家审计在国家治理系统中应该发挥经济监督、经济评价及经济防御三项功能。国家审计的职能如何具体实现是理论和实践抛出的重要命题，国家审计促进国家治理的路径有不少的研究文献，代表性的观点包括：①政府审计通过对信息进行证实，可以减少信息租金，从而促进国家治理激励制度的建设；②国家审计通过经济责任审计、政策执行审计和审计结果公告制度等路径推动国家治理能力的提升；③国家审计参与国家治理的路径包括地方性政府债务审计、经济责任审计、绩效审计、投资审计、跟踪审计等；④国家审计促进国家治理的路径包括“管好权”“管好钱”和“管好事”；⑤信息认证和实施审计问责是国家审计助推公众有序参与国家治理的主要方式；⑥国家审计在国家良治各核心要素中发挥作用是通过保障机制来实现，通过揭示机制、威慑机制、预警机制和抵御机制，抑制机会主义倾向和次优问题，从而保障制度的良好设计及执行协同审计是政府审计服务国家治理的新方式，政府审计与协同治理二者的研究对象具有特定的耦合性；⑦审计与腐败治理体系协同的侧重点在于配合其他部门发挥协同优势、发挥国家审计搜集和归类腐败证据的功效，以及提高协同效率。

从以往学者们厘清国家审计与国家治理的关系、国家审计的定位、国家审计的职能、国家审计职能实现的路径等多个领域，可见国家审计的独立性、专业性、强制性，保障经济社会健康运行，推动民主法治建设及和谐社会构建，对国家实现良治善治具有重要作用，是国家治理的基石，有利于推动构建国家治理现代化。村落及社区包括的民众是人民群体中的主体，强化推进村级财务审计把国家审计服务的触角直接延伸他们身边，提升了践行为人民服务理念的深度及水准，更切实地推动国家治理现代化的步伐。

随着国家对“三农”工作的重视不断增强，学者们对建设新农村方面有不少研究，但对乡村审计领域关注度较少，起步较晚。在乡村审计领域方面，杜贞耐、秦之泰等认为乡村审计在促进国家强农惠农政策落实，维护农村社会经济秩序的稳定，促进基层负责人干事创业，避免集体资产流失，推进廉政建设等方面发挥着积极的作用，加强乡村审计，能够有效发挥审计在国家治理中无可替代的作用，陈德霖认为农村审计是“小审计、大担当”。乡村审计在乡村经济建设、民主政治建设、乡村文明建设、乡村环境保护方面发挥了重要作用，然而现阶段有关审计定位、与乡村治理关系的研究尚处于初步探索阶段。有文献以巴泽尔“交易－履约模型”为分析框架，阐述了国家强化乡村治理监督制约的必要性，探讨了政府审计如何发挥自身职能以实现乡村良好治理。同时，有学者也认为政府审计作为实现国家良治不可或缺的制度设计，也应发挥其在支持乡村治理中的积极作用。还有一些学者从审计与国家治理关系的角度间接谈到了审计在乡村治理中的作用，文献分析了农业审计在服务乡村治理及国家治理中的重要作用，并对农业审计作用于乡村治理的切入点和途径作了初步探讨。

现有学者多关注乡村审计的现状、必要性、作用、定位等，然而乡村审计模式多样、主体多元化，实践中出现安康市县级审计机构内设乡镇审计模式、山东淄博市淄川区“村官直审、村居巡回审计庭”模式、浙江省江山市“三年一轮审”模式、宁波余姚“独立机构审计”模式、“联合审计”模式、浙江省温州市瓯海区“农村会计协会”模式、浙江武义县后陈村“村监委”模式等，实践的发展需要理论的总结和指引，然而目前缺乏国家审计对乡村治理的作用研究。

（二）国外相关研究文献综述

基于乡村治理研究审计的国外文献数量并不多。从现有文献来看，国外乡村财务管理及审计多采用合作社的管理模式，特别对带有公司性质的流通合作社来说，社员兼有“股东”和“客户”的双重身份，在管理上具有很强的自治性和独立性。为保护众多而又分散的农民利益，政府一般采取保护和扶持政策确保合作社成员掌握合作绩效信息，减少信息不对称，以支持合作社的发展。例如，美国在推行农业产业化过程中，通过“新一代合作社”加强农场财务、运作等方面的管理与监督。欧洲通过设立欧盟农村发展基金（EAFRD）的方式帮扶欧盟成员国农村的发展，然而大量的研究和报道表明存在较多内外部因素致使资金缺乏监管，外部审计及审计部门的责任凸显其重要性。德国主要通过在合作社管理方式上遵循民主、规范、科学的管理原则，且将合作社审计常态化、制度化，确保农民既能充分行使民主权利，又能获得经济效益。与荷兰的贷款基金不同的是，这样的运作方式对降低侵蚀合作社经济成果更加有效。在德国和匈牙利，强有力的监督主要来自反对党和自由新闻媒体，德国为加强对农村小型合作社的监督，规定必须每两个会计年度审计一次，其中一名审计人员必须是审计协会理事会成员。匈牙利在各地区设置了公共事务公署，其最重要的职能就是监督基层政府的决策和行为并使之合法合规，不过它无权评判基层政府行为恰当与否也无权责令撤销修正不当行为，如有异议，可向法院提起诉讼。荷兰则是通过具有自治性质的“农民联合会”对村级财务进行审计。同属于亚洲国家的日本为防止各种不法行为，农协中央会制定了统一的财务会计制度；同时，农协的财务还受到来自监事会、理事会、各级中央会、农林水产省等多个层次的监督和审计。各国村级财务管理和审计都体现了自治与政府监管相结合的特点。

二、研究述评

尽管直接关于国家审计促进乡村振兴战略中研究文献不多，但国内外学者从不同视角对乡村审计、国家审计与国家治理的关系等分别进行了比较广泛且深入的研究，取得了重要的进展和成果，为本研究可以提供良好的分析基础与理论平台。现有研究对乡村审计的必要性、作用、模式、性质及存在问题等给予了多维度解析，为本研究界定国家审计的必要性、主导地位和作用提供了基本依据。现有研究对国家审计与国家治理的关系多重视角的探究，探讨了国家审计与国家治理的关系、在国家治理中的系统定位、在国家治理中的职能及国家审计促进国家治理的路径等，为本研究探索国家审计在乡村振兴战略中作用的实现方式和途径设计提供了理论基础和分析的方法。现有研究对国家审计在乡村审计实践中积累的创新模式经验具有一定的总结和论述，为本研究提供了现实基础和进一步研究的分析路径。

第三节 国家审计促进乡村振兴战略的必要性分析

一、乡村振兴战略的政策含义

党的十九大报告指出，实施乡村振兴战略，要坚持农业农村优先发展，按照产业兴旺、生态宜居、乡风文明、治理有效、生活富裕的总要求，建立健全城乡融合发展体制机制和政策体系，加快推进农业农村现代化。实施乡村振兴战略是全面建成小康社会、全面建设社会主义现代化强国的必然要求。深入理解乡村振兴战略的总要求，才能科学制定战略规划，走好中国特色社会主义乡村振兴道路。习近平总书记指出，“要坚持乡村全面振兴，抓重点、补短板、强弱项，实现乡村产业振兴、人才振兴、文化振兴、生态振兴、组织振兴，推动农业全面升级、农村全面进步、农民全面发展。要尊重广大农民意愿，激发广大农民积极性、主动性、创造性，激活乡村振兴内生动力，让广大农民在乡村振兴中有更多获得感、幸福感、安全感。要坚持以实干促振兴，遵循乡村发展规律，规划先行，分类推进，加大投入，扎实苦干，推动乡村振兴不断取得新成效。”

产业兴旺是实现乡村振兴的基石。发展现代农业是产业兴旺最重要的内容，其重点是通过产品、技术、制度、组织和管理创新，提高良种化、机械化、科技化、信息化、标准化、制度化和组织化水平，推动农业、林业、牧业、渔业和农产品加工业转型升级。一方面，大力发展以新型职业农民、适度经营规模、作业外包服务和绿色农业为主要内容的现代农业；另一方面，推进农村一、二、三产业融合发展，促进农业产业链延伸，为农民创造更多就业和增收机会。

生态宜居是提高乡村发展质量的保证。生态宜居的内容涵盖村容整洁，村内水、电、路等基础设施完善，以保护自然、顺应自然、敬畏自然的生态文明理念纠正单纯以人工生态系统替代自然生态系统的错误做法，等等。它提倡保留乡土气息、保存乡村风貌、保护乡村生态系统、治理乡村环境污染，实现人与自然和谐共生，让乡村人居环境绿起来、美起来。

乡风文明是乡村建设的灵魂。乡风文明建设既包括促进农村文化教育、医疗卫生等事业发展，改善农村基本公共服务；又包括大力弘扬社会主义核心价值观，传承遵规守约、尊老爱幼、邻里互助、诚实守信等乡村良好习俗，努力实现乡村传统文化与现代文明的融合；还包括充分借鉴国内外乡村文明的优秀成果，实现乡风文明与时俱进。

生活富裕是乡村振兴的目标。乡村振兴战略的实施效果要用农民生活富裕程度来评价。为此，要努力保持农民收入较快增长，持续降低农村居民的恩格尔系数，不断缩小城乡居民收入差距，让广大农民群众和全国人民一起进入全面小康社会，向着共同富裕目标稳步前进。

治理有效是乡村善治的核心，是乡村振兴的基础。治理越有效，乡村振兴战略的实施效果就越好。为此，应建立健全党委领导、政府负责、社会协同、公众参与、法治保障的现代乡村社会治理体制，健全自治、法治、德治相结合的乡村治理体系，加强农村基层基础工作，加强农村基层党组织建设，深化村民自治实践，建设平安乡村。进一步密切党群、干群关系，有效协调农户利益与集体利益、短期利益与长期利益，确保乡村社会充满活力、和谐有序。

乡村振兴战略是新经济形势下国家治理的重大战略部署之一，是一个系统性、长期性国家工程。乡村立足全方位长远发展，需要突出产业性、人才性、文化性、生态性。在这个过程中，经济发展是首要，并且是一个漫长的过程，要发展乡村产业，并且使得产业长期繁荣，构建产权构架，吸引社会资本融入，解决社会矛盾，改革持续推进，资源流通便捷，引进人才，突破机制。在经济、政治、法律、生态等各个方面，乡村振兴都需要有效监督，有效的乡村治理成为实现乡村振兴的核心。

二、乡村治理有效对国家审计的内生性需求

各地农村的经济发展水平、地理情况、民风民俗、民族宗教等差异较大，使得农村村民自治具有广泛的社会基础和现实依据；同时，一些地方性广为认同的乡规民约在农村德治中发挥了重要作用，即在乡村治理过程中，自治和德治在乡村治理中发挥着一定的作用。但随着国家法治现代化进程加快，自治和德治显示出了一定的弊端，如出现权威性不够，乡村“半熟人社会”形态下监督力度大打折扣，村级组织运行不合规、不透明，滋生“小官大腐”等问题，使得惠农政策最后一步缺乏必要的监督，严重影响了党和国家对人民的资源输入。在国家高度重视的三大攻坚战之一——精准脱贫领域，举国瞩目却依然有人顶风作案，阻碍扶贫资金发挥应有的作用。

治理有效是乡村振兴的基础，然而，乡村治理现状与乡村振兴战略的要求相差悬殊，要实现乡村振兴，必须加强法治。国家审计监督是治理有效的重要抓手和切入点，国家审计立足于充分发挥审计职权，利用自身审计作用机制及先进的审计手段，通过一系列具体审计策略，对乡村振兴战略的落地生根进行全局性、过程性的监督、评价及反馈，可以有力推动乡村振兴战略的有效落实及科学执行，在乡村治理过程中发挥基础性和保障性作用。

国家审计凭借其独立性、专业性、强制性，保障经济社会健康运行，推动民主

法治建设及和谐社会构建,是国家治理的基石和重要组成部分,乡村治理作为国家治理的一部分,国家审计对实现乡村治理有效,促进乡村实现良治善治具有重要作用,"三治有机结合"才能有助于乡村振兴战略的实现。

第四节　乡村治理中国家审计的实践现状及问题

当前,国家审计在乡村的实践尚处于探索阶段,还没有成熟的模式可以借鉴。各地结合当地实际情况,因地制宜,实践创新出不同的审计模式。主要有:淄博市淄川区"村官直审"模式、威海市"村居审计"模式、宁波余姚"独立机构审计"模式、"联合审计"模式;同时,也有部分中介审计机构参与乡村治理,如:浙江温州市瓯海区"农村会计协会"模式、浙江武义县后陈村"村监委"模式等。目前,国家审计在乡村治理中的实践取得了一定的成效,为研究国家审计如何促进乡村振兴战略提供了一定的实践基础,但同时也存在一定的问题。

一、目前乡村审计的不同模式

(一)淄博淄川区"村官直审"模式

淄博市在全国率先将审计对象由机关干部延伸到村居干部,推动农村财务管理逐步走向规范化、制度化。2010 年初,淄川区撤销了原有的乡镇审计所,设立四个审计分局,隶属区审计局统一领导和管理。人、财、物统一归区审计局直接领导,经费由区财政全额拨款。审计分局人员从原乡镇审计所、财政所、经管站事业编制的干部中通过考试择优选调,在不增加人员编制的情况下,整合审计资源。区政府专门制定下发了《淄川区关于村(居)主要负责人财务收支及任期经济责任审计的暂行办法》(以下简称《办法》),规定了对村居进行审计的内容、重点和整改落实要求,并对审计局开展村审工作进行了明确授权。审计局将每年的"村审"计划报区政府进行批复,由审计分局依据《办法》规定和计划实施。

审计分局享有区级审计机关的职责和权限,由区政府授权,对村级经济体和村居干部负责人行使审计监督权,不受其他单位和部门的干扰,独立实施审计职权,通过"撤所设局",变乡镇审计所"内审"为审计分局"直审"。

(二)宁波象山县、鄞州区“联合审计”模式

宁波鄞州区改进乡镇所内部审计,各乡镇、街道在政府办公室下设立审计办公室,部分乡镇则设立了审计所,并建立领导小组,由人大、纪委、城建、财政、农经站等有关人员组成。农村审计接受内审协会与区审计局的“同级”和“同步”领导。内审协会定期对乡镇审计办公室(所)进行业务指导,对审计过程中产生的矛盾进行协调(见图3-1)。

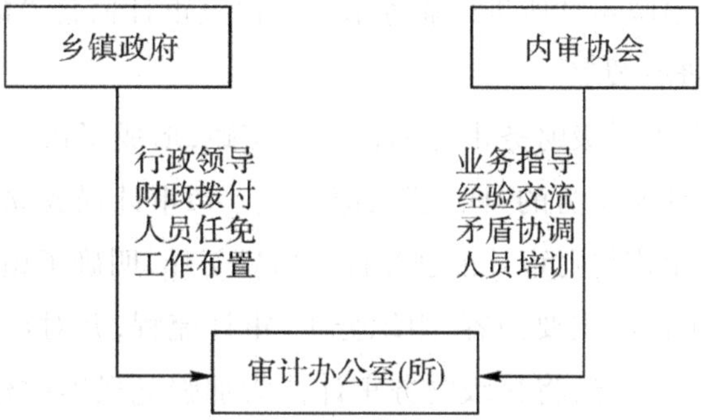

图3-1 宁波鄞州区“联合审计”模式

宁波象山县由各乡镇(街道)党政领导牵头,抽调纪检、财政、公安、信访、农村基层等单位的财务人员为兼职审计人员,在国家审计机关的指导下联合开展审计工作。

(三)宁波余姚“独立机构审计”模式

宁波余姚市提出了双重领导的农村审计模式,审计局专设农村集体经济审计中心,各乡镇设立独立的审计所(站),同时对本级人民政府和市审计局负责并报告工作,所需经费纳入财政预算。审计人员部分由市审计局派出,部分由乡镇政府任命,也可以由双方联合对外公开招聘。审计工作由乡镇政府委托安排,也可接受上级政府及劳动保障等职能部门的委托进行,或接受村民代表大会和村民理财小组的委托来安排。审计结果经县级审计机关批准后,报送乡镇政府,下发给被审计单位执行,并向农民群众通报。

(四)威海市“村居审计”模式

山东威海市机构编制委员会批准成立镇村审计工作办公室,目前村居审计工作主要由镇政府所属的经管站负责,县农业部门为其业务上级,审计工作接受

审计机关指导。

(五)安康市村级财务审计模式

安康市在全市乡镇统一设立财政审计所,财政审计所是在原财政所的基础上扩充编制、增加审计职能而来,是乡镇政府的内设机构。主要负责镇财政财务工作,镇政府年度预决算编制和镇级财源建设,负责国有资产、集体资产监督管理,负责村级财务监管工作,负责各类惠农资金和财政资金审计工作。上级财政局、审计局对乡镇财政审计所进行业务指导。促进审计监督“横向到边、竖向到底”,实现区域监督全覆盖。

安康市通过全市村级财务审计的探索和实践,形成了市级主推、县级主导、镇办主责、财政审计所主力的“四主”安康模式。市审计局成立了村级财务审计指导办公室,负责全市村财审计推进和日常指导工作,明确了镇办财政审计所开展村级财务审计工作的主要内容、组织分工、审计流程,并对审计人员进行集中培训,县区加强组织领导,将村级财务审计作为加强党风廉政建设、促进农村社会和谐稳定的重要着力点;镇党委、政府加强对财政审计所的领导,对村级财务审计工作统筹安排、权力推进,对审计查出的问题认真研究、妥善处理、督促进行整改,切实落实村财审计主体责任;财政审计所发挥主力作用,履职尽责,是村财审计的主力军。

安康市用一年时间完成首轮村级财务全覆盖审计,取得成效(见表3-1)。

表3-1　安康首轮全覆盖审计取得成效

项目	数量
查出问题资金	3015.19万元
非法获取财政资金	219.27万元
侵占集体资金	156.23万元
清理账外资金	1312.89万元
挤掉债务水分	299.31万元
解决信访突出问题	116个
促进村务公开	187个
新建制度	542个

续表

项目	数量
提出审计建议被采纳	1216 条
移送审计线索	100 件
移送人员	103 人

资料来源:《在全市村级财务设计总结交流会上的讲话》王志高。

安康市首轮村级财务全覆盖审计涉及 10 个县区,140 个镇办 1851 各村(社),共查出:问题资金 3015.19 万元、非法获取财务资金 219.27 万元、侵占集体资金 156.23 万元,清理账外资金 1312.89 万元,挤掉债务水分 299.31 万元,解决突出信访问题 116 个,促进村务公开 187 个,新建制度 542 个,提出审计建议被采纳 1216 条,移送审计线索 100 件,移送人员 103 人。这些成绩充分说明村级财务审计加强了村级财务管理工作,规范了村干部经济行为,提高了资金使用效益,使农村社会治理进入规范化轨道,达到了审计的最终目的。

二、不同审计实践模式总结分析

目前,通过在乡村治理中的实践探索,现有审计模式可以总结归纳为县审计局直审(外派)模式、镇政府与县级审计机关联合审计模式、镇政府内审模式三种,各种模式的特点总结分析如下。

(一)县审计局直审(外派)模式

如同山东省淄川区,在这种模式下,县审计局下设审计分局,独立从事村级审计工作,不受其他部门或单位的干扰,人、财、物隶属于县审计局统一管理和领导,审计经费由审计局统一拨付。开展领导干部经济责任、村级财务收支、村级资金合法合规性等方面审计,并依据权力对审计结构采取相应处理、处罚措施。其中,外派模式下,县审计局采取按照乡镇派驻审计分局(审计站)、办事处或审计员等方式。

该模式的优点主要表现在:①由县审计局直接对村级进行审计,审计人员不受审计局与镇政府双重领导,独立性不会受到影响,同时借助国家审计优势,审计更具有权威性,强化了审计监督职能;②县级审计机关审计人员业务素质、专业技能较高,提高审计专业性;③县级审计机关的人员具有执法权,对村干部的违纪违规问题可以处理处罚决定,有利于纠正村级负责人违规违法行为。

不足之处主要表现在:①《村民委员会组织法》规定,村民委员会成员的任期和离任经济责任审计,由县级人民政府农业部门、财政部门或者乡、民族乡、镇的人民政府负责组织,因此直审模式下审计分局开展领导干部经济责任审计与现有法律法规相矛盾,领导干部经济责任审计不具有法律依据;②目前,我国县级审计机关人员不足,审计力量与审计任务不匹配,采用县级机关直审或外派模式,都会加剧现有审计人手短缺的现状,同时业务量激增可能会影响审计质量,增加审计风险。

(二)镇政府与县级审计机关联合审计模式

联合审计模式是指镇政府下设审计机构,同时接受上级审计机关与镇政府的双重领导,例如,宁波余姚市、鄞州区。审计小组成员部分来自县级审计机关,部分内设审计机构,由镇政府任命。审计小组的任务大部分由镇政府安排,也接受县级审计机关的委托,审计结果需经县级审计机关批准后,报送镇政府之后下发给被审单位,并向农民群众通报。

该模式的优点主要表现在:①联合审计模式下,与《宪法》规定审计机关只能设至县级及以上的规定不矛盾,开展审计工作具有法律依据;②接受上级审计机关的领导,相比于内审模式,专业性、独立性都有所增强,同时提高审计效果和效率;③联合审计模式下,人员分别由审计机关和镇政府人员组成,不需要增加人员编制,不会增加审计成本。

不足之处主要表现在:在联合审计模式下,审计小组受镇政府和县级审计机关双重领导,需相互配合,相互衔接,管理难度增加。

(三)镇政府内审模式

镇政府内审模式是在乡镇政府下设审计部门,与其他部门平级,受镇政府领导,但不受上级审计部门管辖,只接受县级审计部门的业务指导,从事乡村财务收支审计、涉农资金、扶贫资金审计、领导干部经济责任审计等,由独立的部门全面负责村级审计。其人员由政府从各部门抽调,不需要增加人员编制,即不会增加人力成本。但是内审模式严格意义上不属于政府审计,不能与政府审计有效衔接,审计的效率与效果更大程度上依赖于镇政府的态度。

目前,镇政府内审模式主要有两种情况:一种是镇政府内设财政所或农经站负责村级审计,如ZSX省安康市全覆盖审计模式;另一种是多部门联动,即镇政府内建立审计领导小组或内设审计机构,审计人员由财政、农业、纪委、城建等人员组成,在联合审计模式下,审计小组拥有了执法权,因此权威性较高,同时,独立于村级组织之外,独立性较强;多部门联动,有利于提高审计工作的效率。

该模式的优点主要表现在:①审计机构属于镇政府内设机构,与《宪法》县级及以上政府设立审计机关的规定不冲突,审计具有法律依据;②人员由镇政府各部门抽调,不需要增加编制,节约审计人力成本。

不足之处主要表现在:①受镇政府领导,同时部分负责村级财务的人员兼任审计工作,存在"左手审右手"的嫌疑,影响审计独立性。②内审机构不具有执法权。审计发现村级负责人违规问题并下达审计处理决定后,如若村委负责人不执行,对此法律缺乏相关的保证措施,对村干部不执行没有后续的手段和措施,审计决定难落实。③因审计机构是镇政府内设机构,由镇政府领导,接受县级审计机关的业务指导,县级审计机关下达审计任务一定程度上依赖于镇政府的态度,如果镇政府不支持,就会降低审计效率。

(四)审计实践模式分析

对比分析上述审计实践模式,相较之下,安康市全覆盖审计模式虽然存在一定不完善的地方,但其审计力度较大,覆盖面较广,并取得了一定的成效,为研究国家审计助力乡村振兴奠定了良好的实践基础,更符合我国目前乡村治理的现状。主要有以下几个方面的原因。

首先,审计署《关于在乡村振兴战略实施中加强审计监督的意见》指出推进审计全覆盖。实现审计内容、审计对象全覆盖是审计机关当前和今后一个时期的重要目的,基层审计全覆盖是扫除审计监督盲区的必然要求,是乡村治理有效、实现乡村振兴的必要保证。而我国村级数量较多,村级审计面广量大,县级审计力量和审计任务相差悬殊。

其次,实现审计全覆盖,仅靠审计机关力量远远不够,还需要地方政府的重视和支持,乡镇政府必须深刻认识审计全覆盖的内涵和意义。因此,基层审计全覆盖,乡镇审计机构的建设尤为重要。

最后,审计全覆盖不同时期内容和重点不用,要因时因地确定具体的任务,明确审计的监督责任,避免审计监督错位,在制定计划时要充分考虑各地实际情况和实际需求,突出审计全覆盖的重点。当前村级财务监督机制缺乏,人民群众审计观念薄弱。各个村级情况不同，乡镇政府广泛参与农村管理，更有利于从源头出发，对其进行监督，并给予一定的指导和教育，不仅有利于乡村治理，也有利于提高审计监督效果和效率。

三、乡村审计中存在的问题

各地政府机构、审计机关因地制宜，创新国家审计在乡村治理的不同实践模式，主要是乡镇政府内设机构审计、县级审计机关直审（外派）以及联合审计三种模式。审计的主要内容为专项资金审计、村级财务收支审计以及村干部经济责任审计。目前，大多数审计停留在合法合规及资金安全性层面，并没有过多涉及资金效益性及其他方面。国家审计在维护资金安全、促进国家政策落实、维护基层稳定、缓解干群矛盾等方面取得了有目共睹的成效，对于深入农村治理发挥无可替代的作用。

综合整理分析国家审计在各地的实践，取得了有目共睹的成效，但同时其存在一些共性问题，主要表现在以下几个方面。

（一）法律法规授权不明确

《宪法》和《审计法》规定县级以上人民政府设置审计机关，对本级人民政府和上级审计机关报告工作，独立行使审计监督权，不受其他政府机关、社会团体和个人的干涉；审计业务以上级审计机关领导为主。而《村民委员会组织法》规定村民委员会是建立在农村的基层群众性自治组织，不是国家基层政权组织，不是一级政府，也不是乡镇政府的派出机构；村民委员会成员的任期和离任经济责任审计，由县级人民政府农业部门、财政部门或者乡、民族乡、镇的人民政府负责组织。这一规定认为审计机关不是村级审计的主体地位，各级农业部门自定或者通过省级立法制定了类似国家审计的规范和办法。同时，农业农村部出台的《农村合作经济内部审计暂行规定》农业农村部农村合作经济指导司是农村合作经济审计工作的指导机构，法律法规不明确造成法律依据不统一，审计机构设置不一致，严重影响了国家审计机关的地位和效率。

（二）基层审计力量不充足

基层国家审计力量不足，主要表现在以下几个方面：①乡镇下属村级数量较多，村级审计面广量大，审计力量和审计任务相差悬殊；同时，基层审计机关要首先承接上级审计任务，与上级审计机关同方案、同进度，自主安排审计工作的空间较小。②不同机关由于依据法律法规不通，存在重复审计的现象，造成审计人力、物力浪费，降低了审计效率。同时，不同部门审计目的、重点、方法、程序不统一，不仅难以协调，也造成审计结果差别较大，影响村级审计工作的健康发展。③审计人员年龄、知识结构老化，专业性不高，而审计要求比较宽泛，无法满足审计要求。同时，审计人员技术不足，无法适应现代审计方法，直接造成审计效率低下。

由于审计人员力量不足，专业性不强，目前乡村层级审计覆盖面较小，主要是财务收支和经济责任审计，未涉及其他方面。同时，审计也只停留在资金使用合规性层面，未对资金效益性等方面审计考核，审计覆盖面急需进一步扩大。

（三）审计监督体系不健全

目前，大多村级财务收支由乡镇、街道中心统一核算、统一收支。大多村级财务管理和审计监督均由镇、街道中心或经管站负责，经管部门自己记账核算，又自己监督管理。安康市在镇一级设立财政审计所，既负责财政工作，如乡镇财政收入征收管理，各项转型资金的上报、审批，各村财务管理、资金核算，又负责审计工作，核实专项资金使用的合规性，村级财务收支的真实性、有效性，村干部履职情况以及集体资金的管理使用的效益情况，这种职能设置存在“左手审右手”的嫌疑，严重影响了审计独立性。

由于目前不健全的监督体系，导致不少村级审计流于形式，有的甚至出现监督盲区，难以整体反映村级情况，难以全面促进国家“三农”政策的贯彻落实，影响了审计服务国家治理作用的发挥。

（四）审计问责机制难落实

法律没有明确规定村级负责人违纪问题，除非达到刑法规定追究相关责任。当审计发现村级负责人违规问题并下达审计处理决定后，如若村委负责人不执行，对此法律缺乏相关的保证措施，对村干部不执行没有后续的手段和措施。因此，村干部除触犯刑法追究责任外，审计决定难以得到落实，缺乏相关强制性规定。对村级干部不作为或乱作为导致集体经济损失的，缺少明确具体的处理处罚规定。

第五节　国家审计在乡村振兴战略中的作用及地位辨析

一、国家审计的专业监督优势

国家审计在现行党和国家监督体系中具有独特的监督形式，有着与众不同的专业优势。

一是审计作用程度不同。其他监督是在出现问题后才启动程序，而国家审计能够对政策落实进行持续性、动态化、常态化的监督，做到事前、事中、事后全方位审计监督。事前审计是在被审单位经济业务发生之前，对其财政预算，或经济发展计划、财务收支计划、经济合同、活动方案、决策等是否符合有关方针政策和法规，是否可行和有效所进行的审核、稽查。其作用是从各种预算计划、决策方案中分析和判断执行时出现错误和弊端的可能性，事前防止和限制不必要的可以避免的缺陷、低效和违法违规现象发生，防患于未然。事中审计是指审计人员在被审计单位的财政财务收支和经济业务进行中所实施的审计。如固定资产投资项目在施工中，对施工进度、投资完成情况的审计以及财政预算执行情况审计等都是事中审计。通过对预算、计划或工期比较长、技术性复杂的工程项目进行事中审计，可以纠正在执行过程中发生的偏差，揭露出现的问题，及时进行纠正和处理。事后审计是指对预算、计划完成情况有关的经济业务活动和会计资料所进行的审计，也就是说在经济业务发生以后所进行的审计。

二是监督形式不同。在具有强制约束力的监督当中，审计监督是唯一一个能够进行党政同责、同责同审的监督形式，这是其他监督形式不具备的条件。党内监督仅针对党的执政权力进行监督，重点对党的组织、党的成员和党员领导干部进行监督；而人大监督、司法监督和行政监督是针对国家权力进行监督，主要对"一府两院"工作进行监督，都不具备党政同责、同责同审的权力，只有国家审计既能监督党又能监督国家机关。从法律依据来讲，审计监督具有来自党内法规和国家法律的双重依据，具体来讲，包括"两办规定"和《审计法》。"两办规定"是中共中央办公厅和国务院办公厅于 2010 年 10 月颁布的《党政主要领导干部和国有企业领导人员经济责任审计规定》，该规定将国家审计纳入对党的监督体制范围内，是国家审计对党监督的重要依据；《审计法》是审计工作的基本法律依据，它以法律的形式确定了审计工作的地位、任务和作用,规定了审计工作的基本准则。

然而,现行的乡村审计模式,主要有农业部门主导的经管站审计、乡镇政府内设审计机构审计、国家审计机关主管审计、注册会计师审计几种形式。由于经管站以经管工作为主审计工作为辅,审计人员由经管人员兼任,再加上审计经费不足等原因,无法保证其审计的质量。有的经管站虽下设独立审计站,但其实是“一套人马两块牌子”,并没有重新招聘专职审计人员,审计人员由经管站人员兼任,这种做法没有有效解决审计人员素质低下的问题。乡镇政府内设审计机构可以根据具体审计项目选拔有胜任能力的审计人员,审计专业性强,比较好的解决了经管站经管人员兼任导致的审计人员专业素质不足的问题,有助于提高审计质量。但是,设置审计机构无疑会增加乡镇政府的人员编制,由此带来的审计人员经费的问题难以解决,但如果设立临时审计机构,从各方抽调审计人员组成临时团队,没有稳定的人员配备,且临时人员背景复杂,又会带来独立性降低,专业素质参差不齐等问题。因为缺乏必要的法律依据,难以获得相应的财政预算。所以,内设审计机构不是长久之计。如果引入注册会计师审计,村双委往往相互不独立,“内部控制人”现象导致注册会计师审计的三角关系在现实中很难成立,难以保证其审计独立性。再者,审计费用由集体资产支出,给了村委会和事务所合谋以攫取利益的空间。如果让政府委托事务所进行乡村审计,独立性能得到提升,但会大大增加财政支出,并且事务所也无法提供日常审计监督。

因此,国家审计机关主管乡村审计的模式有待探索以助力乡村治理实现乡村振兴。《审计法》没有关于农村审计的表述,但也没有规定禁止涉足乡村审计,并且乡村审计部分涉及国家财政资金,这就为国家审计介入乡村审计提供了契机,力求提高乡村审计的独立性和审计质量,更容易实施审计结果。

二、国家审计在我国审计体系中的主导地位

国家审计、注册会计师审计和内部审计这三大审计主体共同构成了我国完整的审计体系,然而,这三者的特点和优势各不相同,其在国家治理中发挥的作用也各不相同。

国家审计在经济监督方面具有以下三个方面的特点:一是权威性。我国已从法律层面赋予国家审计监督权,所以,如果被审计单位不配合工作,那么,审计机关有权进行强制审计,并有权移送其相关违法违纪问题线索。目前,每项财政

资金都需要全面审计,各项关于审计方面的相关政策、法律、法规也在不断推出,因此,这就更强化了国家审计权威性。二是宏观性。一般来说,国家审计的职能是监督各个行业和地区的经济活动,并不只是局限于某一单位或某一地区。比如,经济政策执行情况、国家安全的重大项目、关乎国计民生的经济项目等都需要国家审计的介入。三是综合性。为充分发挥国家审计的职能作用,国家审计结束后,需要综合评价被审计单位经济活动合规性、效果性、领导人经济责任履职情况等方面的信息。

内部审计的特点包括以下三个方面:一是及时性。与国家审计和注册会计师审计不同,内部审计是单位内部职能部门,它可以单位运营、内部控制以及风险管控的需要,不定期、经常性、有针对性开展各种审计活动。二是内向性。一般来说,每个组织或单位都设立了内部审计部门,与外部审计部门相比,内部审计部门对本单位的运营活动、管理政策和组织文化有着更全面的了解,因此也就更容易发现组织内部的风险隐患以及潜在的问题。三是增值性。内部审计部门首先是通过监督内部经济活动中的合规性,防止任何经济犯罪行为的发生,从而实现为内部经济增值服务,促进内部经济活动的正常进行。另外,内部审计作为协调各方利益关系的治理机构,可以解决信息不对称问题,从而为组织内部的科学决策服务。

注册会计师审计的特点包括以下三个方面:一是公正性。因为注册会计师独立于经济组织之外,所以,它能客观地评价企业财务状况、盈利水平以及现金流量等经济指标,股东、债权人和管理层都比较能接受和信任注册会计师的审计报告。二是独立性。它的独立性主要表现在注册会计师的审计活动不受任何经济组织控制。注册会计师接受企业委托以后,可以独立检查企业财务会计资料以及内部风控制度,这在很大程度上可以解决股东和债权人之间的信息不对称问题。三是规范性。由于注册会计师的专业能力被社会大众所承认,因此,它的审计结论也能够普遍被社会各界所接受。事实上,注册会计师在审计的过程中,有一整套标准化和规范化的评价体系,杜绝了任何随意性、人为操作性,所以,无论是企业内部,还是企业股东,都可以将注册会计师的审计报告作为真实的信息披露报告,这对维护市场秩序、促进企业的健康发展起着重要的作用。

对比不同的审计体系,国家审计在乡村振兴战略实施的过程中具有主导地位,主要体现在国家审计的理论基础、功能、现实需求等方面。从国家审计的理论基础看,根据受托责任观,国家审计的产生源于公共受托责任关系的确立。国家审计随着国家政治的产生而产生,并随着社会政治的发展而逐步完善。随着社会经济和民主政治的发展,公共受托责任的内涵也在不断发展和演变,相应的,国家审计的目标和功能也在不断拓展。公共受托责任内容与时俱进的拓展是推动国家审计不断创新发展的内在依据。从国家审计发挥作用的机理看,国家审计具有全面性、专业性、经常性等特点,其监督作用和影响是全方位、全过程和全局性的,是提升国家治理能力的重要力量,是推动国家治理体系和治理能力现代化的重要保障。国家审计在乡村有效治理中必然发挥重要作用。从国家审计的现实需求看,乡村治理的现实需求也决定了国家审计的地位:一是科学监管党和国家惠民资金、政策落实,维护群众利益需要国家审计;二是满足基层治理、维护基层社会和谐稳定需要国家审计;三是适应新农村建设形势、发挥独立监督职能需要国家审计。

三、国家审计在乡村审计中的主导作用

国家审计机关下沉,可以定期组织开展村干部培训,重点突出财务知识、财经法规知识培训,有效提高村干部的业务能力和守法意识。国家审计作为专业人员可以及时指导、修订、完善《村级财务管理办法》《村级报账员制度》等村级财务相关管理制度,促进村务公开,有效促进村级财务管理民主化、科学化、规范化。通过审计监督,真正落实“村务公开、民主理财、民主决策、民主监督”要求,明确村监委会的监督思路,落实监督依据,树立监督权威,强化村民自治手段,提高村民自治能力,使村民自治制度与依法治理要求在乡村实现统一。通过国家审计这一法治的有力抓手和主导,提高村民自治能力,促进乡村治理有效。

其次,充分发挥国家审计职能,可以解决长期存在的乡村财务监管主体缺失、主体责任不实、手段缺乏、能力不足的问题,也可以不断织密扎紧制度笼子,及时配套建立完善村级财务管理制度,有效遏制村干部违纪违规问题及群众身边的腐败问题,及时将查出的违反财经纪律的问题移送纪检监察或司法机关处理,达到正风肃纪的效果,从而促进乡村治理有效。国家审计促进乡村振兴的作用主要有以下四点。

第一,规范乡村财务和村干部行为,促进治理有效。当前村级财务制度流于形式,甚至存在部分村级没有相关财务制度,领导干部凭借自身权力随意分配,村民难参与,民主难实现,村级组织运作不合规、不透明、低效率。通过开展村级

财务审计，规范了村级经济事务管理，实施财务公开等制度，不仅堵住了集体财务管理漏洞，起到了“节流”作用，更重要的通过审计倒逼村级及时配套建立完善村级财务管理制度，解决农村长期监管主体缺失，责任不实，能力不足的问题，有效遏制村干部违纪违规问题及群众身边的腐败问题，推动村级财务管理走向科学、透明、公开。

第二，维护资金安全，助力乡村产业振兴和经济发展。当前，国家加大对“三农”的关注，投入了大量的涉农资金、扶贫资金及低保救助金等，虽然从中央到地方进行了严格的审批，但资金到了最基层、最关键的环节时，村干部权力较大，凭借其对农村社会的熟悉了解，对资金分配具有较大自由权，一些村干部对资金的落实不到位、不合理，甚至存在以权谋私、挤占挪用等行为。国家审计凭借其独立性、专业性对各项惠农资金进行审计，保证公共资金的安全高效。有利于推进、解决乡村振兴战略执行最后一公里的问题，有利于国家惠民政策在乡村振兴发挥最大作用，有利于保障资金安全，是防止“小官大贪”的迫切需要。

通过开展村级财务审计，及时发现扶贫政策执行和扶贫资金落实中存在的问题，促进财政惠农资金科学化、精细化管理，促使扶贫政策落实不打折扣，是审计工作推进到最后一公里，实现审计全覆盖的必然要求。

第三，减少上访，缓解干群关系；促进基层政权稳定和党风廉政建设，营造乡风文明氛围。受处理的村级干部几乎都是因为经济原因，同时上访反映的问题中经济违纪是主因，大部分上访反映的问题是财务不清、账务不实、虚报假领、贪污挪用。由于村级财务公开不及时、信息不对称，群众对结果的公正性、真实性不信任，造成村民与村干部情绪对立，从而上访不断，影响农村社会稳定和谐。通过开展村级财务审计，以规范的工作程序、科学的审计方法、严密的审计证据、专业的审计职能，可以正本清源，促进村务、财务公开，推进合规运营。

全覆盖审计理清了群众上访的财务问题，缓解干群矛盾，纠正基层群众对村级干部“不信任”的倾向，给群众明白，还干部清白，使农村矛盾得到有效化解，干群关系更加密切；另外，通过国家审计，及时纠正错误、防止犯错、最大限度保护村干部不出问题，同时牵制村干部为党工作，为民服务。揭示、处罚村干部违规行为，遏制腐败问题的发生，促进廉政建设。促进农村社会和谐稳定，营造乡村振兴良好氛围。

第四，适应新农村形势，发挥审计专业职能，为新农村建设提供制度保障。

目前，乡村基层政权，主要依靠上级机关进行非常规监督，力量与任务存在较大悬殊。通过建立农村审计制度，这种“监督却不干预”的专业、独立力量，有利于减少基层机关的工作负荷，为农村民主和谐、乡村振兴战略提供制度保障，促进建立健全乡村振兴机制不断完善。

由此可见，乡村审计中国家审计的主导地位毋庸置疑，但迄今为止未有明确具体规定乡村国家审计的实施主体，导致目前乡村国家审计无序、审计主体不清、审计结果无用的现状，阻碍了乡村振兴战略的实施。因此，在乡村振兴战略及构建自治、法治、德治相结合的治理目标导向下，建立健全党委领导、政府负责、社会协同、公众参与、法治保障的现代乡村社会治理体制，必须确立国家审计在乡村治理中的主导地位。

第六节　国家审计发挥作用的途径及作用方式

一、国家审计发挥作用的途径

基于在乡村振兴中的国家审计战略定位，鉴于乡村治理的现状，国家审计在实际工作中应进一步聚焦审计重点，注重从点、线、面、体全方位精准聚焦、靶向发力，切实促进农民增收、农业增效、农村增绿的整体推进，精准服务新时代乡村振兴。目前，国家审计发挥作用的途径主要为以下两个维度。

（一）乡村振兴规划制定和实施情况的审计

我国幅员辽阔，各地区、各民族之间存在较大差异，国家乡村振兴战略规划给我们指明了正确的方向，但落实到具体镇村需要结合自己当地的村情村史村规等制定具体的乡村振兴细则，因此，乡村国家审计有必要从监督的视角和定位出发，突出规划引领作用，围绕国家乡村振兴战略规划（2018—2022 年）提出的目标任务、工作重点和政策措施开展审计，检查规划部署的主要指标和重大工程、重大计划、重大行动的推进落实情况。重点关注各地区各部门根据国家规划科学编制乡村振兴地方规划或方案、专项规划或指导意见情况，规划实施督促检查和评估机制建立开展情况等。着力反映规划目标任务不明确，政策措施不实不细，缺少科学明确的约束性指标，缺乏可操作性，各类规划之间统筹衔接不够，未形成城乡融合、区域一体、多规合一的规划体系，未落实统筹城乡发展空间、优化乡村发展布局要求，以及未根据当地实际情况准确聚焦阶段任务、科学把握节奏力度、分类有序推进乡村发展等问题，对随意撤并村庄搞大社区，违背农民意愿大拆大建等现象要坚决揭示和纠正。

（二）乡村振兴政策和措施落实情况的审计

在乡村振兴规划制定和实施情况审计的基础之上，围绕国家乡村振兴战略规划（2018—2022 年）提出的目标任务、工作重点和政策措施开展审计工作，突出审计重点，规范审计流程，有序开展乡村振兴政策和措施落实情况的审计。

突出乡村振兴政策和措施落实情况的审计内容。一是以精准扶贫审计为维度，强化民生保障力度。把推动扶贫政策落实、规范资金管理、维护资金安全、提高资金绩效作为审计工作的着力点，紧密围绕精确识别、精确帮扶、精确管理的要求，紧扣“政策、资金”两条主线，突出“精准、安全、绩效”主题。重点关注国家精准脱贫等政策措施的贯彻落实、资金安全规范使用、项目和资金发挥效益、机制体制制度完善等情况，加强对扶贫同扶志、扶智相结合情况的审计，注重揭示政策措施落实不到位、识别不精准、政策不精确、资金管理使用不规范、项目建设效益不佳、脱贫任务完成不实等问题，并分析产生的原因，提出建议，形成调研性材料和报告，供政府决策参考，促进真脱贫、脱真贫，充分发挥审计在打赢脱贫攻坚战中的重要作用。

二是以支农专项资金绩效审计为维度，增强农业发展动力。紧紧围绕推进农业供给侧结构性改革主线，以推动农村经济发展质量、效率、动力变革，提高农业供给体系质量和效率，形成结构合理、保障有力的农产品有效供给为目标，对近三年投入的财政专项支农资金开展绩效审计调查。主要审计农业示范园区、美丽乡村、品牌农业发展、农业基础设施提升、休闲农业和旅游等项目建设管理和运行效果、资金使用真实合法效益情况，通过查找问题，分析原因，维护支农资金安全和规范使用，提高资金统筹力度和使用效益，推进创新改革，探索涉农专项资金统筹安排和提升绩效的新途径，促进加快农业转型升级、优化供给、提质增效、农民增收；加快培育发展新动能，增强农业发展活力和动力。

三是以农业自然资源资产审计为维度，促进农村生态振兴。牢固树立和践行“绿水青山就是金山银山”的理念，以摸清农业自然资源资产基本情况，促进改善和优化农村环境、补齐乡村生态短板，推动乡村自然资本加快增值，实现乡村生态振兴为目标，紧密围绕农村生活垃圾收集处理、村庄生活污水治理、“厕所革命”、人居环境综合整治四大工程，以自然资源资产管理和生态环境保护责任情况为主线，审查资金使用、项目建设和深入乡村现场查看污染突出问题相结合，重点对规模化畜禽养殖场畜禽粪污、农作物秸秆、废旧农膜、病死畜禽等农业种养殖废弃物资源化利用无害化处理以及养殖场退养、湖泊渔业“三网”拆除、种养循环生态养殖小区建设运行、化肥和农药减量化、耕地土壤和湖泊污染防治、自然湾污水处理等情况开展审计，着重揭示农村面源污染治理和生态保护政策未贯彻落实、目标任务未完成、监督责任履行不到位、生态环境污染严重、项目资金未发挥效益等问题，督促领导干部切实履行自然资源资产管理和生态环境保护责任，以乡村生态文明引领乡村振兴。

四是以村级财务收支审计为维度，促进乡村经济振兴。各项收入、支出是村级财务活动的主要体现，也是广大农民群众普遍关注的热点和村级财务审计的重点、难点。村级财务收支审计主要审计检查财政财务收支的合法性、合规性、合理性、正确性。①审计检查村级财务是否实行了村账镇(乡)管理制度。有关规定，行政村不能自己设账，所有账目必须建在乡镇，由乡镇负责管理财务收支并监管资金使用。每个行政村只设一名报账员。监督落实好这些制度，就能从源头上堵住账外账和乱开支等问题。②审查开支是否规范，如不规范票据报支、违反规定报支、收费是否合法合规等。③审计各级拨入的各项惠民惠农资金是否做到了专款专用，严查是否存在截留、挪用、贪污等问题。④审查村级财务处理是否正确，账务处理不符合财务会计制度的规定，如村集体经济组织当年实现的经营收入是否计入了“经营收入”账户，罚款收入、存款利息收入、财产物资盘盈收入上交的利润是否计入了“其他收入”账户等，有无错用、乱用会计科目的问题。村级财务收支的账做对了、理顺了，有利于稳定和谐的干群关系，增加农民工作的积极性，促进乡村经济振兴。

五是以涉农干部经济责任审计为维度，促进“三农”协调发展。对在职期间农村干部的经营与管理进行审计，对农村干部经营方针决策，各项计划目标和投资方案的经济性、合理性和可行性的审计，对这些进行审计，可以推断决策者的预见性、民主议事、综合分析能力和在市场经济环境下把握经营方向的水平；对被审干部的管理素质和管理水平的审计；对经营活动中人力、物力、财力等资源利用(节约或浪费)的审计；对经营成果和财务成果等效益实现程度及影响因素进行的审计。对在职期间财经法纪责任审计，各项收入是否及时、足额入账；有无侵占、挪用、私分集体资金和私设“账外账”或“小金库”等问题；有无滥用职权侵占、挪用、平调集体资产的问题；是否存在未按民主程序，私下交易变卖土地等问题。对在职期间农村经济责任目标审计，任期内农民人均纯收入等经济指标是否增长；农村基础设施建设是否完成；村级集体资产是否增值和债务是否下降；财务管理、资产管理和民主理财等内部控制制度是否健全等。通过对涉农干部经济责任审计，促使履职尽责更加有力、权力运行更加规范，将涉农政策制定好、贯彻好、落实好，切实整体推动“三农”发展，走质量兴农、绿色兴农之路。

规范乡村振兴政策和措施落实情况的审计流程。具体见图3-2。

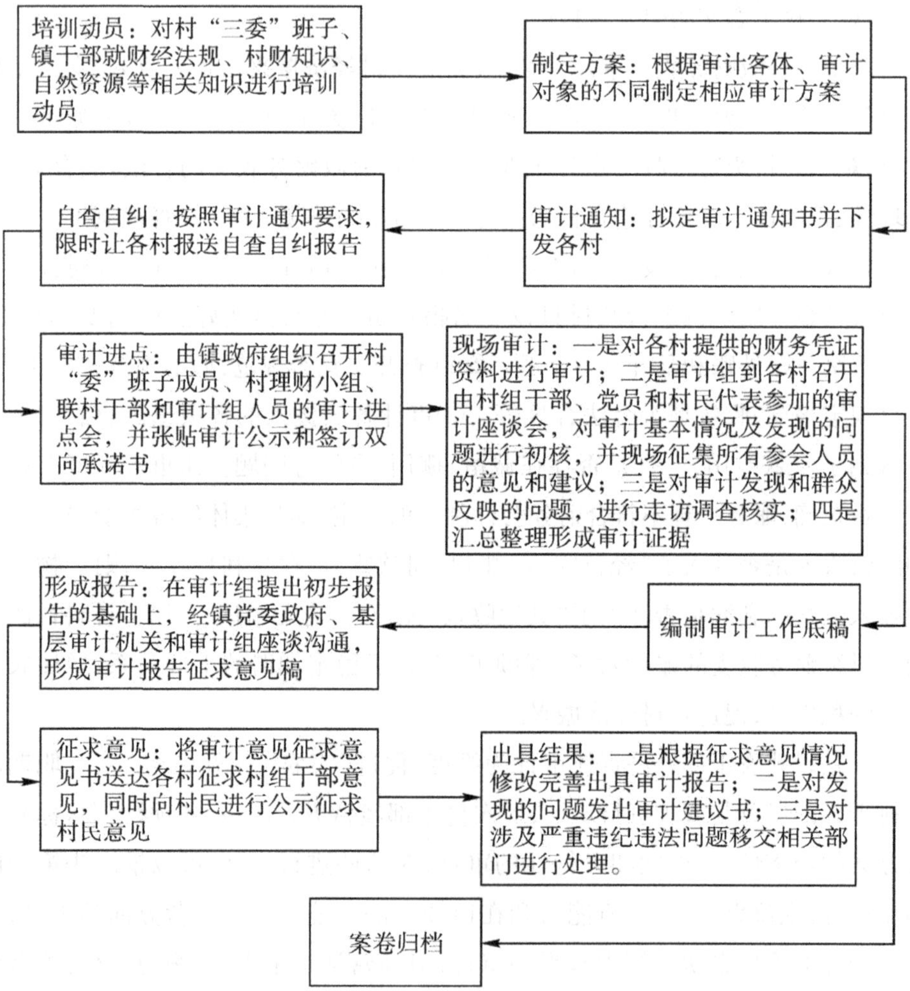

图3-2 乡村振兴政策和措施落实情况的审计流程

二、国家审计发挥作用的方式

国家审计助力乡村振兴，必定通过特定的方式，在新形势下，基层国家审计应顺应形势，精准定位，转变审计理念，创新审计方式，深化审计内容，扩大审计覆盖面，增强审计信息化，提升审计影响力和威慑性。具体情况主要包括以下几个方面。

（一）建全乡村国家审计监督体系，推进国家审计在乡村平稳运行

以建立健全自治、德治、法治相结合的乡村治理体系为目标，构建以村务监督委员会为基础、国家审计为主导、其他监督方式作为补充的乡村审计监督体系。国家审计应找准切入点和关注点，更好发挥审计职能。

国家审计在乡村振兴战略中发挥主导作用，应顺应乡村发展的现状及客观要求，构建横向到边、纵向到底、全面覆盖的国家审计监督体系，扩展、深化审计内容，注重审计全程监控过程。把所有国家资金、村级财务、自然资源、经济责任等都纳入审计监督范围，合理规划、统筹安排、整合资源、分类实施，确保有重点、有步骤、有成效的推进审计全覆盖。以村级财务收支入手，以经济责任审计为重点，将合规性和效益性审计融为一体。

为推进国家审计在乡村平稳运行，应将乡村审计纳入国家审计总体规划，有序平稳推进。同时，在审计时点的选择上，可选择年度审计、村级干部任中审计等，将处理问题转换为预防问题，预防村级干部离任时审计不配合、审计结果不落实等问题，增强预防力度，同时分解审计任务，提高审计效率。

（二）制定多部门联动机制，形成乡村国家审计监督合力

加强统筹协调，形成乡村审计监督合力。各乡村审计机关要将乡村振兴政策措施落实情况和资金管理使用情况，统筹纳入国家重大政策措施落实情况跟踪审计以及财政、金融、企业、民生、资源环境、经济责任等各项审计，实现各专项审计资源共享、信息共享和成果共享，做到深度协同，形成审计监督合力。上下级审计机关之间要加强沟通协调，统筹安排审计资源，避免重复检查、消除监督盲区。要进一步加强对相关部门单位内部审计工作的指导和监督，有效运用内部审计对乡村振兴相关政策和资金的审计成果。要进一步完善乡村审计发现问题整改跟踪检查机制，对侵害群众利益等严重违纪违法问题线索要及时移送纪

检监察、司法机关等,推动严肃追责问责;对乡村审计发现的典型性、普遍性和倾向性问题,督促有关部门和地方及时研究,完善管理制度和工作机制,切实增强监督实效。在维护独立性的基础上,探索加强国家审计与纪检、监察、公安、信访等部门的信息共享和协作联动机制,以形成监督合力,推进乡村治理体系和治理能力现代化。

(三)充实乡村国家审计力量,整合政府各部门资源

乡村审计面广量多,为解决审计力量和审计任务相差悬殊的问题,在维护独立性的基础上,应当从以下两个方面充实国家审计在乡村的审计力量。

一是探索乡村审计力量的组织方式,合理配置审计队伍,优化审计资源,破解乡村审计对象分散、审计事多人少的难题。

二是由于乡村审计涉及面广,在目前情况下,仅靠审计人员的力量,无法满足工作需要,应从实际出发,整合审计、农业、民政、财政、税务及村级民主监督力量,加强领导协调,分工合作,实现国家审计在乡村全覆盖。整合政府各部门力量,实现国家各级审计机关为主导,联合民政、财政、农业及村务监督委员会等各部门力量,必要时借助外部专业审计机构,各部门明确职责分工,扩大审计力量,强化审计力度,深化审计内容,扩大审计覆盖面。

(四)创新乡村国家审计方式,促进乡村治理信息化建设

传统的审计由于存在严重的滞后性,已经无法满足现代发展的要求,不能及时发现和处理潜在的风险。在当前形势下,应转变审计理念,创新审计方式,由事后、批判性的监督转向动态预防的科学审计理念,探索大数据时代顺应新形势的审计方式,加强信息共享,提升审计信息化,提高审计借助信息技术的能力。

信息化是现代化的重要内容,科学技术发展和信息化给乡村治理带来了深刻影响,审计技术也应随之变革,才能顺应农村治理的有效需求,重点是要加快信息技术在乡村国家审计实施中的应用。未来国家审计在乡村需要进一步加快审计信息化建设,实施农业、财政、信访、纪检、监察等各部门数据共享,加大数据综合利用力度,加快以“大数据”为核心的审计信息化建设。

(五)加强乡村国家审计成果运用,确保提升乡村治理效果

加强乡村审计成果运用,是探索强化乡村财务管理的治本之策,是乡村振兴战略实现的经济保障。首先,通过国家审计手段,发现、提炼和汇总乡村财务管

理中存在的问题分析成因，用乡村审计结果促进推行村务公开制度，建立村级财务监督体系，提高乡村审计成果的利用率，提高乡村审计建议的采纳率，进而促进有关部门完善管理和相应的制度建设，提升治理效果。其次，确立乡村审计结果问责的对象、内容、程序，明确责任认定的依据，利用乡村审计结果加强行政管理，增强农民群众对于政府的公信力，推进乡村民主建设。再次，目前在我国，国家审计得出结果之后由审计机关将违反国家法律法规的财务收支、资金使用等行为移交至司法、纪检监察机关以及其他相关部门进行处理，所以，基层上述部门对乡村审计结果的重视程度、落实情况至关重要。上述机关正确处理审计结果、加强审计成果运用是审计发挥应有作用不得最后保障和必要条件。

第七节 政策建议及研究结论

一、政策建议

依据前文分析及国家审计在乡村振兴战略中的作用途径及方式，针对当前基层国家审计工作的实际需求，本研究提出如下政策建议。

（一）明确并确立基层国家审计法律地位，以顶层设计为核心点

《宪法》和《审计法》规定县级以上人民政府设置审计机关，对本级人民政府和上级审计机关报告工作，独立行使审计监督权，不受其他政府机关、社会团体和个人的干涉；审计业务以上级审计机关领导为主，但对乡村中的国家审计地位未明确规定。法律法规授权不明确，体系不健全，导致乡村审计机构设置不一致，一定程度影响了国家审计机关的作用发挥、效率及审计结果的应用。本文认为，国家审计助力乡村振兴战略的关键在于赋予乡村审计合法的地位，维护国家审计的权威性。要保持乡村审计的独立性，这就要求在考虑成本效益最大化原则基础上，在乡镇一级将审计职责与其他职责分离，保持乡村审计的独立性。为适应新时代乡村振兴战略的要求，建议完善相应的法律法规，做好顶层设计立法，明确基层国家审计的法律地位。考虑到我国幅员辽阔，各地具有独特的乡风乡情，在初期，可以将乡村审计机构及职责的确定权下放给市一级人大，选择更加符合当地民情的基层国家审计模式。

(二)完善国家审计基层机构设置,明确国家审计主体

通过分析实践中不同模式的优缺点及从理论上论证国家审计在乡村振兴战略中的定位,国家审计助力乡村振兴必须明确责任主体,乡村振兴战略背景下,国家审计的主体为基层国家审计机关。

首先,下沉审计机关,从法律上确认其合法性、权威性、独立性,保证国家审计的质量和运用效果。

其次,结合本地区具体情况设置独立的基层国家审计机构,作为国家审计机关驻扎在乡村最基层的堡垒,隶属于乡镇政府承认的基层国家机构,同时具体审计业务接受上级审计机关的监督和指导,如同县审计局接受市审计局的业务指导与监督。

再次,基层审计机关全面、全职负责审计业务,与财政、纪检、信访、农业等职能完全分离,明确其专业性独立性、权威性。

最后,可从两个方面配置基层国家审计机构的人员力量:一是将目前财政所的财政、审计职能相分离,部分人员从事财政业务,剩余人员专门从事审计业务;二是从镇政府其他部门抽调人员,在不增加人力成本的基础上组建独立的审计机构,全职从事审计业务。

(三)充实基层审计力量,以能力提升为出发点

人才是发展的第一资源,首先,要通过市场化的途径吸引不同层次的审计后备新生力量投身于乡村审计的队伍中,使得新生力量运用大数据平台等新兴的审计模式和方法,已有的业务骨干能够传授业务经验,打造有经验有活力有创新精神的新时代乡村审计队伍。其次,注重提高审计人员综合素质,包括行为规范、业务能力和知识水平。行为规范方面,国家审计人员要保持独立性、客观性,具有治理与道德的敏感度、团队建设精神等,要不断增强审计职业荣誉感;一是要加强作风建设,做灵魂的建筑工,从精神上树立起审计人员共同的价值追求;二是要大力加强审计文化建设,从思想上树立起审计人员的归属感。在业务能力方面,对组织的整体了解程度、对风险的分析能力和对内部控制的评价和识别能力,与治理风险和内部控制相关的工具和技术的掌握被视为审计人员应当掌握的最重要的能力。除此之外,审计人员还应该掌握组织业务流程的分析能力、数据收集与分析技术、操作与管理研究能力、谈判技术、项目管理技术、法务和舞

弊探测技术、使用IT软件和其他工具的能力。在知识方面,审计人员还应当改变原有单一的知识背景,努力学习各相关领域的知识,重新构建自己的跨学科知识网络体系,成为适应新时代背景的国家审计人才。

(四)加强乡村基础数据建设,以效率提高为切入点

为顺应新形势下审计信息化工作要求,乡村审计应采取"内挖""外引"方式提升大数据审计水平,加强基础数据建设,提高乡村审计效率和质量以服务于乡村振兴战略。各级审计机关应根据农业农村工作特点和乡村振兴审计特点,进一步探索"总体分析、发现疑点、分散核实、系统研究"的数字化审计模式,创新大数据环境下的乡村振兴审计思路和技术方法,提高运用大数据查核问题、评价判断、宏观分析的能力。

借助大数据平台,以效率提高为切入点,一是挖掘局内部人员潜力。成立由年轻业务骨干组成的乡村信息化工作推动小组,定期组织内部培训及参加县市级审计局业务培训,积极争取业务骨干参加省审计厅大数据分析专题培训,鼓励业务骨干参加审计署中级计算机考试。二是引进外部专业人才。通过政府购买服务方式,让计算机专业人员参与到审计项目之中,协助审计人员进行大数据分析,提升大数据审计质量。三是充分运用信息化手段。将已审项目中应用的审计方法、审计模型和常用定性、处理处罚依据,进行信息化处理,融入审计分析平台,使之成为通用审计方法、模型和法律法规库。既有利于工作中使用,又方便年轻审计干部学习、参考。四是要照审计署统一要求做好数据采集报送工作,进一步加大乡村振兴战略实施相关信息数据的统一采集,强化数据保密安全管理;要坚持"以用为本",加强对审计人员大数据思维和分析能力的培养,更加注重数据深度挖掘和跨行业、跨部门、跨地区关联分析,更加注重从区域整体和宏观层面进行大数据关联分析,提高审计监督的质量和效果。借助大数据平台,以效率提高为抓手,显著提高审计人员发现问题能力,服务于乡村振兴战略。

(五)严格乡村国家审计执法,以防范基层风险为落脚点

一是明确乡村国家审计执法主体的责任。乡村国家审计执法责任类型分为审计责任、审核责任、审理责任、审定责任四种,表明乡村国家审计机关负责人为审计执法第一责任人,并详细规定每种审计执法责任人的工作职责和应承担的责任。二是促进依法行政,制定乡村国家审计执法过错责任追究制度,规范乡村

国家审计执法行为。指明乡村国家审计执法过错包括违反法定审计程序;审计事项处理、处罚不当,引用法律、法规出现严重错误;采取审计行政强制措施行为不当;越权行使执法职权,造成一定后果;徇私枉法,故意放纵、包庇被审计单位违法违规问题等五种行为。明确责任追究的种类和审计执法过错行为应当追究的责任。三是加强对乡村国家审计执法主体行为的管理和监督,制定审计执法公示制度,维护审计执法的权威性、严肃性。审计公示的形式可以包括:采取告知、张贴、设举报箱、举报电话等四种形式。审计人员履行审计职权应当履行的审计程序、原则、权限、职责、义务、纪律等赋予的公示内容;被审计对象依法享有权利和应当履行义务,被审计单位享有知情权、申请回避权、陈述申辩权、听证权、申请裁决权、行政复议权、提起行政诉讼权等七项权利,义务包括配合审计、提供必要工作条件、提供审计需要的资料、执行审计决定情况的报告等。从源头上防范乡村国家审计机构日常运行和执法风险,切实提高依法行政质量和水平,提升国家审计公信力和执行力。

二、研究结论

首先,本研究通过解读关于乡村振兴战略的国家大政方针及相关法律法规,通过研读党的十九大报告、中央农业工作会议及一号文件精神,明确党和国家关于中国特色社会主义乡村振兴战略以及健全自治、法治、德治相结合的乡村治理体系的总体部署和安排,为分析国家审计在乡村振兴、创新乡村治理体系中的作用提供方向指引及政策依据。通过对《宪法》《审计法》《村民委员会组织法》《党政主要领导干部和国有企业领导人员经济责任审计实施细则》等相关法律法规的梳理,明确开展乡村审计的法律、法规及相关规定,为国家审计进行乡村审计提供法律依据和法理支持。

其次,系统梳理国家审计在乡村治理的现状及问题,并进行不同审计模式的优缺点分析。通过比较不同的国家审计机关介入乡村审计的方式(如:直审模式、派驻机构模式、乡镇内设机构模式等),分析其取得的成果和存在的问题,为国家审计在乡村振兴战略中的创新性作用发挥及体制改进提供实践支持。

再次,解读乡村振兴战略,总结乡村治理的现状和存在问题。通过乡村振兴战略与治理体系的支撑关系分析,了解乡村振兴战略和目前乡村治理现状的差距,提出乡村振兴对国家审计的内生性需求,同时,通过分析乡村治理的现状及存在的问题，为设计国家审计发挥作用的途径和方式提供切入点。

总结国家审计在乡村治理中的作用现状及问题分析。通过比较不同的国家审计机关介入乡村审计的方式（如：直审模式、派驻机构模式、乡镇内设机构模式等），分析其取得的成果和存在的问题，为国家审计在乡村振兴战略中的创新性作用发挥及体制改进提供实践支持。最后分析国家审计如何助力乡村振兴并提出相关政策建议。

通过研究可以得出以下结论：

第一，乡村振兴战略是当前国家在新形势下提出的战略布局，党的十九大报告提出“乡村振兴战略”，并提出“产业兴旺、生态宜居、乡风文明、治理有效、生活富裕”的总体要求。

实现乡村振兴战略，治理有效是基础，乡村治理体系中，自治是基础，法治是主体，实现乡村治理的良治善治，必须加强法治，建立健全自治、德治、法治的乡村治理体系。基层国家审计是国家治理的基础制度之一，在维护治理秩序、防控治理风险、完善治理机制、提升治理效能等方面发挥主导作用，进而推动乡村良治。

第二，目前国家审计在乡村实践处于探索阶段，尚不存在成熟的模式可以借鉴，各地因地制宜，探索出不同的模式，取得了一定的成效，在促进乡村财务规范，维护国家资金，缓解干群矛盾等方面发挥了一定的作用，但存在一些问题，如法律授权不规范、体系不健全，基层国家审计力量不足，审计监督体系和问责机制不健全等。国家审计在乡村的实践模式为研究国家审计如何促进乡村振兴战略提供了一定的实践基础。

第三，乡村振兴战略的实现对国家审计具有内生性需求，目前村民委员会是村民自我管理、自我教育、自我服务的基层群众性自治组织，实行民主选举、民主决策、民主管理及民主监督，虽然自治和德治发挥了一定的作用，但是存在账务混乱，财务管理不规范，监督力量不够及村干部不作为、乱作为等一系列问题，需要确立以国家审计监督为核心的法治地位，“三治有机结合”才能有助于实现乡村振兴战略。

第四，国家审计具有全面性、专业性、覆盖面较广等特点，其监督作用和影响是全方位、全过程和全局性的，国家审计是我国现行监督体系、审计体系的重要组成部分，对促进乡村治理有效发挥主导作用。国家审计助力乡村振兴战略，在规范财务管理、维护资金安全、缓解干群矛盾、提供制度保障等方面发挥了不可替代的作用。乡村振兴战略的实现必须确定国家审计的主导地位。

第五,国家审计促进乡村振兴战略,必定通过特定的途径和方式。目前,国家审计发挥作用的途径主要为以下两个维度:乡村振兴规划制定和实施情况的审计和乡村振兴政策和措施落实情况的审计。在内容方面,主要通过精准扶贫审计、农专项资金绩效审计、农业自然资源资产审计、村级财务收支审计、涉农干部经济责任审计等途径发挥审计监督作用。

新形势下,国家审计促进乡村振兴的方式主要有以下几个方面:一是建全乡村国家审计监督体系,推进国家审计在乡村平稳运行;二是制定多部门联动机制,形成乡村审计监督合力;三是充实乡村国家审计力量,整合政府各部门资源;四是创新乡村国家审计方式,促进乡村治理信息化建设;五是加强乡村国家审计成果运用,确保提升乡村治理效果。

第六,国家审计促进乡村振兴战略发挥实质性作用,必须在完善法律法规、充实审计力量、加强基础数据建设、严格审计执法等政策方面提供相应的政策保障。

参考文献

[1]刘家义.国家治理现代化进程中的国家审计:制度保障与实践逻辑[J].中国社会科学,2015(09):64-83,204-205.

[2]王家新,郑石桥,吕君杰,张耀中.论建立乡镇政府审计机关的必要性——基于审计需求和审计主体的理论框架[J].审计与经济研究,2016,31(01):18-26.

[3]杜贞耐,钟卫国,张强.淄博村居审计的做法和问题分析[J].审计研究,2015(01):20-24.

[4]秦之泰.国家治理视角下村居审计探讨[J].审计研究,2015(01):25-30.

[5]李歆.村级审计模式创新比较与启示[J].财会月刊,2013(04):99-100.

[6]陈建萍,朱朝晖.中国农村集体经济审计模式制度变迁及路径创新[J].财经论丛,2009(04):74-81.

[7]李均,王文国,陈国进.安康市村级财务审计工作实务[M].西安:西北大

学出版社,2017.
[8]刘家义.论国家治理与国家审计[J].中国社会科学,2012(06):60-72,206.
[9]谭劲松,宋顺林.国家审计与国家治理:理论基础和实现路径[J].审计研究,2012(02):3-8.
[10]廖义刚,陈汉文.国家治理与国家审计:基于国家建构理论的分析[J].审计研究,2012(02):9-13.
[11]刘家义.以科学发展观为指导推动审计工作全面发展[J].审计研究,2008(03):3-9.
[12]刘家义.深入学习贯彻审计法实施条例充分发挥审计免疫系统功能[J].审计研究,2010(03):3-4.
[13]王家新,郑石桥,尹平.国家审计是国家治理的基石和重要保障:理论框架和实践分析[J].审计研究,2015(06):3-8.
[14]张立民,赵彩霞.论善治政府治理理念下政府审计职能的变革——基于政府绩效评价视角的分析[J].中山大学学报(社会科学版),2009,49(02):177-183.
[15]陈骏,吴青川.政府职能转型背景下的国家审计治理功能[J].审计与经济研究,2009,24(01):22-27.
[16]张文秀,郑石桥.国家治理、问责机制和国家审计[J].审计与经济研究,2012,27(06):25-32.
[17]邢晟.国家治理视角下的国家审计功能定位及实现路径[J].学术论坛,2012,35(09):113-117.
[18]王昊.政府审计与国家治理体系[J].中国经济问题,2006(04):51-55.
[19]陈英姿.国家审计推动完善国家治理的作用研究[J].审计研究,2012(04):16-19+25.
[20]王姝.国家审计如何更好地服务国家治理——基于公共政策过程的分析[J].审计研究,2012(06):34-39.
[21]杨亚军.国家审计推动完善国家治理路径研讨会综述[J].审计研究,2013(04):14-19.
[22]陈献东.国家审计助推公众有序参与国家治理研究[J].会计之友,2013

(18):101-104.

[23]王会金. 国外后新公共管理运动与我国政府绩效审计发展创新研究[J]. 会计研究,2014(10):81-88,97.

[24]王会金. 政府审计协同治理的研究态势、理论基础与模式构建——基于国家治理框架视角[J]. 审计与经济研究,2016,31(06):3-11.

[25]周泽将,修宗峰. 国家审计与腐败治理体系协同研究[J]. 中国行政管理,2017(07):24-27.

[26]陈德霖. 农村小审计社会大担当——浙江省余姚市"以农审中心为主导乡镇内审监审合一"发展模式纪实[J]. 中国内部审计,2014(07):13-14.

[27]廖义刚. 乡村社会、公共秩序与政府审计:从控制到治理[J]. 当代财经,2008(09):122-125.

[28]彭巨水,康宁. 农业审计服务国家治理的着力点[J]. 审计月刊,2012(04):13-15.

[29]蔡飞. 农业审计服务国家治理的路径研究[J]. 审计月刊,2012(03):9-11.

[30]PORTER P K, SCULLY G W. Economic Efficiency in Cooperatives[J]. Journal of Law & Economics, 1987, 30(2):489-512.

[31]WILKIN P. Rural development in the European Union. Statistical and Economic Information report 2009[J]. 2009.

[32]CHLOUPKOVA J. European cooperative movement: background and common denominators[J]. Unit of Economics Working Papers, 2002.

第四章

强化内部审计、社会审计力量实现政府审计全覆盖研究

第一节 引 言

党的十八届三中全会将全面深化改革作为国家发展的中心任务,形成了国家治理体系中相互协调、共同发展、全面覆盖的改革新局面。党的十九届四中全会从党和国家事业发展的全局和长远出发,着眼于充分发挥中国特色社会主义制度优越性,对坚持和完善中国特色社会主义制度、推进国家治理体系和治理能力现代化作出了全面部署、提出了明确要求。国家审计制度是中国特色社会主义制度的有机组成,对中国特色社会主义制度建设起着重要的基础性支撑作用;而政府审计作为国家治理体系的重要组成部分,审计范围和职责的拓展、实现对公共机构、公共资金及国有资产资源的全覆盖监督,是构建现代国家的重要内容,也是推动我国政府向现代责任政府转变的重要支撑,具有深远意义。

理论和实践告诉我们,政府审计具有全面性、专业性、经常性等特点,其监督作用和影响是全方位、全过程和全局性的,是提升国家治理能力的重要力量,是推动国家治理体系和治理能力现代化的重要保障,政府审计是实现国家良治的重要途径和有效方式(刘家义,2015)。从实践上看,目前,我国各级政府审计机关已为政府审计全覆盖做出了一些有益的尝试,并初步具备了全覆盖的制度条件和实践经验。全面覆盖政府审计监督的根本目的是通过全面审计覆盖经济、政治、社会、文化、生态等领域的公共机构和所有下属单位,推进关键领域和重点环节的系统性改革,以国家的长远发展为切入点,从人民的角度考虑国家发展的公平正义,深入审视、全面深化改革战略决策,并加强对事前后事项的监督,推进国家治理体系和治理能力的现代化。经过 30 余年在审计方面的实践,我国各级

审计机关不断扩大审计范围，深化审计监管领域，创新性的使用适合时代要求的审计监督的组织形式和技术方法，目前已初步具备了审计监督全覆盖的制度条件和经验水平（李厚喜等，2014）。

随着涉及经济社会持续健康发展的因素越来越复杂，对应政府审计的要求也逐渐提高。实现对政府审计的全面覆盖，不仅需要增加审计任务的数量，还要提高审计的质量要求。在提出政府审计全面覆盖要求后，扩大了覆盖范围，审计范围中包含了更多的审计目标，审计监督的要求也越来越高。更重要的是，与审计领域的广泛范围相对照，各级审计机关组织所具有的人力资源却相对有限（王海兵、王慧秋等，2017）。如何处理好政府审计全覆盖的时代要求与政府各级审计机关人力资源和实际能力的矛盾是当前面临的挑战，也是当下亟须解决的审计难题。

2018 年 5 月，习近平总书记在中央审计委员会第一次会议上指出，“要加强对内部审计工作的指导和监督，调动内部审计和社会审计的力量，增强审计监督合力。”因此，为了实现政府审计全覆盖的要求，解决日益提升的政府审计覆盖需求和政府各级审计机关实际能力的矛盾，有必要重新审视审计资源、建立一种“三位一体”的审计监督及管理模式，即将政府审计作为全覆盖审计监督的主体，由社会审计参与部分国家审计项目的具体环节，各本部门级企业组织内部做好内部审计。政府审计机关则将工作重点转移到加强对社会中介审计机构和组织单位内部审计机构的指导和监督上去，充分发挥社会中介机构的公平的职能特性和内部审计机构的自律功能。同时，将政府审计的重点放在主要民生项目以及政府、人民代表大会和群众高度关注的公共资金及政府投资项目上。这样，不仅解决了政府审计人力资源及审计能力不足的矛盾，而且充分调动了各方的审计力量，为政府审计的全面覆盖创造了条件。

从不同审计主体的运行看，政府审计业务的外包能更好地保证审计结果的公平公正和独立性，并在一定程度上提升全覆盖审计的成本效应。社会审计作为依法接受委托、独立执业、有偿为社会提供专业服务的注册会计师团体，在接受委托后，对被审计单位具备与政府审计机关同等的审计监督权。同时，作为独立第三方机构，采用社会审计可以最大程度上的保证结果的客观性、公正性、独立性，减少内部徇私舞弊、滥用公权的贪腐问题（赵雪梅等，2016）。在依据独立审计准则、职业道德准则、质量控制准则和后续教育准则对被审计的对象的财务报表、资本情况、企业变更进行验证后，将为政府审计提供全面、可靠的审计结果，减少政府审计人力资源及审计能力不足的压力。另外，从成本效益的视角而言，将政府的部分审计业务交给独立第三方机构，即注册会计师团体或其他社会审计机构完成，通过合约或合同等方式来约束其提供的审计业务的质量，仅需承担服务过程中的与服务商商定的协议价格，即外购价格。而若需要扩大政府各级审计机关的审计能力以满足审计全覆盖的要求，则需要承担包括人工费用、人员培训费用、管理费用、购置固定资产的支出及其他相关费用。二者权衡之下，从成本权益的角度而言，政府将部分审计业务外包给社会审计机构执行，将更好的节约审计成本、提升审计质量，解决政府各级审计机关人力资源和实际能力的矛盾，助力审计全覆盖的实现（袁伟等，2017；刘文等，2018）。然而，由于社会审计与国家审计之间在审计权限、审计独立性、审计目标、审计重点等方面存在差异，以及社会审计机构自身存在的职业道德、执业谨慎、独立性不足、质量控制缺陷等方面的原因，在利用社会审计、购买审计服务上尚有许多问题亟待解决。

从内部审计发挥作用的机理看，内部审计对自身业务的熟悉性将更好地推动审计工作的开展，内部审计与外部审计的相互补充，将为政府审计的全覆盖打下优质的基础。内部审计，即由部门、单位内部的专职审计人员进行的审计。内部审计制度的良好开展，可为外部审计提供可信赖的资料，减少外部审计的工作量，缓解政府审计全覆盖的时代要求与政府各级审计机关人力资源和实际能力的矛盾，更好地推动政府审计全覆盖的实施。由各部门内部被审计机构开展审计工作的优势在于更为了解单位内部的实际情况，对本行业的熟悉程度将带来更多灵活的审计方法（刘伟等，2016）。但目前，中国内部审计作用尚未完全发挥，不能很好地支撑审计全覆盖的要求，未来将有很大的发挥空间（陈露丹等，2017）。

因此，为实现政府审计全覆盖的要求，应深入探讨内部审计、社会审计力量的作用及其发挥作用的具体途径和方式，不仅要从理论上解读强化内部审计、社会审计力量实现政府审计全覆盖的机理，更重要的是要回答如何建设“三位一体”审计监督体系的运行问题。课题研究的现实意义在于响应中国现代化改革的“五位一体”总体布局的时代要求，借助内部审计和社会审计力量，实现对所有公共机构的全覆盖监督，为推动国家治理体系和治理能力现代化提供保障。

第二节　国内外研究综述

建设内部审计、社会审计、政府审计“三位一体”的审计监督模式以推动政府审计全覆盖是一个崭新的话题，目前国内外学术领域直接关于强化内部审计、社会审计力量实现政府审计全覆盖的研究相对较少，但经过查阅文献及研读，相关研究的成果是比较丰富的，集中在审计全覆盖研究及其实现方法等领域。

一、国内研究

(1)关于政府审计在国家治理中的职能。其代表性的观点包括：政府审计职能是解除公共受托责任和对政府的公共管理活动进行监督评价(张立民、赵彩霞，2009)；政府审计应强化监督功能，推进评价功能，提升前瞻功能(陈骏、吴青川，2009)；政府审计基本功能是经济问责信息保障机制(张文秀、郑石桥，2012)；监督、评价和鉴证是政府审计应充分应用的三个职能(谭劲松、宋顺林，2012)；政府审计在国家治理系统中应该发挥经济监督、经济评价及经济防御三项功能(邢晟，2012)。

(2)实现政府审计全覆盖所面临的困难和挑战。国内研究主要将其归为以下几类：国家审计全覆盖增加了审计任务的数目和质量要求，政府各级审计机关人力资源和实际能力尚且短缺(夏曦，2018)；政府审计人员专业素质不足，相应人员并非全部具备专业的审计知识，且对数据库、编程等全新的计算机操作知识有所欠缺(许绍琴，2017)；难以抓住审计全覆盖和重点突出之间平衡点，对所有项目没有分轻重缓急合理配置资源，而是“眉毛胡子一把抓的全覆盖”(王海兵，王慧秋等，2017)；审计方法相对滞后，仍以事后审计、静态审计、现场审计等审计方法为主，无法跟上信息化发展的趋势，也没有将大数据、联网审计等先进审计方式引入审计工作中(刘伟等，2016)。

(3)对于推动政府审计全覆盖的措施研究。国内目前主要围绕增强政府审计自身审计力量和借助外部力量两个方面展开讨论。整合现有的审计资源，建立完善的人才培训制度，培养兼备财务、计算机、法律的复合型人才以应对审计人力资源的不足(黄均田，2016)。构建多项目同时进行的多线程审计监督模式，形成多个审计报告一次性查深查透的新框架,有效避免在审计进程中出现的重复审计现象(李厚喜,2014)。通过构建大数据审计平台和建立联网审计模式,利用网络、通信技术、大数据、跨行业数据库等先进技术手段提升审计的效率(刘伟等,2016)。加强内部审计和社会审计的参与,内审部门引入自我评估(CSA)机制,将自身技术力量难以完成的项目通过公开购买社会审计服务的方式寻去社会审计力量的参与(王海兵,王慧秋等,2017)。

(4)关于内部审计对于审计全覆盖的意义。最新论断认为,内部审计是在审计全覆盖实现过程中不可忽视的重要力量,内部审计的良好执行将极大减轻审计全覆盖面临的压力。新的审计形势对审计工作提出了新的内涵和要求,应充分整合、协调好包括内部审计资源在内的各类审计资源,才能真正实现高质量的审计全覆盖(杨少生等,2016)。内部审计作为我国的审计监督体系的一个重要组成部分,它在推动部门履行职责和落实政策具有独特的优势,弥补了国家审计监督全面覆盖的"空白区域"(李云等,2017)。为了提高审计的效率,弥补各级国家审计机关资源的缺陷,对政府审计全覆盖而言,内部审计资源的使用已成为必然趋势(和秀星,潘虹等,2015),政府审计与内部审计的联动可以为提高政府审计的效率和发挥内部审计的作用提供指导(隋旭等,2016)。

(5)关于内部审计推动政府审计全覆盖的实现机制。现有文献认为内部审计将助力政府审计全覆盖的实现,实现渠道包括加强内部审计成果审查、建立信息公开化数字平台等。在融合内部审计成果之前,国家审计机关可以通过设立适当的标准,评价内部审计成果的质量,并通过升级现有政府审计公开平台,利用"互联网+"的思想搭建政府审计融合内部审计的信息公开化数字平台(刘宁博等,2017)。在人力资源调配方面,可以通过建立全国内部审计人才库,充分利用内部审计人员对相关行业的知识背景,有序安排各行业、企业、技术专精的内部审计人员参与相关的政府审计项目,解决政府审计全覆盖过程中的人力资源短缺问题(刘伟等,2016)。在制度建设方面,可以通过建立内部审计和政府审计的高效交流渠道,使政府审计可以充分借鉴内部审计过程中已经涉及的工作内容,减少重复审计,提升审计资源的利用效率(陈露丹等,2017)。

(6)关于借助社会审计力量实现政府审计全覆盖。现有文献认为,社会审计将能够显著改善政府审计全覆盖所面临的审计能力压力,并可能在成本效益层面具备更好的表现。为了解决实际审计工作中存在的诸多问题,实现全面审计覆盖的审计监督目标,审计机关必须对审计资源进行有效整合,规范政府采购社会服务的方式(余弟伟等,2017)。在审计全覆盖背景下,政府审计可以从社会机构获得技术上的支持,节约审计成本,提升审计质量及工作效率(苏欣,2017)。政府审计部门可以通过建立一个涉及需求性分析、成本效应分析、风险分析三个方面的政府审计业务外包决策模型,来对某项具体业务是否外包进行决策(袁伟、周萌等,2017)。借助社会审计力量可以省去为扩大政府各级审计机关的审计能力而承担的人工费用、人员培训费用(新招募员工的审计培训支出)、管理费用、购置固定资产的支出(为扩招人员提供办公场地等)及其他相关费用,具备较好的成本效益效应(刘文等,2018)。同时,也要注意外包过程中的责任归属问题、核心资料和技术泄密问题等(赵雪梅等,2016)。

(7)关于国家审计、注册会计师审计与内部审计的定位与协作。有观点认为,审计源于受托责任,但三大审计主体的特点和优势各有不同,分别在国家治理和公司治理中发挥了不同的重要作用(鲍圣婴,2016)。不同审计主体之间的配合与协作,体现了国家治理和公司治理体系的相互作用,共同服务于国家治理,同时提升公司的治理水平。

二、国外研究

在国外相关审计研究中,暂无通过加强内部审计和社会审计的力量来推动政府审计全覆盖的研究,最常见的研究将整个审计体系作为一个整体的角色,来审视内部审计和外部审计整合的必要性。Roberth. Montgomery 在其审计实务著作《审计:理论与实务》中率先提出审计资源整合的概念,他认为审计机关应当通过制定完善的计划、科学的分配审计任务,促进审计资源的有序配置,从而实现最大程度的降低审计成本投入。

对于政府审计与内部审计统筹协作方面的研究。菲利克斯认为,虽然内部审计和外部审计具有不同的作用,但内部审计和外部审计可以相互协调,这可以增加整体审计的覆盖范围,从而使整体审计反映出更高的效率和效力(Felix,1998)。Gramling 认为,除了利用内部审计进行内部控制和实质性测试外,外部审计师还可以使用内部审计和外部审计工作中有交集的内容,以减轻外部审计承担的工作(Gramling,1999)。Arnold Schneider(2012)提出通过政府审计与内部审计人员间加强沟通、彼此协作、密切配合，可以有效降低审计风险，控制审计成本；Bame－Aldred（2013）强调内部审计自身的质量及效率，很大程度上决定了外部审计人员对内部审计工作成果的利用程度；AsieduKF，Deffor EW（2017）指出建立在政府审计监督基础上的"有效内部审计"，能够为政府审计人员揭示腐败问题提供极大的支持作用。还有少量文献从内部审计的角度提出了内部审计与外部审计相互合作的必要性和可行性。"现代内部审计之父"Sawyer 认为内部审计与外部审计之间的关系是相互尊重，相互学习和共同工作，两个职业可以一起工作（Sawyer，2005）。

在政府审计利用内部审计成果的相关资料中，1974 年国际最高审计机构组织（INTOSAI）在第八届会议中提出，最高审计机关应参考内部审计机构的审计结果，并要求内部审计机构在审计实施后向最高审计机关提交报告。1986 年的第 12 届会议更清楚地表明，虽然最高审计机关和内部审计在目标方面有所不同，但它们之间应该有密切的工作关系，这些举措为国家审计使用内部审计资源提供了指导。

对于政府审计与社会审计统筹协作方面的研究。Iulia Chivu（2006）指出人力资源的充分整合是有效利用社会审计资源的前提，提高社会审计人员的专业性，将提高审计质量；FlorenceLaw（2018）、Paul Johnsteinbart（2018）分别从独立性问题、交易成本和监控成本的增加角度分析，将政府审计业务向社会审计机构外包而引发的特殊风险。

三、研究述评

尽管直接关于强化内部审计、社会审计力量实现政府审计全覆盖的研究文献不多，但国内外学者从不同视角对全覆盖实现机制、全覆盖现状、内部外部审计联动机制等进行了比较广泛而深入的研究，取得了一定的进展和成果，为本研究提供了良好的分析基础和理论平台。

（1）现有的研究对政府审计全覆盖的必要性、意义、作用、困难和问题、推动措施等给予了多维度解析，为本研究的意义、必要性、方向及可能的机制提供了基本依据。

（2）现有研究对国家审计、内部审计和社会审计三者的特点、意义、局限性及相互存在的关系做出了较为准确的界定，探究了借助内部审计力量推动政府审计全覆盖的可能性、借助社会审计力量推动政府全覆盖的作用机制、内部审计和外部审计的联动机制、通过提升政府审计能力及效率推动审计全覆盖等相关问题，为本研究探索内部审计、社会审计力量对于实现政府审计全覆盖的作用及它们发挥作用的实现途径和机制提供了理论基础和分析方法。

(3)现有研究对强化内部审计、社会审计力量实现政府审计全覆盖实践中积累的创新模式经验具有一定的总结和论述，为本课题提供了现实基础和进一步研究的分析路径。

第三节　强化内部审计和社会审计力量的政策及基础性保障

一、强化内部审计、社会审计力量的相关政策

党和政府历来重视审计工作并寄予厚望。十八届四中全会决议通过的《中共中央关于全面推进依法治国若干重大问题的决定》，提出了“加强党内监督、人大监督、民主监督、行政监督、司法监督、审计监督、社会监督、舆论监督制度建设，努力形成科学有效的权力运行制约和监督体系，增强监督合力和实效”的目标和要求，明确了构成权力运行制约和监督体系的八个组成部分。“审计监督”首次从行政监督中独立出来成为“八大监督”之一，标志着党和国家对审计监督的新认识、新定位。

2013 年 10 月，李克强总理在国务院第二十六次常务会议上，提出了实现审计全覆盖的要求，即审计监督要面向全部使用财政资金的单位和项目，这是对新时期审计工作更好的发挥监督作用提出的新要求；次年 10 月，《国务院关于加强审计工作的意见》(国发〔2014〕48 号)发布，首次对“审计全覆盖”的内容和要求进行明确，这也是“审计全覆盖”在我国审计界予以制度化、规范化的开端；随后，《关于完善审计制度若干重大问题的框架意见》(以下简称《框架意见》)、《关于实行审计全覆盖的实施意见》(以下简称《实施意见》)等指导性文件相继发布，其中《框架意见》明确指出“对公共资金、国有资产、国有资源和领导干部履行经济责任情况实行审计全覆盖，充分考虑审计资源状况，建立健全与审计全覆盖相适应的工作机制，统筹整合审计资源，创新审计组织方式和技术方法，提高审计能力和效率”。

《实施意见》提出为全面履行审计监督职责,应对公共资金、国有资产、国有资源和领导干部履行经济责任情况实行审计全覆盖。《实施意见》将审计范围扩大到审自然资源和审政策执行效果,突破了传统的审人和审物的审计,并将审计范围从过去的审部分单位和部分经济活动扩大到审所有单位和所有经济活动。《实施意见》要求,政府审计应对公共资金、国有资产、国有资源、领导干部的经济责任履行情况等进行审计,实现全覆盖性的监督审计;同时通过全覆盖式的审计,发现在国家相关政策、措施施行的过程中可能会存在的问题,并为重大违法违纪案件提供线索,维护财经相关法律,促进政府廉政的建设。通过加大审计力度,扩大审计种类,实现审计监督的全覆盖,将有效地促进国家治理现代化与国民经济的稳步发展,彰显中国特色社会主义制度的优越性。《实施意见》进一步提出,"加大审计资源统筹整合力度,避免重复审计,建立审计成果和信息共享机制,加强各级审计机关、不同审计项目之间的沟通交流,实现审计成果和信息及时共享,加强内部审计工作,充分发挥内部审计作用。有效利用社会审计力量,除涉密项目外,根据审计项目实施需要,可以向社会购买审计服务。"

《实施意见》对实行审计全覆盖进行了全面安排部署,强调加大审计资源统筹整合力度,充分发挥内部审计作用,有效利用社会审计力量。由此可以看出,实行审计全覆盖应基于整个审计监督体系,政府审计、内部审计、社会审计共同发挥作用而不是仅仅依靠国家审计的力量。

习近平总书记在党的十九大报告中明确指出要深化审计体制改革,并在2018年5月中央审计委员会第一次会议上,深刻阐述了审计工作的一系列根本性、方向性、全局性问题,指明了新时代审计事业的前进方向,为新时代审计工作提供了根本遵循。习近平总书记特别强调要加强对内部审计工作的指导和监督,充分调动内部审计和社会审计的力量,增强审计监督合力,形成统一指挥、权威高效的审计全覆盖监督体系。习近平总书记在会议上指出,"要加强对内部审计工作的指导和监督,调动内部审计和社会审计的力量,增强审计监督合力"。党的十九届三中全会审议通过的《深化党和国家机构改革方案》,对国家审计管理体制改革做了具体安排:为加强党中央对审计工作的领导,构建集中统一、全面覆盖、权威高效的审计监督体系,更好发挥审计监督作用,组建中央审计委员会,作为党中央决策议事协调机构。

随后召开的第十三届全国人大第一次会议，通过了国务院机构改革方案，优化审计署职责，整合审计监督力量，构建高效统一审计监督体系。因此，强化内部审计、社会审计力量实现政府审计全覆盖，构建统一指挥、全面覆盖、权威高效的审计监督体系是当下的一项迫切任务，关系到党和国家关于审计工作重大决策的贯彻落实，以及审计任务的顺利实施和审计功能性作用的有效发挥。2018年审计署审计长胡泽君在全国内部审计工作会议上明确指出，构建集中统一、全面覆盖、权威高效的审计监督体系，更好发挥审计监督的作用，需要国家审计、内部审计、社会审计密切配合、通力协作、形成合力。

二、内部审计、社会审计力量整合的基础性保障

(1)制度保障《框架意见》《实施意见》《审计署关于内部审计工作的规定》(以下简称《规定》)的发布，为整合审计资源提供了制度保障。其中，《框架意见》明确提出“建立健全与审计全覆盖相适应的工作机制，统筹整合审计资源，创新审计组织方式和技术方法，提高审计能力和效率”的要求；而《实施意见》则提出更加细化的要求，“加大审计资源统筹整合力度，避免重复审计，建立审计成果和信息共享机制，加强各级审计机关、不同审计项目之间的沟通交流，实现审计成果和信息及时共享，加强内部审计工作，充分发挥内部审计作用。有效利用社会审计力量，除涉密项目外，根据审计项目实施需要，可以向社会购买审计服务。”《规定》则明确了内部审计的概念、定位和职权。上述规定为政府审计机关整合内部审计、社会审计资源提供了指导性原则和制度保障。

(2)机构保障中央审计委员会的设立，审计署相关机构和职责调整，为整合审计资源提供机构保障。其中，中央审计委员会于2018年3月组建，旨在落实党中央对审计工作的部署要求，加强全国审计工作统筹，优化审计资源配置，努力构建集中统一、全面覆盖的审计监督体系；同年，审计署成立了审计署内部审计指导监督司，省市级审计厅局成立了内部审计指导监督处，对单位内部审计机构进行业务指导、履责监督、质量检查，这些机构的组建、运转都为政府审计机整合审计资源提供了机构保障。

(3)技术保障从工作遵循上看，无论是政府审计的《审计法及其实施条例》、内部审计的《规定》还是社会审计的执业准则都是从审计学原理出发，结合我国

审计工作的实际情况做出的规定，对于审计人员的审计程序和回避原则等要求是存在一定的相通性的。从具体的审计业务上来看，无论是会计准则，金融、环境、工程等方面的政策文件，三个审计主体适用的法律法规都是相通的；并且，在审计计划、审计证据的归集和整理、审计评价等方面运用的方法三个审计主体之间也有很大程度的相似之处，这从技术层面为整合审计资源提供了技术支撑。

(4)执行保障政府审计机关近年来围绕如何提高审计质量，防控审计风险采取了很多内部规范要求，其中一个就是加强审前调查阶段的执行力度，审计组组长、主审，在审前调查阶段，完成审计实施方案撰写的同时，要结合被审计单位实际情况，确定审计重点，判断审计实施过程中需要的人力资源数量和专业性要求，确定是否需要借调人员或购买中介服务，并以签报形式报办分党组审批；同时，审计组注重对被审计单位内部控制程序、内部审计水平的分析，确定审计组对于对方内部控制程序、内部审计工作的利用程度，适当地减少不必要的审计程序。通过审前调查分析，确定整合资源的数量和专业性要求，为整合审计资源提供了执行保障。

(5)经验保障政府审计与内部审计、社会审计合作的历史由来已久，在合作的过程中不断积累经验，克服分歧，加深合作，这些经验对于整合审计资源起到了非常大的指导作用。

三、内部审计、社会审计力量整合的内生性及相对优势

近年来，随着社会经济形势变得更加复杂，科技推动信息化进步使得传统审计监督体系跟不上时代前进的步伐，审计体制及其基本关系尚待进一步理顺，并且缺乏高素质的审计专业队伍，审计体系的改革迫在眉睫。目前，我国审计监督体系面临的主要挑战有以下几个方面。

第一，审计任务日益复杂、审计监督体系缺乏集中调度。我国传统的审计机关一般由本机政府和上一级审计机关的领导下运行，使得审计监督权是双重领导体制，并且地方审计主要负责人的任免、调动、奖惩等都依赖于地方政府，导致实施审计监督的主体和被审计的对象处于一个利益主体之内，缺乏独立性，并且这种机制使得审计机关运行不便，需要多方协调才能实施审计监督权力。另外，随着经济的发展，审计业务量逐渐增大，要想提高审计监督质量，就不能沿用传

统的模式利用抽样调查,需要加大审计监督的范围、采用多种审计形式。审计工作的复杂多样,需要一个更加运行顺畅、反映更加迅速地审计监督体系。这就需要强化党和国家审计工作的统一指挥,深化审计职责及职能机构,健全审计统一指挥系统。

第二,审计对象复杂、业务范围扩大需要全面覆盖。首先,被审计单位随着市场环境的变化不断提升自身业务的创新性、复杂性和技术性,审计监督的难度也必然随之增大。其次,审计内容上,各级政府交办的审计任务数量增多,内容加深,情况更为复杂,审计监督中要求事前、事中、事后监督三位一体,加大了审计监督的难度。而在现有的审计模式中,审计依靠难以覆盖全范围的授权部门予以委托,遗漏的情况较多,容易出现盲区;审计资源因各地的审计单位工作分散,资源浪费缺乏创新。总的来说,在审计监督全覆盖机制运行过程中,内部管理机制不健全,外部审计业务的难度以及任务量增大,影响到审计监督体系运行的质量。

第三,科技创新推动审计创新、大数据分析能力亟待提升。随着大数据、云计算等技术的推广,大数据技术对审计机关的工作越来越重要,但是很多地方审计机关尚未建立大数据分析平台,数据资源闲置浪费,数据孤岛现象严峻。即使是已开展大数据处理平台建设的地方,也多以自建数据中心为出发点,存在数量多、规模小、无序发展、重建轻用、资源利用率低等现象,亟待进行资源融合;另外,随着大数据技术在审计工作中的应用,需要掌握计算机技术、数据分析技术以及会计审计专业知识的人才。现在的审计机关人才青黄不接,容易出现断档现象,这难以满足大数据时代对复合型审计人才的要求。

相对优势内部审计是以政府审计为主导的审计监督体系的基础。首先,内部审计作为单位内部职能部门, 它可以单位运营、内部控制以及风险管控的需要, 不定期、经常性、有针对性开展各种审计活动,掌握第一手内部资料;其次,内部审计部门对本单位的运营活动、管理政策和组织文化有着更全面的了解, 因此也就更容易发现组织内部的风险隐患以及潜在的问题;最后,内部审计作为协调各方利益关系的治理机构, 可以解决信息不对称问题, 从而为组织内部的科学决策服务。由此可见,内部审计是审计监督体系的基础。

社会审计是以政府审计为主导的审计监督体系的补充。政府审计是我国政治制度的重要组成部分,是借助国家权力对各级政府机关、国家金融机构、国有事业单位以及国有资产的经济检查和监督。社会审计是社会上的独立的第三方机构，保持良好的独立性，并且拥有大量专业的审计人才，如果与政府审计相配合，同时也可以避免审计结果受经济报酬这一问题的干扰，更能发挥审计监督职能作用。由此看来，社会审计很好地补充了政府审计的不足之处。

如果站在审计监督整体效能的角度进行分析，政府审计、内部审计、社会审计都是监督整体的重要组成部分，如果三者各自为政，不相互借鉴、不统筹考虑，必然会造成重复审计、重复调查而引发的审计资源浪费。推进“审计全覆盖”，形成以政府审计为主导，内部审计、社会审计为辅助的组织模式，推动三者发挥自身所长，相互促进，不仅能够有效防止资源浪费，还能够提高审计效率和审计监督效能。

第四节　内部审计、社会审计力量利用现状及问题分析

一、内部审计、社会审计的利用现状

（一）内部审计的现状

1. 内部审计机构设置情况

根据走访及实地调研可知，省属大部分单位部门设置了内审机构。据统计 160 家省级单位部门中有 104 家设立了内审机构（独立设置 76 家），占省级单位部门的 65%（见图 4－1）。省级行政事业单位：70 家省级行政单位中，有 17 户设置了内审机构，占省级单位的 24%，其中独立设置内审机构的有 4 家；与其他部门合署办公的有 13 家。46 所大专院校均设置了内审机构，其中独立设置的有 36 所，与其他部门合署办公的有 10 所。12 家省级医疗单位均设置了内审机构，其中独立设置的有 10 家，与其他部门合署办公的有 2 家。省属企业：26 家省属企业中，有 24 家设置了内审机构，占省属企业的 92%，其中独立设置内审机构的有 22 家，与其他部门合署办公的有 2 家；金融机构：5 家金融机构均设置了内审机构，其中独立设置的有 4 家，与其他部门合署办公的有 1 家（见图 4－2）。

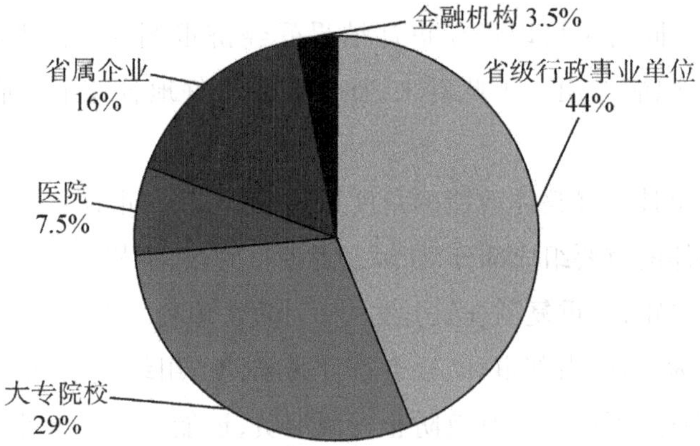

图4－1　内部审计机构设置类别

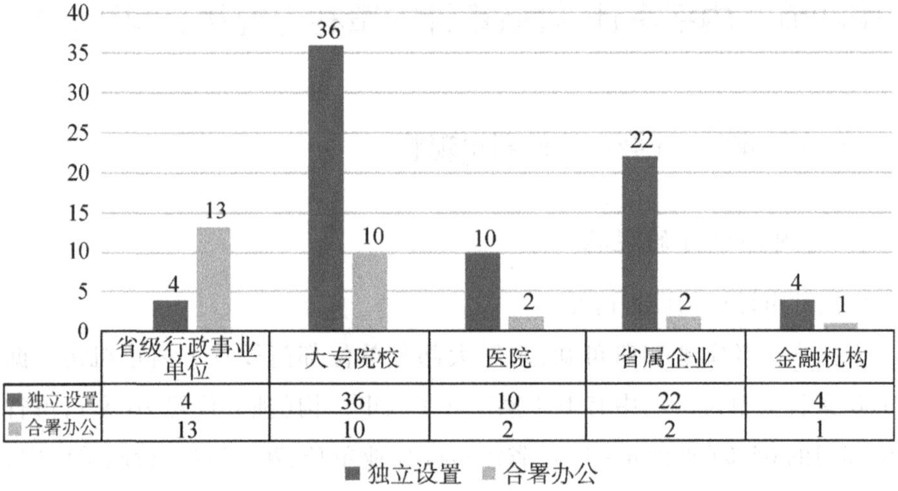

图4－2　内部审计机构设置类别分布

2. 内部审计制度建设情况

根据调查问卷统计，有内审机构的单位和部门制定内部审计工作规定，对内部审计的职能、地位和工作范围做了明确划分；内审工作能够执行内部审计准则，履行审计职责（见图4－3）。

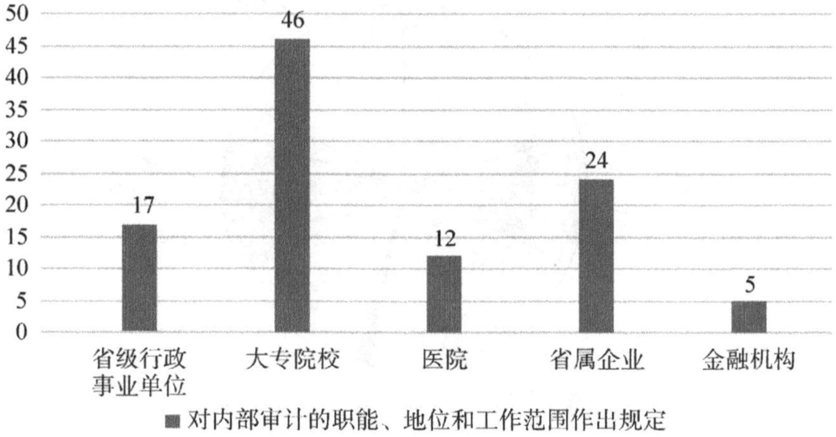

图 4-3 内部审计制度建设情况

3. 内部审计工作开展情况

省级行政事业单位的内审机构主要开展的审计类型有财务审计、专项审计（调查）、经济责任审计、物资采购审计、内部控制审计和投资项目审计（见图 4-4）。

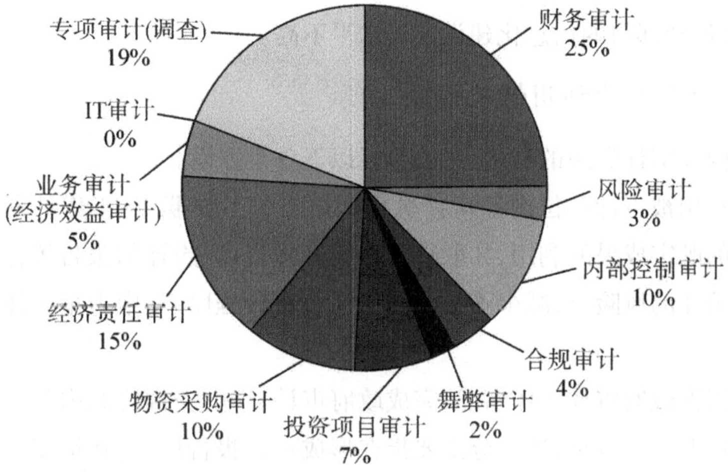

图 4-4 省级行政事业单位内部审计工作开展情况

省属企业内审机构主要开展了经济责任审计、专项审计（调查）、财务审计、投资项目审计、经济效益审计和内部控制审计（见图 4-5）。

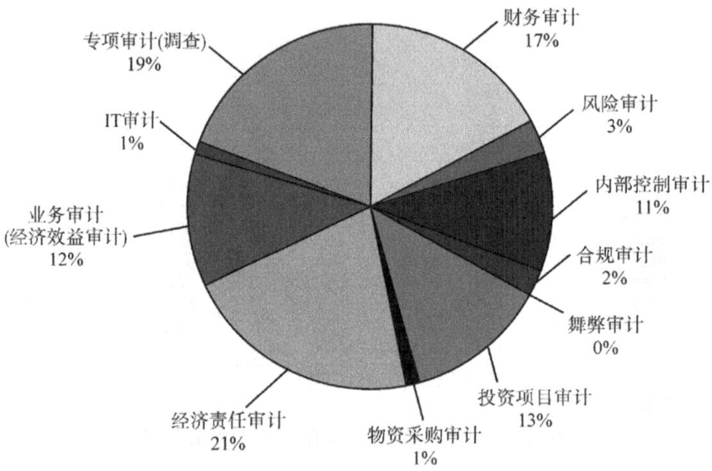

图4－5　省属企业内部审计工作开展情况

4. 内部审计信息化建设情况

调查显示，省属特大型企业和金融机构信息化建设初具规模，审计软件、办公OA系统和财务电子账等技术在一定程度上得到应用，但是目前不具备数据分析、查找疑点和风险预警业务条件；行政事业单位信息化建设大都处于起步阶段，大部分单位内审工作没有运用信息化技术，审计业务主要依靠手工作业完成；相关单位和部门的信息化建设发展水平不高。

(二)内部审计利用情况

对于内部审计资源的利用，主要包括以下3个方面。

一是利用被审计单位内部审计机构依据自身工作职责、工作计划开展工作已经取得的既定成果的利用，如取得内部审计报告、风险评估报告等，进行分析，梳理应当关注的风险点，减少不必要的实质性审计程序，集中力量关注重要审计事项。

二是根据政府审计工作情况，完成政府审计目标，安排协调内部审计机构开展新的工作取得的成果，这部分主要指在形成审计报告后，委托被审计单位内部审计机构发挥自身作用，在组织对审计提出问题整改过程中提出专业性意见，进而督促组织及时、有效整改问题，必要时将整改情况向政府审计机关汇报。

三是在上述基础上，政府审计机关不断丰富对被审计单位内部审计机构工作成果的利用形式，例如，与多家长期审计的企、事业单位及金融机构搭建信息共享平台，实现数据定期传输，缩短数据归集时间；在审计过程中，逐渐意识内部审计人员对所属组织部门设置、系统运行程序的了解优势，在安排延伸对接、调取审计资料等环节上，使其发挥应有的支持配合作用；适当借调内部审计人员进入审计组参与政府审计工作，利用企、事业单位及金融机构在内部控制系统、组织运营模式一定程度上的相通性，让内部审计人员进入审计组，将其内部审计工作经验带入审计组，有利于对政府审计人员在被审计单位内部风险把控上提供思路启发。

通过调研、座谈，进一步了解到整合内部审计资源主要围绕利用内部审计力量和成果两个方面的三种方式开展。其中利用内部审计力量主要由两种方式，一是通过被审计单位内部审计机构与被审计单位其他内设机构、组织进行沟通；二是抽调内部审计机构人员参与政府审计项目；利用内部审计工作成果主要是调取被审计单位内部审计机构出具的内部审计报告。

在调查中，设计了是否在审计过程中通过上述三种方式利用内部审计机构力量和工作成果，以及是否通过其他方式利用内部审计机构力量或工作成果的问题。100%利用内部审计机构进行沟通、80%以上的内审人员参与审计工作、93%的比例调取过内部审计报告，具体情况见表4－1。

表4－1 利用内部审计力量和成果情况统计表

问题	是		否	
	人数	比例	人数	比例
是否曾利用内部审计机构进行审计沟通	102	100.00%	0	0.00%
项目中是否有内部审计机构人员参审	82	80.39%	20	19.61%
是否调取过内部审计报告	95	93.14%	7	6.86%
是否通过其他方式利用内部审计资源	5	4.90%	97	95.10%

在调查中，设计了“对内部审计力量及成果的信赖程度”问题，在102份收集的有效问卷中，15名认为完全信赖，占比14.71%，86名认为内部审计力量有一定的帮助作用，内部审计成果有一定的参考价值，占比84.31%，有1名认为完全不能信赖，占比0.98%（见图4－6）。

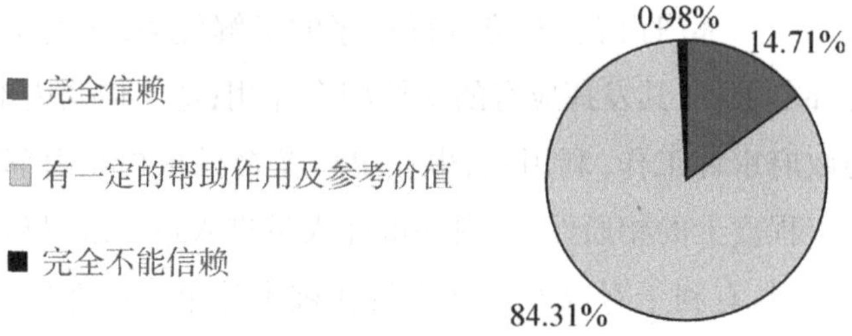

图 4-6 对内部审计力量及成果的信赖程度调查结果

同时,向内部审计机构工作人员发放的调查问卷中设置了"是否会无保留地将了解的情况向政府审计机构人员反映、将其所需的资料向其完整提供"问题(见图 4-7),在 85 份收集的有效问卷中,5 名认为会毫无保留地反映和提供,占比仅为 5.88%,80 名选择否,占比为 94.12%。由此可见,政府审计与内部审计机构人员间尚缺乏信任关系,影响整合内部审计人力资源的效果。

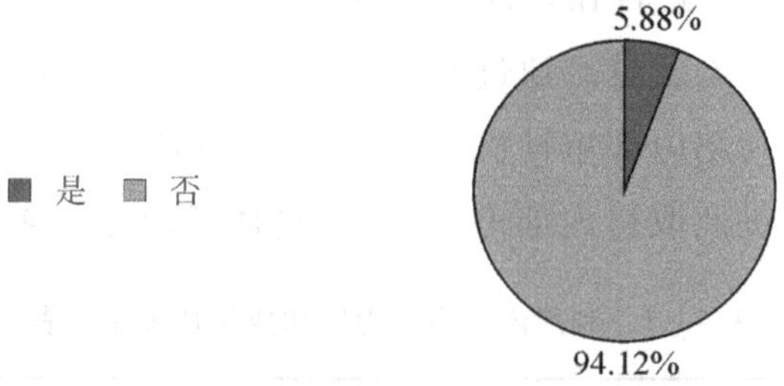

图 4-7 内部审计人员向政府审计机构人员提供资料情况调查结果

针对内部审计成果利用情况,设计了"对利用内部审计成果效果、效率进行评价"问题(见图 4-8),在收集的 102 份有效问卷中,15 名认为完全实现了预期使用目的,占比为 14.71%,85 名认为部分实现了预期使用目的,占比为 83.33%,2 名认为完全不能实现预期目的,占比 1.96%。由此可见,目前对内部审计成果利用效果一般。

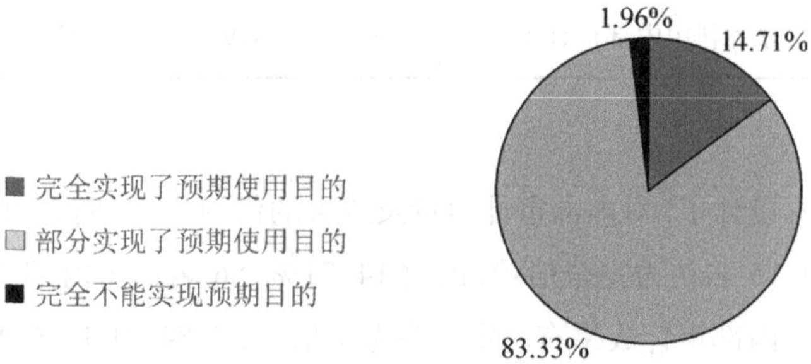

图 4-8 利用内部审计成果效果、效率评价的调查结果

二、社会审计的现状

政府审计机关在利用社会审计方面主要考虑两个因素:需要社会审计人员承担工作的专业性和人员的使用成本两个因素;目前社会审计并没有完全参与到政府审计的工作中去,社会审计工作集中参与到政府专项资金投资的审计工作中,对于其他工作如经济责任审计、自然资源审计等工作基本没有参与。通过对政府审计机关的调研可知,对社会审计参与的工作有详细的操作规范。

(1)严格执行审计周例会制度。审计小组负责人及时向审计组汇报每周审计进展情况及需要审计组讨论研究解决的问题,必要时可由具体审计人员补充汇报情况。

(2)建立全过程审计风险控制机制。通过审计周例会等会议的召开,社会中介参审人员定期交流审计思路、取证方法、操作规范、工作成果等,通过互动交流,重点剖析等方式,准确反映参审社会中介人员工作情况,深入揭示不足,及时纠正问题,提高审计质量。严明审计工作纪律,降低审计风险。

(3)工程审计小组在审计厅集中办公。重点强调需要与建设单位、施工单位等核对时,需由审计小组负责人现场负责组织,现场审计人员不得少于2名。

(4)工程审计小组业务和纪律要求。

(5)审计结果利用。受聘社会中介机构就审计实施方案确定的工程造价审计事项向省厅和建设单位提交工程竣工结算审核报告,并对其审计结果的真实性、合法性负责,对其出具的审计报告,独立承担法律责任。

(6)审计资料移交。受聘社会中介机构应在现场审计结束时,将审计实施中形成的全部资料及时移交审计组,并按要求及时补充完善。在出具审计报告时,将审计资料(审计工作底稿、审计证据、审计工作记录等)一并移交审计组归档。

(7)加强审计管理考核。审计项目完成后,审计组将对社会中介机构审计质量、工作效率、工作纪律、廉政纪律等情况进行审核验收和工作考核,考核结果作为计算基本审计费的依据之一,同时作为以后年度政府选择购买服务承接主体的重要参考依据。

根据某审计机关整合社会审计力量方式的调研发现:近5年共有来自32

个社会审计机构的 176 名社会审计人员参与了组织开展的 75 个审计项目,其中具有专业从业资格 62 人,具有中级以上技术职称 82 人,一定程度上弥补了审计机关人员专业性的不足。近 5 年聘用社会审计机构年支出总额呈波动上升趋势,由 2014 年的 1485.78 万元,上升至 2018 年的 1617.85 万元。具体情况见表 4-2。

表 4-2 近 5 年聘用社会审计年支出总额情况表 单位:万元

年份	2014	2015	2016	2017	2018
年支出总额	1485.78	1532.75	1597.43	1732.98	1617.85

政府审计对社会审计资源的利用情况。在收集的 132 份有效调查问卷中,34 名工作人员认为在审计项目中能充分发挥社会审计人员作用,占比为 25.76%;62 名工作人员认为社会审计人员在项目中发挥的作用有待提高,占比为 46.97%;27 名工作人员认为社会审计人员在项目中并未发挥应有的作用,占比为 20.45%;此外,9 名工作人员表示对情况并不了解,占比为 6.82%(见图 4-9)。

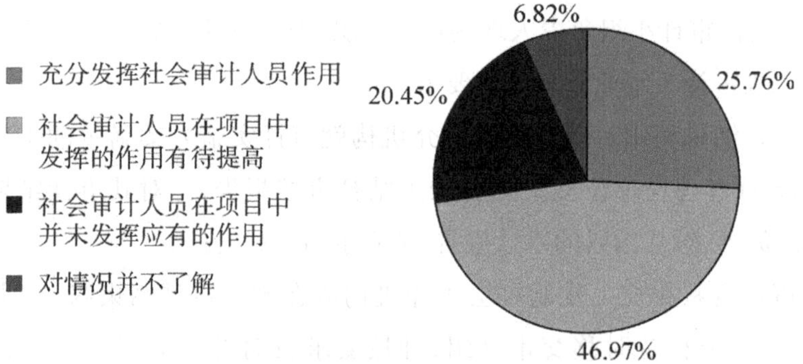

图 4-9 对社会审计资源整合情况的总体评价调查结果

社会审计参与政府审计项目情况。在收集的 90 份有效调查问卷中,26 人认为自己在参与的政府审计项目中充分发挥了自身作用,其中包括 3 名合伙人及主任会计师,20 名拥有 5 年以上从业经历的非合伙人及主任会计师人员,3 名从业经历不满 5 年人员,占比为 28.89%;54 人认为自己在参与的政府审计项目中一定程度上缺乏发挥空间,其中包括 3 名合伙人及主任会计师,18 名拥有 5 年以上从业经历的非合伙人及主任会计师人员,33 名从业经历不满 5 年人员,占比为

60.00%;10人认为自己在参与的政府审计项目基本没有发挥自身作用,其中2名拥有5年以上从业经历的非合伙人及主任会计师人员,8名从业经历不满5年人员,占比为11.11%(见图4-10)。

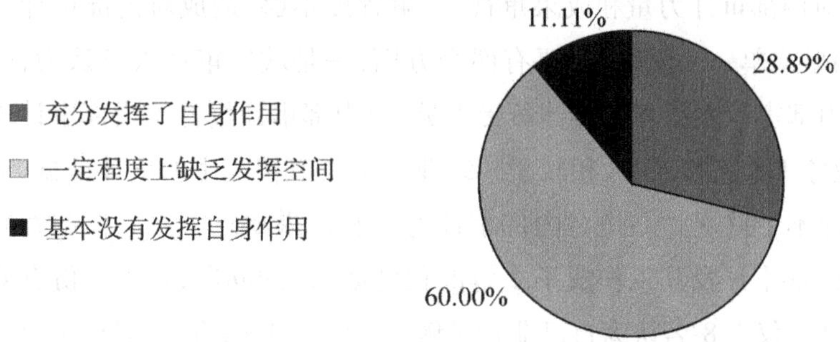

图4-10 社会审计的总体评价调查结果

三、利用内部审计和社会审计中存在的问题及成因分析

(一)利用内部审计存在的问题及成因分析

1.利用内部审计工作存在的主要问题

1)内部审计工作成果可利用程度较低

从上述调研可知,目前对内部审计力量和成果的使用形式比较单一。内部审计机构工作水平良莠不齐,其工作成果的可利用程度也有所不同。一些内部审计机构人员工作水平有限,方法陈旧,专业性较差,工作目标不明确;还有一些内部审计机构人员自身定位不明确,视角较低,仅仅关注一些小额资金使用、仓库保管等细枝末节问题,对于评价整体内部控制水平参考意义不大,无法为审计工作提供有效帮助。

2)目标职责不同,导致无法真正共享

内部审计机构属于一个组织的自身组成部分,内部审计人员属于组织一员,其工作目的在于最大可能的发现组织内部控制存在的缺陷,关注并化解相关风险点,实现组织的目标愿景,即营利组织创造经济价值,非营利组织实现社会价值,其对组织负责,向组织的管理层(企业的董事会、监事会)汇报工作。这也决定了内部审计人员不会向政府审计人员将其发现的组织存在的问题和盘托出,而会隐蔽一些具有严重性质的问题,这也在一定程度上影响了政府审计人员利用内部审计成果的效果。与内部审计机构员工间缺乏相互信任,利用内部审计成果实现审计目的的效果一般。

2. 问题的成因分析

1）从政府审计整合的视角来看

（1）对内部审计力量和成果重视、了解程度不够，造成对内部审计力量和成果的使用形式单一的原因，主要有两个方面：一是政府审计人员认为，就某一事项而言，内部审计人员并非具体负责人员，而内部审计报告等内部审计成果并非由一线业务工作直接产生，相较于一线业务工作直接产生的审计证据，支撑力度较弱，因此不予重视。二是对内部审计力量及成果缺乏了解。在调查问卷中设计了“对内部审计及其工作成果了解的程度如何”的问题，在 102 份有效的相关调查问卷中，仅有 8 名认为自己非常了解，占比 7.84%；有 52 名认为自己一般了解，占比 50.98%；其余 42 名认为自己不够了解，占比 41.18%（见图 4－11）。

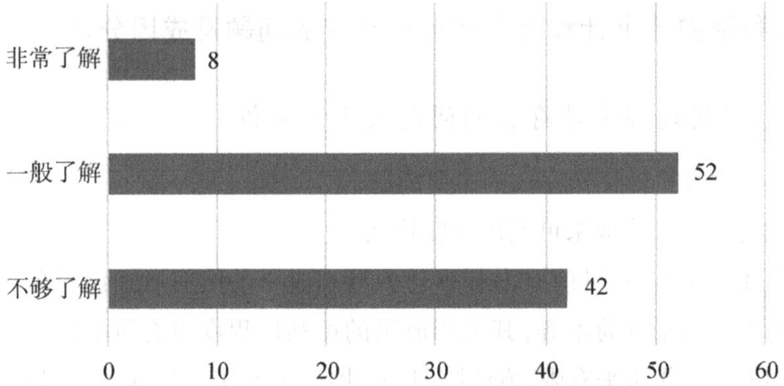

图 4－11　对内部审计工作及其成果了解情况调查结果

（2）对内部审计力量存在疑问。政府审计人员对内部审计机构员工的政治站位、独立性及专业胜任能力具有一定的疑问，认为其专业性相对薄弱，主要为组织实现目标服务，其关注的问题较为微观，且会对外部审计机构有所保留，对政府审计的借鉴意义不大。作者抽取的 12 个企事业单位的内部审计机构，共有内部审计人员 118 人，其中，专职内部审计人员 56 人，占比 47.46%，审计相关专业专职内部审计人员 23 人，占比 19.49%；12 个内部审计机构平均配有内部审计人员 9.83 人，平均配有专职内部审计人员 4.67 人，平均配有审计相关专业内部审计人员 1.92 人，与这些企事业单位的规模相比，其内部审计力量的确有待提高（见表 4－3）。

表4-3 内部审计机构人员配备情况统计表

名称	数值
内部审计机构数量(个)	12
内部审计人员数量(人)	118
其中:专职内部审计人员数量(人)	56
专职审计人员占比	47.46%
其中:审计相关专业专职内部审计人员数量(人)	23
审计相关专业专职内部审计人员占比	19.49%
内部审计机构平均人员数量(人)	9.83
其中:平均专职内部审计人员数量(人)	4.67
其中:平均审计相关专业内部审计专职人员数量(人)	1.92

(3)内部审计工作的利用缺乏统一规范,使用过程中双方缺乏沟通的主要原因包括:一是对于政府审计人员利用内部审计力量和成果缺乏刚性的制度规范和操作指引,如利用内部审计力量和成果的取证记录是怎样的,判断内部审计成果可靠性程度的标准是什么都缺乏明确的业务规范,严重影响利用效果;二是在利用内部审计力量和成果的过程中,与内部审计机构人员缺乏沟通,限制其对内部审计成果进行深度了解。

2)从内部审计自身状况来看

(1)内审机构领导制度未严格落实。部分内部审计机构未能按照《框架意见》《实施意见》《审计署关于内部审计工作的规定》提高站位、明确职责。部分内部审计机构依旧停留在仅仅为组织服务的职责定位,没有意识到自身应当站在党和国家事业全局的高度,主动适应,积极作为。导致其依旧从细枝末节入手,不能够从更宏观角度、更高的质量标准摸清真实情况、反映突出问题、揭示风险隐患,推动政策落实,导致其工作成果的被利用程度有限。

据统计数据显示:部分单位未严格落实内审机构应当在单位主要负责人直接领导下开展工作制度,其中省级行政事业单位内审机构由主要负责人直接领导的只有2家,占2.67%,其他单位均是由纪委书记、分管的副厅(局、校)长、总会计(经济)师负责;省属企业内审机构由董事会直接领导的有13家,占50%,由副总经理、总会计师负责领导的有13家，占50%；省属金融机构内审部门由董事会直接负责的有3家，占60%，由监事会负责的有2家，占40%。

（2）内部审计工作独立性不强。调查发现，由于受机构编制的限制，有28家单位将内审机构与纪委监察部门合署办公，或隶属于财务部门，占内审机构总数的26.92%。内审部门在开展业务中，因部门在单位管理中职能定位不清晰规范，获取资料、履行程序、公告结果和问题整改等方面存在一定的障碍，影响内部审计的独立性和权威性，制约了内部审计职能有效发挥。

（3）内部审计工作信息化水平低。调查反映，省级相关单位和部门的信息化建设发展总体水平不高，省属特大型企业和金融机构信息化建设初具规模，但是内部审计工作中使用的审计软件、办公AO系统，主要用于账簿查阅、文档处理等方面，目前还无法开展数据分析、查找疑点和风险预警等审计业务；行政事业单位信息化建设大都处在起步阶段，大部分单位内审工作没有运用信息化技术，审计业务主要依靠手工作业完成。

（4）审计内容于提升单位管理水平不适应《审计署关于内部审计工作的规定》要求，内部审计应更多开展满足企业需求管理治理的审计类型，更关注业务背后的效益情况。统计表明，目前，内部审计方式主要以经济责任、投资、财务收支等常规审计为主，占整体审计业务类型的88%，效益审计占比不足12%，这些常规审计一般是利用单位提供的财务资料和依靠传统方法开展，审计结果利用基础薄弱，加之成果利用缺乏“深加工”意识，问题分析就事论事，缺少制度和源头治理深度，内审的严管、震慑、参谋和促进作用发挥不充分。审计数据仍以财务数据为主要来源，关联面狭窄，深度挖掘力度不足，审计报告质量不高、决策利用价值低。

（5）内部审计人员配备不足。内审机构不仅是缺乏审计专业人才，还存在审计人员配备不足，不适应单位经济业务发展问题。省属29家企业和金融机构内审机构中，有24家反映内部审计人员配备不足，大量基层单位长期缺乏监督，同时内审工作也因时间紧和人手少，制约了内审业务开展力度和深度，影响审计质量；省级75家行政事业单位内审机构中，57家单位反映审计人员配备不足，审计覆盖面窄，审计类型单一，方式方法落后，不能紧贴单位发展需要有针对性开展工作，内审工作的整体性、宏观性没有得到充分发挥。

（6）内部审计工作专业人才缺乏。调查问卷反映，省属单位1336名内审人员中,具有高级审计师、高级会计师、CIA(国际注册内部审计师)等高级专业技术职称有247人,占内审人员总数的18.5%,其中高级审计师、高级会计师179人,占13%;CIA(国际注册内部审计师)等专业资格的有68人,占5%。其余人员大多专业不对口、从业经历短,不符合内部审计人员能力素质要求,制约内部审计在加强管理、提高效益、防范风险等方面工作深入开展。

(二)利用社会审计资源存在的问题及成因分析

1.利用社会审计资源存在的问题

增加审计风险。运用社会审计人员增加的审计风险可以从审计工作完成情况和审计纪律执行情况两个方面概括。首先,从审计完成情况分析,政府审计与社会审计人员所遵循的审计程序有所差别,审计方式也不尽相同。社会审计虽然对于某个审计事项更具有专业性,但对于政府审计所要求的全面性、宏观性程度相比有所不足;社会审计周期较长,例如年审,是一个持续关注的过程,而政府审计项目周期较短,需要快速取得审计成果,这也对社会审计人员提出了一定的挑战;同时,社会审计更关注问题的合规性本身,对于问题背后的体制机制问题,和违规违纪关注度不够。在实践过程中,社会审计人员出现过应审未审、偏离审计目标的情况,增加了审计风险。

社会审计人员往往对政府审计工作的程序、站位了解不深,对问题定性尺度把握不够,进而引发质量问题。在抽取的近5年16份审计报告反映的342个审计问题中,因质量不合格被法规部门提出审理意见的审计问题共计72个,其中:由社会审计人员主导查处的问题23个,占比31.94%,由社会审计人员参与查处的问题27个,占比37.50%(见表4-4),由此可见,社会审计人员一定程度上增加了政府审计提高审计完成质量的难度。

表4-4 政府审计机关审计质量情况表 单位:个

审计项目	审计报告	审计问题	提出审理意见问题		
			共计	其中:由社会审计人员主导查处	其中:由社会审计人员参与查处
13	16	342	72	23	27

审计廉政纪律和保密纪律执行情况。审计署对审计人员的廉政、保密纪律执行提出严格要求，如“八不准”“四严禁”准则等，政府审计队伍通过特殊的选拔程序，具备较高的政治觉悟，审计署对其自身干部职工纪律约束手段也较多，很少出现纪律执行偏差问题。但社会审计人员由于自身纪律学习相对较少，纪律意识养成相对不足，对于纪律风险点的把控也有所欠缺，因此，对于廉政、保密纪律的执行存在一定的隐患。实践过程中，曾经发生过社会审计人员将审计信息上传到其内部开发的云平台，被审计对象保密机构拦截，险些发生泄密事件。近5年在审计过程中共发生3起违规事件，违规人员全部为社会审计人员，社会审计人员在参审过程中引发的纪律执行风险值得引起注意（见表4-5）。

表4-5　近5年××政府审计机关违纪问题情况表

违规时间	违规行为	违规人	处理方式
20××年某地矿产资源审计	向被审计单位透露审计计划及具体安排	某会计师事务所主任会计师	调整部分计划，扩大抽审范围，责令违规人员撤离审计组
20××年某央企经济责任审计	将审计资料存入自己机构发放的工作电脑，电脑中安装的程序将标密资料上传网盘，被相关单位拦截	某会计师事务所员工	标密资料仅为商密资料，未造成实质上的秘密泄露，对违规人进行批评教育
20××年某审计调查项目	要求被审计单位提供车辆用于私人出游	某会计师事务所员工	被项目纪检监察员发现并制止

社会审计人员使用价格较高。外部用人单位成本分为等量和差量两部分：等量部分包含住宿、交通成本，这部分不区分人员来源，全部一致；差量部分对于社会审计人员和包括其他审计机关交流人员、抽调的内部审计人员、在校实习生在内的其他外部人员存在差异。与其他人员相比，社会审计人员使用价格较高，影响了审计投入产出比的提高。近5年来聘用社会审计人员单位价格呈波动上升趋势，具体情况见表4-6。

表4-6 近5年聘用社会审计人员支出情况表 单位:元/人×天

年份	实际平均单价	
	中级以上职称或注册资质	其他人员
2014	735.42	523.18
2015	760.43	547.35
2016	754.28	576.23
2017	770.15	583.24
2018	768.45	574.68

社会审计人员参与政府审计积极性不强,没有充分发挥应有作用。政府审计与社会审计在各自的工作中存在很多不同点,政府审计向国家负责,社会审计向利益相关方负责;政府审计更加宏观,社会审计更加微观;政府审计侧重问题揭示和建议提出,社会审计侧重对审计对象作出评价。受这些区别的影响,二者审计工作开展的过程中也存在诸多不同之处,社会审计人员自身的学习能力是否充足,是否能够适应政府审计项目开展的组织模式,是否能够准确掌握政府审计各项审计文书的撰写方式,是否能够打破只关注专业知识的惯性思维,是否能够站在更宏观的视角发现问题背后的体制机制问题,是否能够对违法违纪问题具备一定的敏感度,是否能够胜任政府审计中的某项工作,进而提升审计组工作效率的关键。在实践过程中,部分社会审计人员不能准确把握政府审计实质、深入学习政府审计程序,导致其服务审计组、提高审计组整体工作效率的作用发挥不明显。

在调研座谈中了解到社会审计人员对参加政府审计项目意愿不强烈,社会审计人员在参审过程中没有充分发挥主观能动性。在调查问卷中,设计了"社会审计人员在参审过程中是否充分发挥主观能动性,如果没有,是否对完成审计目标产生消极影响",针对社会审计人员设计了"是否愿意参加政府审计项目"的问题,在102份有效调查问卷中,23名员工认为社会审计人员在参审过程中充分发挥主观能动性,占比为22.55%,79人认为社会审计人员在参审过程中没有充分发挥主观能动性，占比77.45%。同时，认为社会审计人员在参审过程中没有充分发挥主观能动性的79人全部认为因为社会审计人员没有充分发挥主观能动性，对于完成审计目标产生消极影响（见图4-12）。

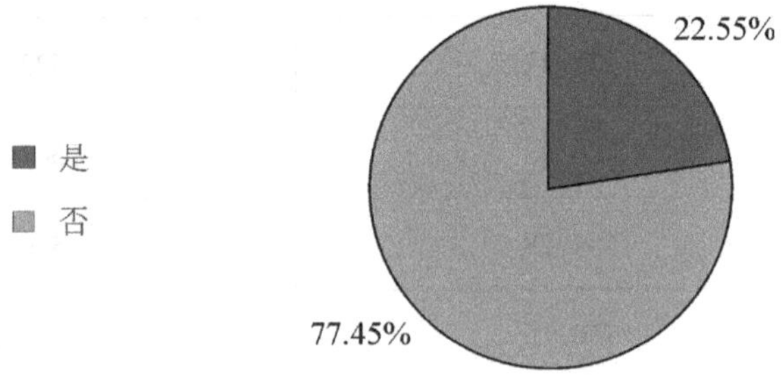

图4-12　社会审计人员主观能动性发挥情况调查结果

在90份有效调查问卷中，8名社会审计人员愿意参加政府审计项目，占比8.89%，64名社会审计人员不愿意参加政府审计项目，占比71.11%，18名社会审计人员认为参不参加无所谓，占比20.00%（见图4-13）。

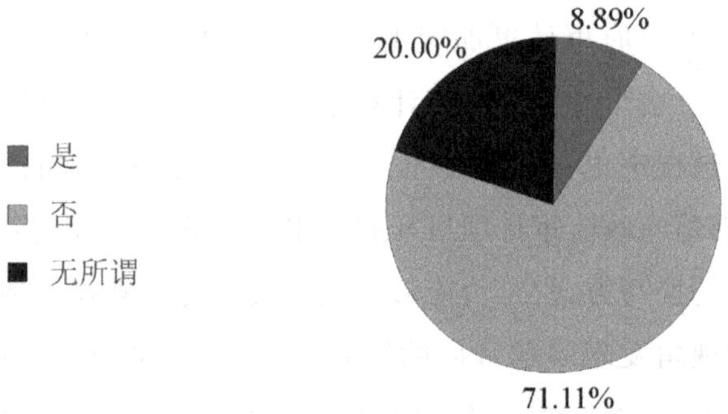

图4-13　社会审计人员参与政府审计项目意愿情况调查结果

2.存在问题的成因分析

（1）短期培训效果有限，参审社会审计人员流动性大、选择标准单一。导致审计风险增加的原因主要有三个方面：一是审计组对参审社会审计人员进行的集中培训效果有限。在调查问卷中向社会审计人员设计了“是否能够通过培训掌握政府审计业务和纪律上的要求”的问题，在收集的90份有效问卷中，15名社会审计人员认为自己通过培训，既能掌握政府审计业务要求，又能准确识别违规、违纪行为风险点，占比为16.67%；70名认为自己只能掌握其中一项，占比77.78%，5名觉得自己二者都不能掌握，占比5.55%（见图4-14）。

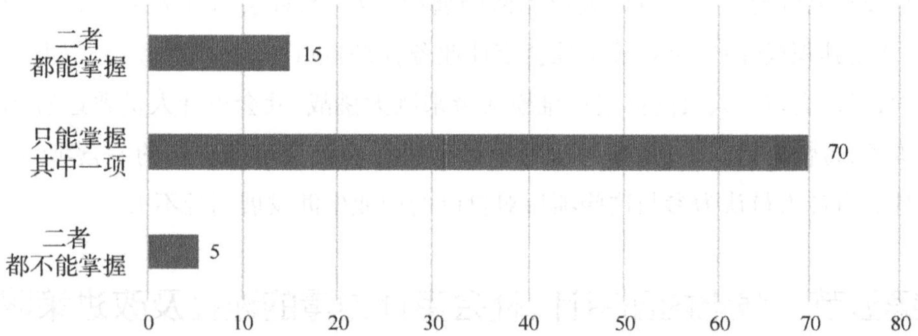

图4-14 社会审计人员通过培训掌握政府审计相关要求情况调查结果

二是参审的社会审计机构、人员流动性大，多数参审机构、人员在参审过程中形成的经验没有在再次实践中转换为效率。近5年参与审计项目的32个社会审计机构及176名社会审计人员参与项目的数量情况见表4-7。

表4-7 近5年社会审计机构参与审计项目数量情况 单位：个

参与项目个数	5	4	3	2	1
社会审计机构个数	2	3	10	9	8
社会审计人员（人）	1	0	6	42	127

三是在确定开展合作的机构以及参审的人员时，仅以专业、价格为考量因素，缺乏对参审的社会审计人员的执业经历、政治面貌等指标的综合考核。

（2）社会审计服务购买议价能力不强。造成用人单位价格较高的原因主要是议价能力不足，制约其议价能力提升的原因主要有三个。一是用人规模较少，近5年开展的项目中，每个项目平均聘用社会审计人员3.12人，而每个项日单独招标，由于标的小，影响议价能力；二是选择范围过于狭窄，在近5年开展合作的社会审计机构中，当地机构数量为22个，占比68.75%。截至2018年12月，共有239家社会审计机构，社会审计市场可供选择的供给方数量较少，影响需求方议价能力的提升；三是购买社会审计机构服务缺乏计划性和前瞻性，往往项目已经进入前期调查阶段才启动相关程序，需求紧急程度也在一定程度上左右了议价能力。

（3）缺乏对参审人员积极性调动，社会审计人员压力较大。造成社会审计人员参与政府审计积极性不强，没有充分发挥主观能动性的原因主要有三个方面：

一是没有充分给予社会审计人员团队归属感，没有与社会审计人员进行充分沟通、调动其积极性；二是相较于社会审计业务，政府审计业务在业务、组织上差别较大，对社会审计人员的固定思维模式带来巨大挑战，社会审计人员普遍感到能力匮乏，害怕犯错误；三是参与政府审计项目并非社会审计机构的主营项目，一些社会审计人员认为参与这些项目对自己的职业生涯发展用处不大。

第五节　强化内部审计、社会审计力量的途径及改进策略

一、强化内部审计、社会审计力量的原则与目标

（一）原则

为了保证改进整合方案的科学性、合理性，应遵循以下两个原则：

（1）客观性原则。受客观条件影响，改进方式应当以解决或缓解目前政府审计人力资源整合工作存在的问题为主。因此，改进方案的设计严格遵循问题导向，从工作存在的问题出发，在分析明确每个问题存在的原因后，针对问题提出改进措施，进而形成改进方案。

（2）可行性原则。改进策略、方案首先应当是合法合规的，改进措施的提出应符合国家审计《框架意见》及《实施意见》等法规要求，遵循行政法、审计法等法律法规对审计机关的权责限制；其次，通过专题座谈、专家咨询等方式得到确认改进策略及其措施对于政府审计而言是可以实现的。

（二）目标

改进方案的目标是解决前述审计人力整合过程中存在的问题，包括以下方面：

（1）提高审计效率。来自社会审计、内部审计的外部人力资源虽然在一定程度上得到了整合，但由于缺乏沟通、人员流动性大等原因，外部人力资源没有充分发挥作用，改进策略、方案措施力求进一步发挥外部人力资源的作用，进一步提高审计效率。

（2）降低审计风险。外部审计人力资源的使用，在一定程度上增加了审计风险，为此改进策略及对策包括能够使政府审计进一步控制整合人力资源过程中

增加的审计风险的措施，进而提升审计质量。

(3)控制审计成本。在社会审计人力资源的整合过程中，造成审计成本的提升，改进策略方案力求对审计成本的提升予以适当控制。

二、强化内部审计力量的途径及策略措施

(一)强化内部审计力量的途径

鉴于内部审计的现状及存在的问题，基于内部审计在审计监督体系中的战略定位，运用协同理论切实推动内部审计在审计全覆盖中发挥重要作用，内部审计力量强化的途径主要有以下几个维度。

(1)辨析内部审计力量利用中的风险、制定应对之策并增强协同效应。政府审计与内部审计协同内容广泛、类型多样，包括人力资源协同、技术协同、信息协同、工作配合协同等。但国家审计与内部审计协同并不是两者简单的相加关系，在两个主体进行信息沟通、组织和人员协调、经费预算、技术利用、文化整合等活动时，由于双方的经济环境、法律规章制度和文化背景、管理方式的差异，会导致诸多风险。

①内部审计利用决策中信息不对称导致的风险。政府审计在整合利用内部审计资源的决策阶段，需要对具体审计项目所需审计资源有一个完整、清晰的认知，在此基础上盘点自身已经拥有的资源，分析缺口资源的类型及具体数量，测算利用内部资源的成本和效益，形成多种资源协同利用方案，并进行资源利用的需求决策。这需要大量、可靠和充分的信息，但由于这些信息在政府审计和内部审计之间并不完全对等，政府审计机关通常处于信息劣势方。在协同机会识别、信息沟通过程中，政府审计对所选择的内部审计力量难以做出准确的判断。

②审计资源协同利用时整合不当导致的风险。审计资源协同过程中，配置审计要素的方式多种多样，不同方式会产生不同的效应，给政府审计工作的经济性、效率性和效果性带来不同的影响，也可能蕴藏不同的审计风险。如果政府审计聘请被审计单位的专家直接参与审计项目，可以解决审计业务所需专业知识不足的困境，但可能面临审计独立性风险。如果政府审计直接利用被审计单位内部审计的结果，可以减少审计取证环节，节约审计成本，但也可能产生审计质量风险。因此，政府审计在利用内部审计力量时，需要权衡利弊，选择好适当的协同方式，科学整合资源消除并化解风险威胁。

(2)强化政府审计机关对内部审计成果的质量评价。在有效利用及融合内部审计成果之前,政府审计机关要根据适当的标准对内部审计工作过程及结果的质量进行客观评价,有效保证审计成果质量,合理利用内部审计成果。重点关注:内部审计机构和人员的独立性与客观性;内部审计人员的专业胜任能力、职业谨慎性;内部审计机构的信誉;内部审计所采用审计程序及方法的适当性、所采用审计依据的有效性、所获取审计证据的相关性、可靠性和充分性等方面内容。同时应当充分考虑内部审计与政府审计的差异,可采用审核、观察、询问等常用方法,以及与有关方面进行沟通、协调的方法。内部审计工作质量和成果经政府审计机关评价后,可以融入政府审计信息数字化平台。

(3)加强对内部审计工作人员的业务指导,提升其工作水平。审计署内部审计指导监督司的设立,以及省内部审计指导处室的设立体现了贯彻审计署《框架意见》《实施意见》的要求,落实对内部审计机构的业务指导工作,从而提高内部审计工作水平。在审计过程中,对被审计单位内部审计工作开展情况进行评价,指出其存在的不足,帮助其予以改进;在审计间歇,义务组织内部审计机构开展业务培训,向其介绍最新的审计理念和审计方法;推荐内部审计人员参加审计署组织的内部审计机构培训课程或网络课程;与内部审计人员共同开展理论研究,促进相互学习;以"以审代培"的形式,抽借内部审计人员参与政府审计项目,在实战中增强其业务能力,等等。通过这些措施,提高内部审计人员工作水平,进而提升其工作质量,提高其工作成果可利用性。

(4)加强新版《审计署关于内部审计工作的规定》的宣传、普及,帮助其明确自身定位。相较于之前版本,新版《规定》结合"审计全覆盖"理念,对新时期内审工作赋予新的使命,提出新的要求。它要求内部审计机构和人员从更高的站位,在现有工作基础上,将所在单位的发展目标,与国家的宏观政策目标有机结合。进一步提高内部审计人员素质,增强内部审计的独立性。一方面,提高内部审计人员素质,加强人才选拔和培训。督促内部审计人员学习和掌握现代组织管理的知识。另一方面,内部审计部门应以法规单独设置机构,配备专职审计人员。如某些单位把内部审计机构设在财务部门或纪检部门的现象应该坚决制止。这样才能改变政府审计与内部审计人员不协调的情况。

(5)加强对内部审计机构的监督管理,确保其具备高质量工作成果的产生条件。高质量的内部审计工作成果,来源于一个组织好的内部审计环境和高素质的人员配备,具体而言,一个好的组织环境,对于内部审计人员的工作予以充分尊重,提供内部审计人员一个畅通的沟通机制,能够使审计发现的问题及时得到沟通反馈,各个层级对于内部审计人员充分配合,又能够对审计发现问题予以足够重视,及时整改并反馈;高素质的人员配备要求组织为内部审计机构配备足够数量的专业性人员,使其至少具备会计、法律等基本知识素养。内部审计监督指导处应充分发挥《规定》赋予的内部审计机构监督工作,发现其内部审计机构不健全、不具备基本工作能力的情况时应当及时与组织相应领导沟通,对于发现其内部审计人员存在的徇私舞弊、违反纪律的行为也要予以重视,及时移交处理,助力内部审计行业规范发展,提升其整体工作水平,进而提升其工作成果的可利用性。

(6)关注内部审计机构内部审计准则执行情况,指导内部审计人员规范审计程序。近年来,中国内部审计协会陆续完善内部审计准则,从内部审计工作涉及的审计类型、各个工作环节对内部审计工作进行严谨规范。但很多内部审计机构虽开展了学习,但在实际工作中却将准则束之高阁,未能严格按照其要求,规范自身工作行为,而是按照自身对内部审计工作的理解和管理层的布置开展工作,程序实施上具有较大的随意性、主观性,影响其工作质量的提升。作为政府审计机关,对内部审计机构内部审计准则执行情况予以高度关注,并切实指导内部审计人员规范审计程序。首先,在对被审计单位内部控制程序进行分析时,调取被审计单位内部审计制度,将其制度与内部审计准则进行对比,并对其可操作性进行评价;同时,借鉴政府审计机关拥有完善的文书规范和信息体系的成熟经验,指导内部审计机构建立统一的、规范的文书、信息体系,促进内部审计结果有形化,提高内部审计成果的可利用性。

(7)提高对政府审计与内部审计协同重要性的认识。政府审计机关首先要信任内部审计成果的真实性与可靠性,要敢于运用内部审计成果开展工作,对于可以披露的审计信息应及时、准确地披露,并给双方的协作提供良好的环境;对于内部审计,可以将内部审计与政府审计的协调工作作为评价管理业绩的一项重要内容,定期对协调工作开展的成果进行考核和评价,这样才有助于提高单位领导开展协调工作的认识,促进内部审计与政府审计的协调,为组织决策提供更好的服务。

(二)强化内部审计力量的应对策略

(1)加强对内部审计人员工作成果的相通性研究,建立经验学习交流沟通机制,提升对内部审计工作成果的利用效率。对于内部审计工作成果,目前基本上是采用"孤岛"模式的分析和利用,即对被审计单位开展"一户一分析""一户一利用",由于缺乏相通性研究,以往利用内部审计工作的经验对于未来工作指导意义有限。立足审计全覆盖的要求,在审计项目结束后,分析总结项目开展经验的过程中,对利用内部审计工作成果的经验进行分析总结,并组织相互交流学习。如:按照被审计单位性质和行业属性,分类总结单位内部审计工作应当予以关注的重点环节和审计发现问题频次较高的重点方面;按照被审计单位内部审计机构规模和内部审计机构所处环境、信息沟通机制,分类总结内部审计工作存在的问题,和应当予以注意的环节等,通过这些相通性分析及有目的学习沟通,随着实践逐步积累,可以提升内部审计工作成果的利用效率。

(2)建立健全政府审计、内部审计数据共享机制。除了内部审计发现的问题,对组织运营风险因素的揭示等最终性成果的利用外,内部审计人员采集的数据、信息也是其在日常工作中形成的过程性成果。目前,审计机关已经开始注重被审计单位的数据报备;与经常审计的企、事业单位及金融机构的内部审计部门搭建数据平台。但对于彼此应承担的权利和义务及一些细节的约定还不够明确,未进行体制机制化深入,政府审计机关在未来要健全数据共享平台机制,降低在传输、储存过程中的风险隐患。

(3)建立内部审计领军人才机制,打造高水平内部审计队伍标杆。作为一支重要的审计力量,内部审计队伍对于内部控制流程的分析和组织运营风险的研判具有不可替代的专业地位,而在越来越关注体制机制,越来越注意挖掘问题深度的当今政府审计而言,关注流程和风险是热点也是难点。在全覆盖审计过程中,应注重挖掘内部审计队伍人才资源,建立内部审计领军人才库,吸纳经验丰富、理论扎实,又取得了一定成果的内部审计人员,不仅可以借调其参加政府审计项目,还可以在审计过程中遇到专业瓶颈时听取他们的意见或建议,延伸成果利用的形式。

(4)完善内部审计人员配合政府审计人员开展工作机制。如前文所述,内部审计人员对单位本身组织架构、运营模式更加了解,利用这些优势,通过内部审计人员的辅助配合,可以为政府审计人员工作开展过程中减少很多弯路。

政府审计应立足《审计法》及《实施条例》《审计署关于内部审计工作的规定》赋予政府审计机关及内部审计机关的权限，制定内部审计机构及人员配合政府审计工作实施条例，进一步约定在审计过程中允许被审计单位审计人员介入并提供必要辅助作用的事项，明确双方的义务和责任，并请被审计单位内部审计机构负责人签订承诺书，保证及时高效的履行必要责任，配合审计组提供效率，完成工作。

（三）强化内部审计力量的具体措施

（1）加大对内部审计力量和成果了解程度，丰富内部审计成果利用形式。政府审计机关可以通过设立审计资源整合工作领导小组以及内部审计指导处、内部审计研究专项工作组等组织建设，通过机关大会、专题研讨等形式，宣传利用内部审计工作成果对政府审计工作的重要意义，切实提高全体人员对内部审计力量及其工作成果利用的重视程度；内部审计研究专项工作组加大对内部审计成果的研究力度，通过集中培训等形式，带动审计机关全体人员加深对内部审计工作程序、工作方法和工作成果的了解程度，让全体人员明确有哪些内部审计成果可以用。

（2）增进政府审计与内部审计机构员工间的相互信任。在增进政府审计干部与内部审计机构员工间的相互信任过程中，协调内部审计机构专项工作组承担的改进措施包括：

按照新版《审计署关于内部审计工作的规定》帮助内部审计机构提升自身站位。督促其将所在单位的发展目标，与国家的宏观政策目标有机结合。

加强对企事业单位的业务指导，提高内部审计人员工作水平，进而提升其工作质量，提高其工作成果的可利用性。具体方式包括：在审计过程中对被审计单位内部审计工作开展情况进行评价，指出其存在的不足之处，帮助其予以改进；利用审计间歇，义务组织内部审计机构开展业务培训，向其介绍最新的审计理念和审计方法；推荐内部审计人员参加审计署组织的内部审计机构培训课程或网络课程；与内部审计人员共同开展理论研究，促进相互学习；通过“以审代培”的形式，抽借内部审计人员参与政府审计项目，在实战中增强其业务能力等。

履行好《审计署关于内部审计工作的规定》赋予政府审计机关对内部审计机构行驶的监督职责，督促内部审计机构增强专职、专业人员配备，保证独立性，营造良好的工作环境,发现内部审计机构组织不健全、不具备基本工作能力的情况下及时与相应领导沟通,或者通过审计报告予以反映,对于发现的内部审计人员徇私舞弊、违反纪律行为也要予以重视,及时移交处理,通过这些方式,助力内部审计行业规范发展,提升其整体工作水平,进而提升其工作成果的可利用性(见表4-8)。

表4-8 增进对内部审计工作成果信任程度的改进措施

责任组织	改进措施	目的
内部审计指导处专项工作组	强化新版《审计署关于内部审计工作的规定》的宣传、普及	帮助内部审计机构提升自身站位
	加强对企事业单位的业务指导,提高内部审计工作水平	提高内部审计工作质量
	督促内部审计机构增强专职、专业人员配备,保证独立性,营造良好的工作环境	助力内部审计行业规范发展

审计过程中,政府审计各审计组应注意利用内部审计力量和成果的方式方法,最大程度上争取内部审计人员的理解和配合,坚持保密原则,合理利用内部审计工作成果,消除内部审计人员的顾虑。

(3)切实提升对内部审计成果的利用效果。通过审计业务规范的方式,明确内部审计成果利用的程序和具体要求,使政府审计全体人员在利用内部审计工作成果的过程中做到有章可循。对内部审计力量及成果的利用作为一项常规审计程序,贯穿至整个审计过程。在审前调查阶段,与被审计单位内部审计机构开展座谈,了解其内部审计工作开展情况、程序和成果形式;在审计实施阶段,将审计成果的利用作为一项常规审计程序,充分利用内部审计力量及成果,如对内部审计人员工作底稿、采集的数据的利用等;在审计整改阶段,通过内部审计人员关注、督促相关问题得到及时整改,并接收整改情况的反馈。同时,对于利用过程中的具体要求,如对从被审计单位内部审计机构中取得的审计证据,如何记录等应予以明确(见图4-15)。

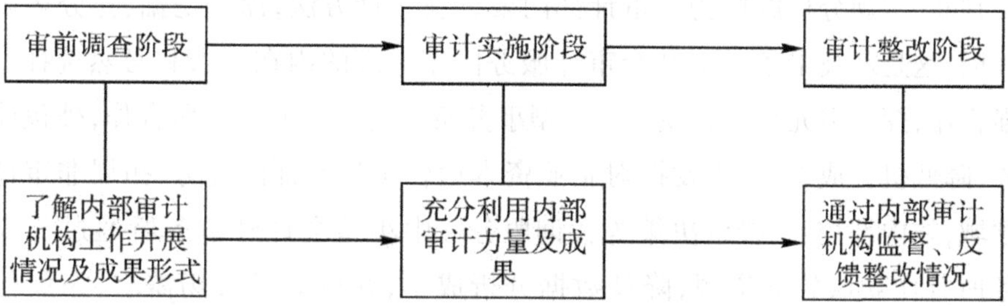

图4－15 审计过程中对内部审计力量及成果的利用思路

此外,在利用其成果的过程中做到与内部审计人员充分沟通,多掌握他们在问题发现、定性过程中的思路和依据,以此激发完备自身的工作效率效果。

三、强化社会审计力量发挥作用的途径及策略措施

(一)强化社会审计力量发挥作用的途径

立足于社会审计利用中的现状及问题,基于社会审计在审计监督体系中的战略定位,运用协同理论切实推动社会审计在审计全覆盖中发挥作用,主要有以下两个维度。

(1)通过立规建制保障社会审计有效地参与政府审计。具体表现在:①扩大社会审计范围。社会审计范围决定了"审计触角"可以伸向哪里,也体现了注册会计师的权力制约力和独立性。审计范围应扩展至对企事业单位和对政府非营利组织的监督和咨询,从多方面配合政府审计对公共资金、公共资源交易、国有资产、国有重点金融机构和地方金融机构进行审计监督。②维护社会审计独立性。独立性是审计的灵魂和生命,是保护公众利益的基础。我国现行的《注册会计师法》难以真正维护社会审计的独立性,使我国的社会审计绩效大打折扣。因此,在立法层面,要不断健全上市公司治理结构,明确审计委托人的角色,规范审计市场,维护民间审计的独立性。③保障社会审计的权威性。在当前法律环境下,社会审计组织只有在接受政府机关或单位委托时才可介入,且职权范围不能超过委托方的职权。会计师事务所做的审计报告需要相关监督部门酌情处理,导致社会审计威慑力不足,审计权威更无从谈起。而树立社会审计权威,最有效的手段是赋予其较高的法律地位。

(2)通过管理创新保障社会审计积极参与政府审计。具体表现在:①创新审计技术与方法。当前,大数据分析和云计算技术简化并提高了事务所查核问题、

评价判断、宏观分析的能力。审计部门要创新审计方法，深度挖掘、充分运用已有数据，这是新技术条件下社会审计服务国家治理的内在要求和必然选择。②加强合作，探索多元化经营模式。大型事务所通过与小型事务所合作，外包简单任务，降低机会成本，集中发挥对企业资本运营全程鉴证的优势，拓展非审计业务领域，如内部控制、投资决策等咨询服务。中小型会计师事务所通过与大型事务所合作获取数据资源，降低数据分析成本，并可立足市场需求，拓展代理记账、市场分析、人力咨询等业务。③重视品牌发展，完善品牌管理体系。根据中注协 2011—2016 年数据，2011 年收入过亿元的事务所有 45 家，2016 年增至 49 家。收入过 5 亿元的事务所则从 13 家增加到 21 家，可见大型事务所的发展势头更强。事务所应建立相关制度体系，通过管理制度、执业准则以及危机应对预案等制度实施内部管理，保证品牌健康发展。

（二）强化社会审计力量发挥作用的应对策略

（1）建立优质合作伙伴备选库，健全中介机构长期合作机制。目前审计机关对中介机构的使用存在较大的不确定性，通常是一个项目一次采购、一次比价，造成了选取机构及参与人员具有较大的流动性。为了使初次接触政府审计的社会审计人员更好的投入政府审计工作，审计机关投入了大量重复的培训成本，新加入社会审计人员也在其适应节奏、转换思维的过程中一定程度上的限制了审计效率提升，增加了审计风险；同时，缺少对中介机构人员表现的事后反馈评价，未能将中介机构先前参与项目的表现情况，纳入其后续参选合作机构的评价体系，导致与一些并未在先前项目发挥出应有作用的中介机构重复合作。政府审计机关应建立优质合作伙伴及社会审计人员备选库，记录其有史以来，参与审计项目的表现，作为后续选取过程中的参考指标，除此之外，结合审计项目安排，与具备长期合作条件的中介机构签订长期合作协议，保证参与机构、人员的连续性，降低培训成本，控制因方法不熟练、程序不熟悉而引发的审计风险。

（2）引入竞争机制，规范选择标准，完善评价指标。政府审计机关对中介服务机构的选择主要依据两个判断维度，一是购买价格；二是机构、人员是否具备相应资质。这样单纯片面的标准导致一些具备资格、报价较低的省市县内本土的小规模中介机构胜出，但其受规模所限，自身业务和人员培养能力都有一定的局限性，加之其对员工付薪水平有限，人员流动性大，其提供的中介服务较传统大所强所存在一定的劣势。政府审计机关应从候选中介机构整体和拟派出人员两个维度出发,对其进行综合判断。其中,中介机构整体评价综合参照服务购买价格、整体资质水平、规模、近五年执业情况、先前参与政府审计经验等细化指标开展;参与人员评价综合人员资质、经验、数据分析水平、政治纪律性水平和独立性评价等细化指标开展。从而选择最适合的中介机构和人员进入审计组,降低审计风险(见表4-9)。

表4-9 中介机构及人员选取评价条件结构表

类别	指标	备注
中介机构整体评价	服务购买价格	价格是否超出标准;与平均价格相比的差异
	整体资质水平	该机构具备具有注册会计师、造价师等资质人员的数量
	规模分析	该机构是否为海外或全国范围内执业机构的分支机构,在行业内排名情况,人员数量,专业技术投入等
	近五年执业情况分析	近五年所承接的审计、认证项目,是否受到行业处罚,接收监管机构监管情况,信誉及运营情况
	先前参与政府审计经验	是否具备参与政府审计工作经验,是否曾经与政府审计机关开展过合作,合作的效果如何
参与人员评价	人员资质	拟派出人员是否具备注册会计师、造价师等相关资质
	人员经验	拟派出人员是否参与过政府审计工作,参与的项目具体类型
	数据分析水平	拟派出人员是否具备一定的数据分析能力
	政治纪律性水平	拟派出人员政治面貌,纪律遵守意识评价
	独立性评价	拟派出人员是否与被审计单位存在一定关联导致其无法满足独立性要求

(3)构建交叉分工、相互学习、相互监督机制。如何合理地用人比如何准确的选人更加关键,社会审计人员进入审计组,与政府审计人员共同完成审计工作,主要作用体现在两个方面:一是通过实践,将自己的专业知识在审计过程中转化为政府审计的生产力,这一点在实际工作中已经得到体现;另一个作用便是通过与政府审计人员的接触中,把最新的专业知识传递给政府审计人员,以便于

其日后工作的开展，即“知识传递”，这一点则需要加强。在人员分工中，通常社会审计人员单独负责一个方面的工作，和审计组其他人员沟通、交流有限，经验的传递，思路的碰撞都非常受限，同时社会审计人员的相对独立分工，也增加了审计风险。因此，在审计项目组织中，可以尝试社会审计人员与相应专业的政府审计人员交叉分工，促进二者相互学习，同时，也能达到相互把关、相互监督的效果，降低审计风险。

（4）加强社会审计人员纪律意识教育，增强其纪律风险把控能力。目前对参与审计项目的社会审计人员的纪律意识风险把控主要通过辅导、培训开展，虽然没有违规事件的发生，但是仍然存在较大的风险。政府审计机关应采取措施加强对社会审计人员纪律意识教育，使其把纪律要求不单单看作制度要求，更能够上升为观念意识，从被动接受到主动认同，最大限度地控制纪律风险。具体而言，将社会审计人员吸纳进审计组临时党支部，参加组织生活，接受党员教育，同时，在意识培养的基础上，加强方法教育，让其掌握一定的方式方法，帮助其准确辨别工作中经常出现的廉政、保密风险点，防止其因不慎造成违反纪律的事件发生。

（5）完善风险把控程序，完善审计质量控制机制。对于社会审计人员在审计过程中引起的审计质量风险增加，政府审计机关应增加管理程序，最大程度上予以控制，降低审计风险，提升审计质量。除了前文所述与内部人员进行交叉分工，互相把关、互相监督外，还可以通过小组长事先指导、审计组例会事中监督、法规部门事后审核等方式予以重点把控。具体而言，小组长应当在社会审计人员参与的具体审计实施程序开展前，予以充分指导，将可能预见到的问题予以事先考虑，帮助其少走弯路；在审计组每周例会上，审计组现场负责人要重点听取社会审计人员的汇报，对于其遇到的困惑和问题予以及时解决，群策群力，给予社会审计人员有效有力的意见建议，对于偏离审计重点的内容，予以及时纠正；最重要的，在法规部门审理的过程中，也要对社会审计人员的取证记录、审计底稿予以充分复核，对于其是否符合程序要求，问题描述是否相近、定性是否准确，引用法规、准则的适当程度予以充分考量，保证问题得到了客观翔实的反应。

（6）加强制度、经费保障措施，扩大中介机构的选取范围。虽然《框架意见》《实施意见》都对整合社会审计资源、必要时购买中介服务提出了原则性要求，但其对于实施程序、选取要求、价格规定、合作方式等细节要求还不够明确，不具有操作指导性。在实际过程中，政府审计严格按照“三重一大”决策事项清单要求，每次采购需要报党组会议讨论批准，但“一事一议”的方式也降低了工作效率。政府审计机关应结合《框架意见》《实施意见》、政府采购管理办法、审计署相关规定等制定聘请社会审计人员参与审计项目的管理制度，并确保严格执行，保证相关工作的规范性和严肃性；同时，加强经费保障，科学制定预算，充分考虑中介机构市场价格变化因素，确保服务费用按时支付，在此基础上，鉴于省内可选择的中介机构和从业人员有限，可冲破“人才地域观”，跨地区选择更为合适的中介机构参与政府审计工作，防控审计风险。

（三）强化社会审计力量发挥作用的具体措施

（1）通过三级风险把控程序、建立长期合作等方式严控社会审计人员引发的审计风险。在严控社会审计人力人员引发的审计风险中，统筹社会审计人力资源专项工作组承担的改进措施为针对社会审计人员，增加风险把控程序。在审计分组中，将自身员工与社会审计人员等外部人员进行混合编组，互相把关、互相监督，同时建立审计小组长事先指导、审计组例会事中监督、法规部门事后审核的三级风险把控程序对参审社会人员执行的审计程序予以重点把控（见表4－10）。

表4－10 严控社会审计人员引发的审计风险改进措施

责任组织	改进措施	目的
统筹社会审计人力资源专项工作组	将三级风险把控程序纳入审计现场管理制度中并严格执行	通过加强管理，降低社会审计人员引发的审计风险
	收集参审社会审计人员的参审心得反馈	便于持续优化统筹社会审计资源方式
	收集办内人员对参审社会审计机构及人员的评价	用于对与社会审计机构开展后续合作的考量
	通过增强机构及人员稳定性，降低社会审计人员引发的审计风险	从候选社会审计机构整体和拟派出人员两个维度出发，完善社会审计机构选取指标

在审计程序实施前，小组长对其予以充分指导，将可能预见到的问题予以事先考虑，帮助其少走弯路；审计过程中，利用审计组周例会，审计组现场负责人重

点听取社会审计人员的汇报，及时解决其遇到的问题，对于偏离审计重点的内容，予以及时纠正，对于其面临的违纪风险点予以提醒；在法规部门审理的过程中，对社会审计人员撰写的取证记录、审计底稿予以充分复核，对于其是否符合程序要求，问题定性是否准确，引用法规、准则的适当程度予以充分把关。此外，注重社会审计人员参与政府审计项目的经验传递，及时收集社会审计人员在项目组织、参审心得方面的信息反馈，以便不断改进组织模式，并据此调整对社会审计人员的审前培训内容（见图4－16）。

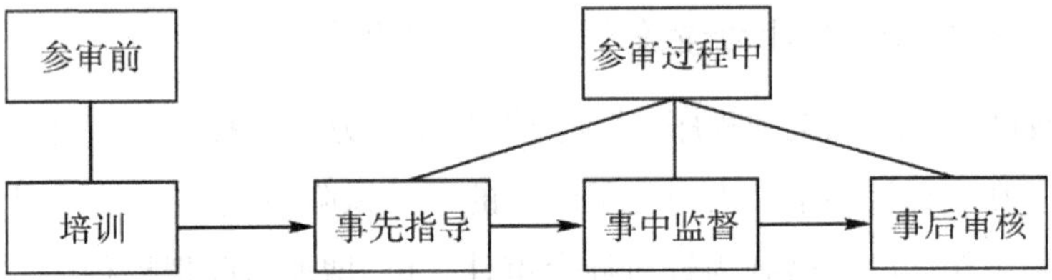

图4－16　三级风险把控程序

（2）提升议价能力，寻找替代资源，控制社会审计人员使用成本。首先，提升自身议价能力。统筹社会审计人力资源专项工作组承担的改进措施包括：一是通过与其他审计机关联合招标、进行集中采购，或者与优质机构签订长期合作的“敞口合同”等方式增加单笔合同的采购量。二是扩大机构选择地域范围，不局限于在当地，适当在审计项目实施地选取合作单位，减少不必要的交通、住宿等开支。三是有计划性的提前启动社会审计机构选聘程序，防止社会审计机构因用人需求过急而不愿意在价格上予以让步，进而影响议价能力（见图4－17）。

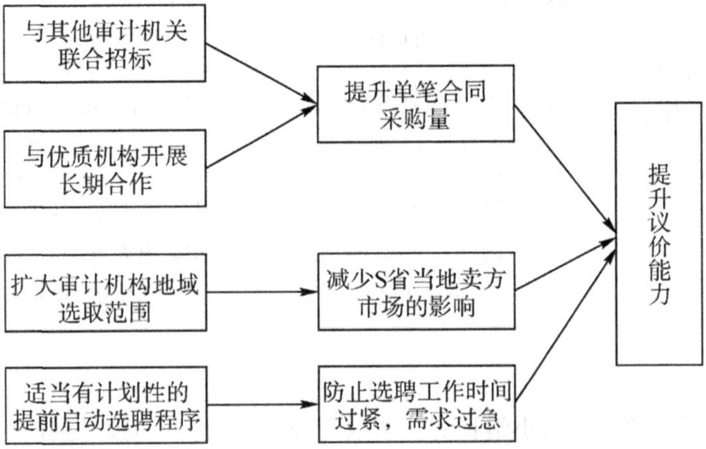

图4－17　提升议价能力整体思路

(3)鼓励、引导社会审计机构及人员提升参与政府审计项目的积极性。在鼓励、引导社会审计机构及人员提升参与政府审计项目的积极性方面统筹社会审计人力资源专项工作组承担的改进措施包括:加大对参审社会审计人员的关心力度,利用多种形式与其加强沟通,适当关注其自身发展诉求,使其认识到政府审计平台对于其长远发展的意义,改变对于社会审计人员指导、命令的沟通方式,多听取其意见建议,使其认识到自己也是项目组的主人,进而提升积极性。同时,引导、鼓励社会审计机构重视参与政府审计工作,注重《实施意见》《框架意见》的宣传,利用表扬信、感谢信等方式对于在项目中表现优异的机构和人员予以精神奖励,鼓励其加大对政府审计的支持力度(见表4-10)。

表4-10 鼓励、引导社会审计机构及人员提升积极性的改进措施

责任组织	改进措施	目的
统筹社会审计人力资源专项工作组	加大对参审社会审计人员的关心力度,多听取其意见建议	使社会审计人员认识到自己也是项目组的主人,进而提升积极性
统筹社会审计人力资源专项工作组	对社会审计机构加强政策宣传,予以精神奖励	使社会审计机构重视参与政府审计工作,进而引导其员工提升积极性

第六节 研究结论

一、研究工作总结

本研究从解读党和国家提出的推进国家治理体系现代化、实现审计全覆盖的大政方针政策入手,通过文献梳理、实地调研,分析现行内部审计、社会审计与政府审计的基本关系及其职能、作用定位,重点分析助力政府审计的现状、存在的问题及成因,运用审计基本理论及资源整合、协同等理论并借鉴典型审计实践,探索内部审计、社会审计在政府审计中的基本作用,分析了其在政府审计全覆盖中发挥作用的具体途径和运行方式,并提出了强化内部审计、社会审计力量的对策措施。

(1)通过研读党的十八大、十九大报告和系列中央文件,以及习近平总书记在中央审计委员会第一次会议上的讲话精神,明确了党和国家关于构建集中统

一、全面覆盖、权威高效的审计监督体系的总体部署和安排的要求，为分析内部审计、社会审计如何助力政府审计实现全覆盖提供了方向指引及政策依据。通过对《宪法》《审计法》《国务院关于加强审计工作的意见》《审计署关于内部审计工作的规定》《审计署关于加强内部审计工作业务指导和监督的意见》等相关法律、法规的梳理及解读，明确了关于内部审计、社会审计和政府审计之间关系的相关规定，为助力实现审计全覆盖提供了法律依据和法理支持。

(2)通过对内部审计、社会审计、政府审计的本质特征、职能定位及作用关系现状的分析，总结提炼出了目前内部审计、社会审计在助力政府审计工作中的主要问题及其成因；为进一步系统探索内部审计、社会审计的作用及发挥作用的实现途径和方式提供了现实基础和研究分析切入点。

(3)着眼于全覆盖审计监督体系的战略构想，通过运用资源整合理论、协同理论等构建内部审计、社会审计、政府审计之间的作用关系，解析了内部审计、社会审计助力政府审计的内在机理，重点分析了内部审计、社会审计在政府审计全覆盖中发挥作用的实现途径和运行机制方式，并提出了具体措施，为强化内部审计和社会审计力量提供了应用指引和理论支撑。

(4)基于上述研究分析工作，本研究主要解答了以下问题：内部审计、社会审计力量对于实现政府审计全覆盖的作用；内部审计、社会审计力量发挥作用的实现途径和运行机制以及如何强化内部审计、社会审计力量以推动政府审计全覆盖实现的具体措施。

二、研究结论及主要观点

(1)审计全覆盖是党和国家的重要战略部署，是构建具有中国特色审计理论体系的重要举措，是新时期审计理念和审计职能的重要转变，必将促进国家治理体系和治理能力的现代化，为国民经济健康发展保驾护航。

(2)我国的审计监督体系由政府审计、内部审计和社会审计形成了“三位一体”的审计监督模式。但是审计机关在时间安排、人员配备、计划统筹、物资保障、审计技术应用等许多方面都存在着一定的局限性。内部审计是一种独立客观的审计活动，如果政府审计将内部审计的资源和成果利用起来，作为审计全覆盖的手段，与政府审计形成资源共享，相互借鉴的监督合力，那将进一步完善审计监督体系；目前两种审计监督作用的联动路径尚未建立完善。虽然我国在推进审计全覆盖的过程中已取得了较为显著的成绩，但也存在许多不容忽视的问题，审计资源统筹整合不足、内部审计作用发挥不够是一项重要的原因。

从国家治理体系站位的高度、审计监督体系的全局，以及系统防范审计风险的视角来看，内部审计不仅是国家审计的补充，还是审计监督体系的基础。要深入推进审计全覆盖，在发挥政府审计主导作用的同时，必须进一步发挥内部审计的作用，促进国家审计和内部审计在人力、信息、技术方面的资源整合，才能使我国审计监督体系发挥最大效用。审计全覆盖要着眼于整个审计监督体系，协同发挥各种审计组织形式的作用。内部审计是完善组织内部治理、改善国家治理体系的基础，处于审计监督最前沿，更是防范审计风险的第一道防线，为外部审计提供大量的可利用成果，对统筹整合审计资源、增强审计监督整体效能具有重要意义，在审计监督体系中具有基础性作用。

(3)审计资源整合是在配置组合现有资源的基础上，对潜在资源进行充分挖掘和提升。通过资源整合，有助于审计生产力的提高，用最小的审计成本投入获得最大的审计效益，从而满足审计监督工作的需要。政府审计和社会审计具有各自的优势和作用，在协调两者时问题仍然较多。为了充分发挥各自的资源优势和审计监督作用，必须进一步对政府审计和社会审计资源加以整合，这样才能有效降低整个社会的审计成本，从根本上提升审计工作水平。

(4)通过运用整合理论、协同理论、分工及优化理论等方法，对审计资源进行科学整合和合理配置，可以提升审计成果水平和审计效率，实现审计目标，最大限度地发挥审计的社会功效。在整合审计资源时应坚持全局观念，将诸多相对分散的要素凝聚成一个整体，真正推动我国审计全覆盖事业的深入发展。国家审计社会审计、内部审计之间的协作，其实质是国家治理体系与公司治理体系的相互作用，共同服务于整个国家的治理，同时又有利于公司治理水平的提升。

(5)审计行为直接或间接地与价值创造相关，社会范围内产生的价值是一种宏观价值的创造，组织内产生的价值创造是一种微观价值创造。国家审计、社会审计、内部审计共同构成了现代国家的审计组织体系，对于促进完善公司治理和国家治理、为公司和国家创造价值具有重要意义。

(6)为了有效地促进审计体系合力的发挥，相关部门应营造鼓励和促进不同审计主体协作的环境和机会，最大化发挥审计组织体系的协调效应，增加组织价值和社会价值，促进完善公司治理和国家治理。

参考文献

[1]刘宁博.基于政府审计融合内部审计成果的陕西省审计全覆盖工作机制构建[J].审计与理财,2017(08):10-12.

[2]刘伟.借力内部审计实现审计全覆盖[J].中国内部审计,2016(04):37-38.

[3]李厚喜.推动国家审计监督全覆盖的思路与建议[J].审计月刊,2014(02):4-6.

[4]陈露丹.依托内审机构夯实政府审计全覆盖[J].商业会计,2017(8):68-72.

[5]袁伟,周盟.审计全覆盖背景下政府审计业务外包的决策研究[J].商业会计,2017(12):63-66.

[6]刘文.审计全覆盖背景下政府审计业务外包研究——基于成本效益的视角[J].中国经贸导刊(中),2018,906(23):109-110.

[7]苏欣.审计全覆盖背景下政府购买社会审计服务法律规制研究[J].黑龙江社会科学,2017(04):112-116.

[8]王海兵,王慧秋.实现国家审计全覆盖的挑战与对策研究[J].财会通讯,2017(31):6,101-104.

[9]赵雪梅.政府审计业务外包的风险与防范[J].商业会计,2016(13):92-94.

[10]隋旭.审计监督全覆盖视角下的政府审计与内部审计联动研究[D].北京:首都经济贸易大学,2016.

[11]张帆.政府审计与内部审计联动路径创新研究[J].财会通讯,2017(28):85-89.

[12]和秀星,潘珺.政府审计利用内部审计资源的必要性研究——基于PAC理论[J].江苏商论,2017(12):70-72.

[13]杨少生.内部审计是实行审计全覆盖不可忽视的力量[J].理财,2016(06):84-85.

[14]和秀星,潘虹,赵青.国家审计对内部审计资源的利用和风险防范——基于国际视野的经验数据[J].审计与经济研究,2015(5):24-31.

[15]李云. 新常态下行政事业单位内部审计发展的思考[J]. 财会学习,2017(17):137-138.

[16]王玉珊. 如何将内外部审计结合优化高校经责审计[J]. 财会学习,2017(08):149.

[17]余弟伟. 审计全覆盖背景下的审计机关统筹整合审计资源研究[D]. 蚌埠:安徽财经大学,2017.

[18]高巧丽. 基层审计机关如何借力社会服务,做好投资审计全覆盖[J]. 现代商业,2017(4):104-105.

[19]夏曦. 实现国家审计全覆盖的挑战及对策研究[J]. 中国乡镇企业会计,2018(03):178-179.

[20]刘伟. 审计全覆盖面临的困难和对策[J]. 现代审计与经济,2016(2):21-22.

[21]王永在. 对审计监督全覆盖的思考[J]. 中国农业会计,2016(6):18-19.

[22]黄均田. 实现政府投资项目审计全覆盖的[J]. 审计月刊. 2016(10):31-33.

[23]许绍琴. 政府投资审计全覆盖的难点与对策[J]. 财会学习,2017(5):135-136.

[24]张立民,赵彩霞. 论善治政府治理理念下政府审计职能的变革——基于政府绩效评价视角的分析[J]. 中山大学学报(社科版),2009,49(02):177-183.

[25]陈骏,吴青川. 政府职能转型背景下的国家审计治理功能[J]. 审计与经济研究,2009,24(01):22-27.

[26]张文秀,郑石桥. 国家治理、问责机制和国家审计[J]. 审计与经济研究,2012,27(06):24-32.

[27]邢晟. 国家治理视角下的国家审计功能定位及实现路径[J]. 学术论坛,2012,35(09):113-117.

[28]王昊. 政府审计与国家治理体系[J]. 中国经济问题,2006(04):51-55.

[29]FELIX W L, GRAMLING A A, MALETTA M J. Coordinating total audit coverage: the iationship between internal and external auditors[M]. The Institute of Internal Auditors,1998.

[30]GRAMLING A A. External auditors' reliance on work performed by internal auditors: The influence of fee pressure on this reliance decision. [J]. Auditing: A Journal of Practice and Theory,1999,52(3):117-135.

[31]SAWYER L B. Dittenhofer M A. Scheiner J H. 内部审计——现代内部审计实务[M]. 5 版. 郃先宇,卢其顺,等译. 北京: 中国财政经济出版社. 2005.

[32]文善恩. 罗伯特·希斯特·蒙哥马利[J]. 财会月刊,1991(11):38.

[33]CHIVU I. Social audit: assessment instrument in human resources management quality[J]. Scientific Annals of the AlexandruIoanCuza University of Iasi: Economic Sciences Series,2006(3):141-147.

[34]LAW F. Breaking theoutsourcing path: backsourcing process and Outsourcing lock-in[J]. EuropeanManagement Journal,2018,36(3):341-352.

[35]JOHNSTEINBART P. The influence of a goodrelationship between the internal audit and informationsecurity functions on information security outcomes[J]. Accounting,Organizations and Society,2018,71(11):14-29.

[36]SCHNEIDER A. Consensus among Auditors in Evaluating Internal Audit Function [J]. Accounting & Business Research,2012,15(60):297-301.

[37]ALDRED C W B, Jr. A summary of research on external auditor reliance on the internal audit function[J]. Auditing: A Journal of Practice & Theory, 2013, 32(spl): 251-286.

[38]ASIEDU K F, DEFFOR E W. Fighting corruption by means of effective internal audit function: Evidence from the Ghanaian public sector[J]. International Journal of Auditing, 2017, 21(1): 82-99.

第五章

大数据时代:政府审计的挑战、机遇与对策

第一节 引　言

对于“大数据”(Big data)研究机构 Gartner 给出了这样的定义:“大数据”是需要新处理模式才能具有更强的决策力、洞察发现力和流程优化能力的海量、高增长率和多样化的信息资产。信息技术的发展和普及导致数据量呈现爆发式增长。作为继云计算、物联网之后 IT 产业又一次颠覆性的技术变革,大数据隐含着巨大的经济、科研和社会价值,必将对商业管理、科学研究、公共服务产生深刻的影响。

随着数据量的迅速增长,如何从海量数据中搜寻有价值的数据是各行业面临的巨大挑战。在此背景下,传统的审计方式和绕过计算机审计已经不能适应管理信息化的审计需求,审计主体需要变革审计手段和审计管理方式。ZSX 政府审计的信息化建设开展了十余年,取得了较大的成绩,但在大数据新时代下,仍将面临严峻的挑战,同时也获得了提升审计技术水准、进一步推动信息化审计的良好契机。

一、研究目的

本课题的研究目的在于通过对大数据应用现状和前景的梳理,结合对当前我国尤其是 ZSX 政府审计信息化建设现状,探讨大数据对政府审计所带来的挑战和机遇,并结合 ZSX 政府审计实践情况,提出有针对性的对策和建议。

二、调查范围

在国家审计的调查中,本课题主要梳理了我国审计信息化建设这十余年的

发展历程,并结合前人的研究分析了解目前国家审计中信息化审计的不足和问题。另外,本课题从 ZSX 政府审计的实际出发,对信息化审计的现状做了深入的调研和分析。对 ZSX 政府审计的调查主要包括审计人员、审计技术环境、审计信息化实施和审计组织方式四个部分。审计人员的调查主要包括其对信息化以及大数据审计的观念和意识,对其现有的技术水平能力的了解;审计技术环境的调查包括信息化审计的硬件、软件和数据安全等方面;审计信息化实施的调查包括信息系统审计、电子数据审计和联网审计这三项工作开展的现状;审计组织方式包括审计的法律法规、制度、数据规划、行政编制等方面。

大数据在国家审计应用中,主要从大数据对国家审计的变革和积极影响两个方面展开。大数据对国家审计的变革包括数据构成的变革和技术应用方面的变革;大数据带来的积极影响体现在扩大审计内容、提高审计效率、提升审计质量等方面。

三、研究综述

(一)信息化审计的相关文献综述

政府审计是指国家审计机关对中央和地方政府各部门及其他公共机构财务报告的真实性、公允性,运用公共资源的经济性、效益性、效果性,以及提供公共服务的质量进行审计。其作用主要体现在以下方面:①政府审计是维护国家安全的重要手段;②政府审计是监督制约权力运行的重要措施;③政府审计是加强反腐倡廉的有力工具;④政府审计是推进民主法治的重要途径;⑤政府审计是维护民生权益的有效保障;⑥政府审计是推动深化改革的重要力量。

我国的信息化审计建设起步较晚,仅有十来年的发展历史,但已经有不少学者对我国信息化研究进行了多层次的研究,探讨了信息化审计发展的意义、现状及发展规律、存在的问题及对策等。

1.信息化审计的概念

审计信息化包括审计实施过程中的信息化和审计管理过程中的信息化,其中,审计管理过程中的信息化是指利用先进的信息化手段和技术对审计项目的全过程及审计公文进行管理。审计实施过程中的信息化则包括计算机审计和联网审计。

计算机审计包括电子数据审计和信息系统审计,电子数据审计是指计算机信息系统存储、处理的电子数据的审计,信息系统审计是指对存储和处理电子数据的计算机信息系统进行审计;联网审计指审计机关通过网络连接被审计单位,在对被审计单位信息系统进行测评和分析的基础上实施的适时远程审计,通过联网审计可以在远程实时对重点部门、重点事项、重点资金进行审计监督,进而加强行政事业单位及国有企业的廉政建设。信息化审计的概念见图5-1。

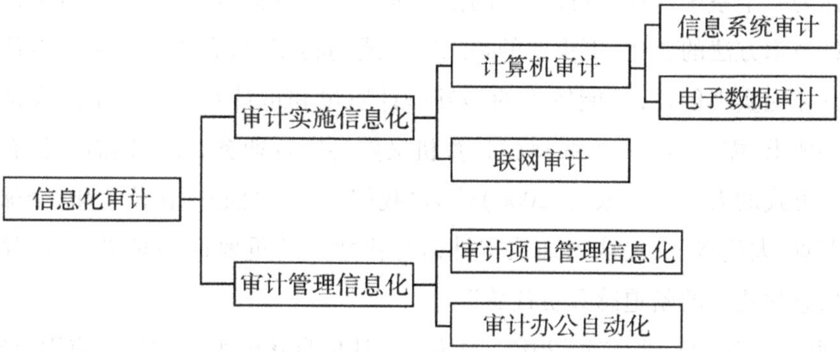

图5-1 信息化审计的概念

计算机审计以系统论为指导、将信息系统和底层数据作为取证切入点、构建审计分析模型等特征,包括单机作业模式、现场网络作业模式、远程网上审计作业模式这三种作业模式。杨周南等(2003)认为计算机审计包含两个方面,一是在信息化环境下,审计人员对被审计单位的会计报表及其所反映的经济活动进行审查并发表审计意见;二是指对被审计单位计算机信息系统的安全性、数据的完整性及系统的有效性进行审查并发表审计意见。胡建敏(2005)认为计算机审计是指在被审计单位采用信息技术进行各项业务工作和管理工作的前提下,审计人员为实现其审计目的,收集必要的审计证据,采取必要的审计程序,对企业利用信息系统生成的财务信息以及信息系统的合规性进行审计的工作。

Robert(2003)认为计算机辅助审计技术是指有助于审计单位完成审计的过程中所使用的任何技术,可以分为两类,一是用于直接检测系统内部逻辑的测试数据、集成测试技术和平行模拟技术,二是用于间接检测系统逻辑的嵌入审计模块和通用审计软件。Oroa(1990)认为信息系统审计指"为了确立信息促进企业目标实现的作用范围,通过对人员和现有文档资料的核对确认,从而对信息的使用、管理和流动进行系统的检查。"Ron Weber(1999)介绍了信息系统控制领域以及会计信息技术近年来的进展，并认为信息系统审计是指"收集并评估证据以决定一个信息系统是否有效做到保护资产、维护数据完整、完成组织目标，同时最经济地使用资源"。

2. 信息化审计的意义及要求

李金华曾多次强调要从系统论和信息论的高度来研究计算机审计，将审计对象作为一个系统，将被审计单位的信息都纳入审计监督范围，计算机审计不只是审计技术方法的变化，更重要的是思维方式的转变，只有用系统论去看待计算机审计才能实现创新，才能较大的提升审计质量和审计水平。为了适应信息化审计的要求，需要培养一大批既懂计算机又熟悉审计业务，并且还需要具有系统论思维方式的人才。刘家义(2000)认为"我们只能而且必须在信息化、全球化这个大背景、大趋势下，去认识加快审计信息化建设的重要性和必要性，增强加快审计信息化建设的紧迫感和责任感"。

满海艳(2010)、张志军(2012)等认为会计信息化的大范围推广应用，导致审计环境有了显著变化：就审计对象而言，由纸质账簿变为信息系统；就审计范围而言，由纸质数据文件变为电子数据及软硬件等；就存储介质而言，由纸质转变为磁质。另有一些学者分析认为随着信息化技术的进步，审计对象、审计作业、审计管理也都逐渐实现信息化，这对审计成本的影响尤为受到关注 。盛碧荷(2010)分析了信息化下对政府审计五个方面的要求：包括审计理念、审计内容、审计方法、审计风险、审计人员等方面。

3. 信息化审计与大数据之间的关系

从概念上看，信息化审计包含信息系统审计、电子数据审计和联网审计，大数据审计是信息化审计的一部分。信息化审计包括审计实施过程中的信息化和审计管理过程中的信息化，其中实施过程中的信息化主要包括了计算机审计和联网审计。从审计对象的表现形式来看，审计对象由纸质的数据文件演变为电子数据及信息系统。大数据从形式上看也是数据的一种，由于其数据量的庞大复杂和丰富的信息量逐渐被人们所关注和研究，但归根结底它仍然是电子数据。所以，大数据审计是信息化审计的一部分。

从技术发展的角度看，大数据是技术手段上的进步，大数据审计是在原有电子数据审计基础上的演化。从早期计算机的诞生产生了会计电算化、计算机审计,到互联网的发展带来了联网审计,每一次技术的进步与发展为审计工作带来了新的解决方案。大数据技术同样是技术手段上的一次进步,完善了审计信息化的技术。被审单位数据的增长是大数据技术的应用的客观要求,大数据技术的发展推动审计信息化的实施。

过去学者关于信息化审计的研究仍然停留在传统的技术层面,比如计算机审计、信息系统审计等,然而随着技术的发展,大数据技术已经成为社会各界关注的焦点,信息化审计也必然将应用大数据技术才能更好地处理被审单位复杂庞大的经济数据。所以,对大数据进行全面深入的了解才能更好地将大数据技术应用于审计工作,开展大数据审计。

(二)大数据相关文献综述

大数据隐含着巨大的经济、科研和社会价值,孕育着前所未有的机遇,目前已经受到了各行各业的重视,有效地组织和利用大数据,将对社会经济和科学研究产生巨大的推动作用。

在商业领域,由于巨大的经济效益,谷歌(Google)、亚马逊(Amazon)、万国商业机器公司(IBM)、甲骨文公司(Oracle)、脸书(Facebook)、微软(Microsoft)等巨头成了大数据技术的主要推动者,持续扩大自身数据处理能力,比如,IBM 从 2005 年以来投资 160 亿美元开展大数据相关收购,IBM 也成了全球数学博士的最大雇主,数学博士对石油勘探、医疗健康等各个领域进行深入地数据分析,IBM 在大数据上的巨大投入也受到了投资者的认可,IBM 股价在 2012 年超过了 200 美元,3 年之内股价翻了 3 倍;eBay 通过数据挖掘技术的精确计算优化了广告投放,大幅缩减了广告费,销售额却大幅增加。

在科研领域,2008 年,Nature 出版大数据专刊从网络技术、超级计算、生物医药等方面介绍来自海量数据的挑战;2011 年,Science 出版数据处理专刊"Dealing with data",讨论数据洪流(Data Deluge)带来的挑战,指出对有效组织和使用大数据能够有力地推动社会发展;2012 年 4 月,欧洲信息学与数学研究协会会刊出版专刊介绍欧洲科研机构的研究进展,探讨了大数据时代创新技术等问题。在国内,2012 年 5 月,来自信息技术、经济、管理、社会、生物等多个领域国内外专家代表,参加了香山科学会议组织的学术讨论会,讨论了大数据理论、大数据工程技术、大数据应用以及大数据研究等重要问题。综上,大数据已经成为学术界的关注热点和前沿问题,也正逐渐成为一个横跨工程技术、经济管理、社会心理、公共政策、医疗卫生等诸多学科的新兴交叉学科。

在公共领域,大数据也受到了政府的关注。美国政府认为大数据是一种战略资源,将研究大数据上升为国家意志,2012 年美国政府投资 2 亿美元用于"大数据研究和发展计划(Big Data Research and Development Initiative)",旨在提高从数据类型繁杂的海量数据中提取信息的能力,加强国家安全,促进科学技术发展。具体而言,美国科学、卫生、国防、能源和地质部门共同提高大数据的采集、储存、管理、分析的核心技术,培养大数据专业人才。近年来,欧盟同样在科学数据基础设施方面投资了 1 亿多欧元,并将其列为 Horizon 2020 计划的优先领域之一。

2011 年 5 月,知名咨询公司 Mckinsey 发布了《大数据:创新、竞争和生产力的下一个前沿领域》,认为"数据已经渗透到各个行业和业务的职能领域,成为越来越重要的生产因素;对海量数据的运用意味着新一轮生产率提高和消费者盈余浪潮即将到来",这也意味着"大数据"时代的到来。

1. 大数据的概念及特征

大数据作为较为抽象的新兴概念,单从字面来看,仅能表现出数据规模的庞大,却无法体现出其与之前"海量数据"(massive data)、"超大规模数据"(very large data)等概念的区别。

Dumbill(2012)采用 IBM 公司的观点,认为大数据具有"3V"特点,即 Volume(体量浩大)、Variety(模态繁多)、Velocity(快速生成)。以 IDC 为代表的业界认为大数据还应在 3V 的基础上增加 Value(价值巨大但密度很低)。

著名 IT 咨询公司 Gartner 认为大数据指"在一个或多个维度上超出传统信息技术的处理能力的极端信息管理和处理问题。"Gartner 认为大数据要满足巨量、快速增长和多样的信息资产的需要,必须建立新的处理模式,才能满足大数据时代的要求。

大数据的特征可以总结成 4V,即 Volume(数据规模大)、Variety(数据类型繁多)、Velocity(数据处理速度快)和 Value(数据价值密度低)。

大数据最基本属性就是数据规模大,IDC 研究认为未来 10 年全球的数据规模将增加 50 倍。导致当前数据规模大幅增长的主要原因如下:首先,互联网和终端设备的广泛应用,导致个人、企业、机构对数据的获取和分享相对容易,当前用户能够非常便捷地获取数据,同时用户在访问互联网过程中点击、浏览、分享等行为都会生成大量数据。其次,各种传感器性能和精确度的提高。早期数据对事物进行了抽象,导致数据维度低,数据类型简单,数据规模有限,但随着技术进步,为更加贴近事物本身,数据的精确度越来越高,例如,近年来高清图像、高清视频以及高音质音频等的涌现,导致数据规模的迅速增长。此外,人们数据处理思维和方法的变革也导致数据量的激增。受制于收集和处理数据的能力,之前人们更多通过抽样方式来近似地描述事物整体情况。由于在某些特定情况下,抽样数据对事物整体的描述可能有失偏颇,随着人们获取和分析数据能力的进步,采集的样本数量大幅增加,开始接近总体数量,因此,数据处理思维和方法的变革也导致了数据规模的增长。

数据类型繁多复杂是大数据的另一个重要特征。大数据包括结构化数据、半结构化数据和非结构化数据等数据类型,其中,结构化数据为方便数据存储、处理和查询,对事物进行了抽象,统一数据格式,确定了数据意义和数据间的相关关系,通过构造表结构来表明数据属性,因此,限制数据处理能力的只是运算速度和存储空间。随着互联网的发展,非结构化数据大量涌现,2012 年末非结构化数据占比超过了 75%,而且其增速也远高于结构化数据。例如,当前互联网上的大部分数据均为非结构化数据,例如图片、视频、文本等,同时各种传感器也产生了很多半结构化、非结构化数据。由于非结构化数据没有统一结构属性,需要同时记录数据数值和存储数据的结构,加大了数据存储和处理的难度。随着数据量的激增,新的数据类型也不断出现,已经不能用传统数据库表格来进行处理和分析。而大数据更加注重分析和利用包含大量原始细节信息的非结构化数据,这使得传统的数据处理方式面临着巨大挑战。

要求数据快速处理是大数据的第三个重要特征。随着各种传感器和互联网的普及,数据生成更加容易,激增的数据量也对数据处理速度提出了更高的要求,否则激增的数据将会成为解决问题的负担。另外,在大数据时代,数据价值会随着时间推移而迅速降低,比如拥有大量在线交互的电子商务,数据价值的时效性就比较显著,通常数据使用者对响应时间比较敏感,这也对数据的处理速度提出了要求。

数据价值密度低是大数据的第四个重要属性。在大数据时代,为了呈现所有数据和获取事物的全部细节,直接采用全体数据,虽然可以提供给数据分析者更多的资源去提取信息，但就特定的应用而言，这也引入了大量价值不高的信息，甚至错误信息，因此就特定应用而言，大数据的价值密度较低，又尤其是非结构数据。需要指出的是，数据密度低是相对于特定应用情况而言，有些数据在某些情况下可能算是无效信息，但在其他数据应用情况下则可能成为关键信息，所以相对于数据整体，有效信息是偏少的，而信息有效与否也是相对的。因此，为保证各种情况下的数据应用都能够有足够的有效信息，就需要保存所有数据，这就导致大数据时代下的数据价值密度偏低。

2. 大数据的意义

大数据将颠覆传统的数据管理方式，传统的数据管理和大数据存在着本质上的差别，大数据的处理模式主要包括直接处理的流处理和先存储后处理的批处理，大数据的处理流程包括数据的抽取与集成、数据分析和数据解释。研究大数据的意义主要体现在三个方面：①在国家层面，大数据是一项重要的战略资源，会直接影响国家和社会的稳定，是一个国家数字主权的体现；②在产业层面，大数据是产业升级与催生新产业的推动力量，例如生物制药、新材料等产业可以采用大数据对技术研制生产流程进行变革，通过仿真比较和筛选提高生产研发效率；③在科学研究方面，大数据也正在引发科学研究思维与方法的一场革命。技术的进步提供给科研人员海量数据，科研人员甚至无须直接接触研究对象，只需从数据中直接查找或挖掘所需要的信息、知识和智慧。

林志刚和彭波(2013)从管理理念与目标、数据性质及获取、人才需求和背景这三个方面对传统信息管理和大数据管理进行了比较，认为大数据管理将推动产业升级和孕育新机会，这会带来新的经济增长方式。大数据会给社会科学领域带来颠覆性的变革，社会科学研究对象是人以及人所在的群体、组织和相互关系，伴随着社交网络的普及，大数据能够分析和挖掘每一个人的社会行为，全部数据集中后就能研究群体行为。

3. 大数据的应用

随着互联网和计算机的普及和发展，数据挖掘在营销、人力资源、电子商务等各个领域得到了广泛的运用，从某种意义上讲，这也标志着大数据发展已经步入了成熟和深化的阶段。一些学者如冯芷艳、郭迅华和曾大军(2013)，张徐(2014)，蔚赵春和凌鸿(2013)等研究探讨了大数据在商业领域、公共领域和科研领域的应用。

在审计研究领域,白涛(2013)认为银行在信息化审计建设过程中应当依托集信息采集、数据处理、审计运作和审计管理为一体的审计服务平台,其中,搭建具备大数据处理能力的“云审计”平台是基础,形成“数据驱动”的审计技术方法体系是核心,构造“信息引导”的内部审计运作机制是关键,培养技术业务兼备的“两师”队伍是保证。内部审计首先驾驭大数据的能力受到考验;其次是风险发现的综合能力受到挑战;再次对审计服务价值的要求更高。许金叶和许琳(2013)认为大数据审计的目标包括对大数据的安全性发表意见、对大数据来源和数据质量的可靠性发表意见、对大数据分析的有效性发表意见;大数据审计的对象根据大数据业务流程进行分析,这包括数据源分析、数据获取(整合、清洗、转换、加载)、数据存储、数据分析、数据可视化、数据共享等过程。

秦荣生(2013)认为近年来快速发展的云计算对商业模式进行了颠覆性创新,也对会计业务产生了重大影响,越来越多的企业提供或者接收云计算服务,审计业务面临着严峻的挑战,主要有包括评审云计算内部控制所面临的挑战、建设云审计平台所面临的挑战、实施信息安全审计所面临的挑战、搜集审计证据所面临的挑战、实施审计程序所面临的挑战等。

四、研究方法

本课题通过理论和实践相结合开展研究。理论研究主要通过相关学术期刊、审计署研究报告等方式开展;实践研究通过访谈、问卷调查、查阅审计署及审计厅相关文件等方式开展。

理论研究部分主要是通过对相关学术期刊、审计署研究报告的阅读。从审计署研究报告中可以了解到我国信息化审计的发展和问题,同时搜集有关大数据的期刊文献,了解前沿的技术应用。

实践研究结合访谈调研和问卷调查的形式。在访谈方面,课题负责人多次前往 ZSX 省审计厅(下文简称“省厅”)、SXA 市审计局(下文简称“市局”),通过座谈会以及单独面谈的方式开展访谈,与省厅和市局计算机信息中心以及相关审计业务岗位人员进行了深入地交流,还访谈了审计署驻 SXA 特派办财政处处长、审计署驻兰州特派办国际处审计人员,访谈大纲及安排见附录 A。为了更加广泛和深入的了解 ZSX 审计机关的现状，以及审计人员对信息化审计和应用大数据的看法和认识，在审计署驻 SXA 特派办、ZSX 审计厅和 SXA 市审计局等审计机关发放了相关问卷，问卷参见附录 B。

五、研究设计

首先，通过阅读文献的方式，深入研究当前大数据发展的现状和未来趋势。重点关注大数据时代需要具备的观念、技术和人才等资源，通过研究大数据在其他领域的具体应用情况，了解处理大数据的相关技术手段，为分析大数据及相关技术对国家审计工作的应用价值做准备。

其次，了解我国国家审计推进计算机审计应用的现状。预期使用问卷、访谈、实地调研的方式，对计算机审计在国家审计的应用现状进行深入的了解。主要了解国家审计的审计对象的数据现状，包括数据的数量、结构、质量等多个维度；同时，对审计机关已掌握的现有的计算机审计技术，对审计信息化建设进行了解和调研。

结合前文重点解读大数据时代对国家审计的主要挑战，主要包括两个层面：一是大数据时代下国家审计的审计客体的复杂性，体现在审计数据的规模大、结构复杂和关联度高等方面，已有的国家审计是否能对其进行正确有效的获取；二是针对大数据时代下的审计客体，相应的审计技术是否能跟进，对大数据进行综合的分析，尤其是如何应用云计算、数据挖掘等大数据的技术在国家审计中发挥作用变得更为重要。

最后，在之前研究的基础上，根据现有国家审计的自身能力及优劣势，探讨国家审计面对大数据时代发展的应对策略。一是软硬件技术方面，大数据的获取、存储和相应的分析技术如何改善和提高，二是大数据会影响审计工作的方式、程序、质量和管理，审计制度也应进行相应的调整，三是大数据时代的到来对审计人员能力提出了更高的要求，大数据技术的应用需要既懂计算机、网络、数据库又懂审计的复合型人才（见图 5－2）。

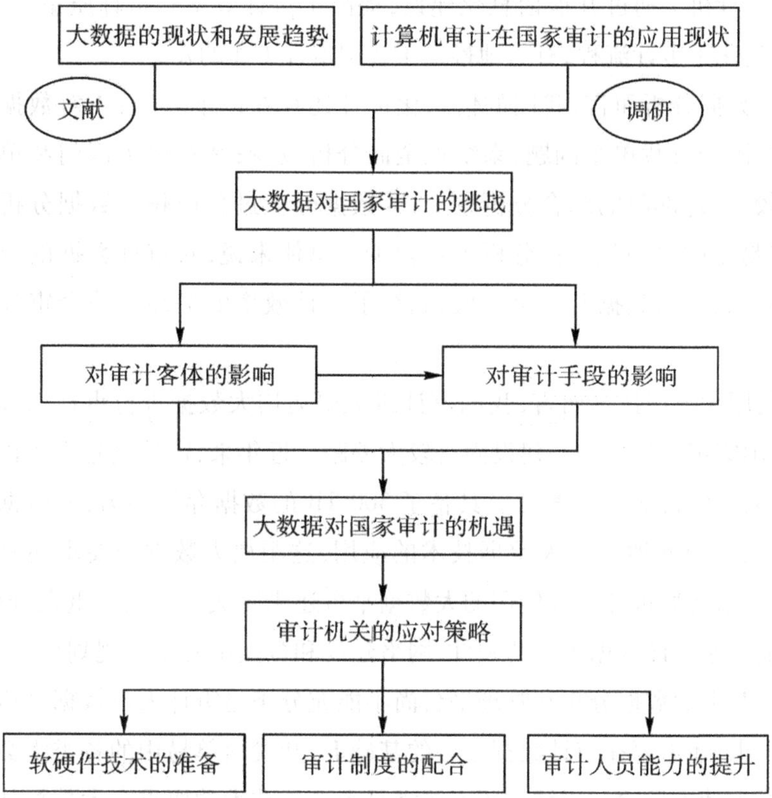

图 5-2 研究设想思路图

第二节 信息化审计现状分析

一、信息化审计现状

1983 年,我国审计机关才正式成立,我国审计信息化建设更是只有十余年的发展历史,而金审工程("审计信息化建设项目")就是我国审计信息化建设的主要体现。金审工程总体目标有以下几项:①增强审计机关在信息化环境下纠错查弊的能力,更好地履行审计机关职责,促进廉洁高效政府建设;②建成密切跟踪重点政府部门和国有企事业单位电子数据和信息系统,有效审计监督财务收支真实性、合法性和效益性的信息化系统;③逐步实现三个"转变",从事后审计向事中审计发展,从静态审计向动态审计发展,从现场审计向远程审计发展。总体而言，审计机关通过开展信息化建设，提高了审计效率和审计质量，节省了审计成本，优化了审计流程，有力地推动了我国审计工作的发展。

单就数据分析而言，我国的信息化审计还存在以下问题：①对数据的分析和利用局限于查找单个问题，系统地全面分析较少；②对单个部门和单位的数据分析较多，跨部门的综合分析较少；③数据分析过分依赖于数据分析专业人员，简单易用的自动化数据分析工具较少。总体来说，对审计数据的分析应用还不够深入，导致数据利用率较低，制约了审计效率的提高和综合审计目标的实现。

就运用大数据技术而言，我国审计机关要运用大数据进行审计面临着以下问题：①国家审计数据中心建设尚有较大差距。近年来，审计署建设了国家审计数据中心，虽然目前审计署已经具备了 300 TB 的数据存储能力，但数据总量达到 PB 级方能有效地支撑大数据技术的应用，这距离大数据的要求还有一定差距；②提供给普通审计人员使用的大数据平台还未完成。大数据重在分析应用，虽然目前国家审计数据中心的硬件、网络建设和数据中心基本规划已经完成，但是运行在其上的数据分析和管理平台尚不能充分满足审计人员数据分析和审计管理的要求，还需要在审计数据中心的基础上，开发简单易用的各类大数据技术工具。③审计人员的知识结构还不能满足大数据技术的要求。大数据技术的应用需要既具备计算机、网络、数据库知识和技能，又熟悉审计业务的复合型人才。截至 2012 年 6 月，通过审计署计算机审计中级考试的审计人员有 4400 多人，但全国审计干部比例仍然偏低。

总体而言，我国审计机关的信息化审计仍处于起步阶段，与发达国家相比，还存在着不小的差距，但是我国审计机关的信息化审计发展势头较好，尤其是随着大数据时代的到来，如果我国审计机关能够把握住大数据时代的“东风”，我国的信息化审计将步入一个新的台阶。

二、ZSX 信息化审计现状

我国信息化审计起步较晚，与西方发达国家存在较大差距，就 ZSX 而言，相比浙江、江苏等发达省份，ZSX 的信息化审计建设发展相对滞后，在应用大数据开展审计工作方面需要做的工作还很多。目前 ZSX 审计机关在信息化审计方面的现状如下。

(一)基础建设方面

在基础建设方面,虽然当前国家层面很重视大数据建设,但目前没有建立和统一管理各行各业的数据中心。审计署建有针对社保和地方债务等专业领域的数据中心,目前的数据量大概有 300 TB,同时制定了信息化审计规划,但没有硬性推广和要求各省级审计机关建立数据中心,ZSX 在这方面的建设较为滞后。ZSX 审计厅正在建设省级部门预算执行、地税、金融、企业、环保、外资、投资、社保、经济责任 9 个审计数据库(其中地税、农信社、社保 3 个行业数据库与对应的审计分析系统建设同时进行)和 1 个被审计单位基础信息资料库,目前已经建成了 5 个数据库,并且计划于今年依据审计署金审工程关于国家审计数据中心建设相关规定及技术规范,结合本省审计数据分中心应用工作需求,建立 ZSX 审计数据中心和数据交换中心。其中,数据中心计划实现对基础数据库和其他审计数据的存储、处理与管理,并计划与联网审计联系起来,数据交换中心计划整合和共享审计机构外部数据以及省市县三级审计机关的数据。除了数据中心和数据库的建设外,ZSX 审计厅根据行业审计分析系统建设情况以及审计数据分析工作需求开展审计数据分析室的建设。

(二)电子数据审计

在电子数据审计方面,就 ZSX 审计厅而言,从 2003 年开始,利用计算机开展审计工作,省厅信息中心对审计人员的培训内容从学习输入法打字,到利用 Microsoft Office打印审计底稿,再到开展计算机辅助审计(将不同会计软件的数据导入计算机审计系统),再到目前审计人员已经能够自主向被审计单位提出数据要求,并主要通过现场审计实施软件 AO 系统和数据库软件对被审计单位电子数据进行审计,总体而言,目前 ZSX 审计厅对被审计单位单位开展电子数据审计的比例大概在 70% ~80%;就 SXA 市审计局而言,主要是通过 AO 系统开展被审计单位的电子数据审计,主要在一些信息化基础较好的被审计单位开展。

需要指出的是,当前 ZSX 政府审计面对的数据规模越来越大,数据类型也越来越复杂。以省厅审计的某保险项目为例,该公司注册资本金 26.63 亿元,在全国 18 个省、市、自治区设有各类营业机构 863 个,拥有 1.5 万余名员工,总资产逾百亿元。目前省厅从某保险接收到的 2013 年度数据规模超过 2 TB,超过 6000 万条数据,已经超出了省厅现在的数据处理能力,如果再考虑农信社、长安银行等其他金融机构，单是在金融审计领域，ZSX 审计厅每年所累积的数据量就相当大了。

综上，目前 ZSX 的电子数据审计仍处于大力推广阶段，随着被审计单位信息化的进程，审计机关在数据处理方面已经面临一定的困难了。

（三）联网审计

在联网审计方面，ZSX 审计厅已经试点开展了对地税、农信社、省直医疗保险的联网审计，取得了不错的审计效果。在已经试点开展联网审计中，以 ZSX 审计厅从 2009 年开始开展某审计的联网审计为例，相关部门对提供数据较为敏感，在数据提供方面上不太配合，再加上 ZSX 审计厅计算机信息中心是事业单位编制，没有权限采集数据，从相关部门获取数据的困难很大。相关部门在第一年所提供的数据根本无法利用开展分析，后经审计厅领导的不断协调和督促，终于在第四年获得的数据勉强达到了可以开展联网审计的要求，并建立了二十多个审计模型，虽然仍然离审计署的要求还存在一定的差距，但是最终也取得了不错的审计效果。由此可见，现阶段 ZSX 审计厅开展联网审计在技术上并不存在太大的困难，困难主要在于从被审计单位获取可利用的数据。就 SXA 市审计局而言，目前尚未开展联网审计业务。

（四）信息系统审计

在信息系统审计方面，随着信息技术的发展和广泛应用，被审计单位日常业务和管理越来越依赖于信息系统，同样审计机关的审计质量也更加依赖于被审计单位信息系统的真实性、可靠性、完整性。由于开展信息系统审计需要审计人员对被审计单位信息系统的开发思路和业务流程进行深入理解，但目前政府审计连续性审计较少，一次性审计较多，再加上审计项目期间较短，即使开展也只能对信息系统部分功能进行评价，要对信息系统的整体评价比较困难。

ZSX 审计厅在对被审计单位信息系统的审计工作上开展的范围有限，目前仍然处于探索阶段，在 2012 年尝试开展了对某系统的信息系统审计，发现了一些问题，但由于缺乏具体操作规范，最终不了了之；SXA 市审计局对住房公积金、地税、医保、财政等系统开展过信息系统审计，发现了被审计单位存在信息系统不完善、输入输出控制不合理、业务报表和财务报表无法对应等问题。综上，目前 ZSX 审计机关的信息系统审计还处于较为初步的阶段。

(五)人才建设

在人才培训方面,ZSX 审计厅也组织并要求 ZSX 审计人员参加相关培训班,提高信息化审计能力以及数据处理能力,包括计算机审计基础班(主要培训内容包括计算机系统和办公软件)、计算机审计中级班(主要培训内容包括计算机基础、网络、VB、SQL、计算机审计实务)、审前培训班(主要培训内容为大型审计项目中的计算机审计实施)、SQL 提高班(主要内容侧重于审计实务中的应用)、高级 EXCEL 培训班、AO 审计软件培训班、OA 管理系统培训班等,但目前还没有开展与信息系统审计相关的培训班。ZSX 审计厅每年也会组织两次省级计算机审计中级培训和考试,每次培训和参考人数约为 50 人,该培训要求 35 岁以下的审计人员全部参加,并将通过该考试作为 ZSX 审计人员竞职副处级以上职位的硬性要求,目前已经培训了 550 名审计干部,通过该考试的人数共计 480 人,通过率 87.27%。除此以外,ZSX 审计厅举办的 AO 审计软件培训班共计培训 2000 多人,通过率 100%,举办 EXCEL 等高级培训班共计培训 170 人,另有 2 人参加了审计署组织的高级数据处理培训。

SXA 市审计局审计人员参加的培训班主要有三种,一是参加审计厅组织的各种培训班,二是 SXA 市审计局自己组织的专题培训班,主要是结合地税、金融、社保、财政等专业审计领域实际情况开展计算机审计的实务培训,三是外派业务骨干前往南京审计学院等单位接受培训。

在审计署层面,审计署计算机审计中级考试是面向金审需求培养审计行业高素质应用型人才,考查内容包含了数据审计、数据库应用技术、计算机基础、网络应用技术、程序设计、会计系统与审计等方面,是政府审计领域中具有较高含金量的考试,通过该考试的审计人员通常具备了在信息化条件下开展审计工作的能力。ZSX 审计机关共有 3300 名审计人员,共有 170 名审计人员参加审计署计算机审计中级培训,通过计算机审计中级考试的共计 36 人,通过率为 21.18%,通过该考试的审计人员占全省审计人员的比例仅为 1.10%。具体而言,目前 ZSX 审计厅通过审计署计算机中级考试的审计人员占比约为 10%,ZSX 审计人员通过比例还相当低,说明了 ZSX 政府审计在信息化审计技能方面还比较欠缺。

在数据分析人员方面,针对被审计单位数据规模和数据类型快速增长,ZSX 审计厅也正在着手准备建立 10 至 15 人的审计数据分析员团队,并在各市审计局建立 4 至 6 人的审计数据分析员团队。SXA 市审计局也配备了相应的数据分析团队,并根据审计项目的实际情况,与审计业务人员灵活选择不同的组织方式开展数据分析工作。

第三节　大数据对政府审计的挑战

一、对审计制度的挑战

大数据代表着信息技术未来发展的战略走向,它将引发技术领域跨越式发展,是继互联网后的又一次信息革命。巨量数据正在成为一种资源、一种生产要素,渗透至各个领域,而拥有大数据能力,即善于聚合信息并有效利用数据,将会带来层出不穷的创新,从某种意义上说它代表着一种生产力。麦肯锡认为,“人们对于海量数据的运用将预示着新一波生产率增长和消费者盈余浪潮的到来。”

大数据代表着先进的生产力,而现阶段我国由于某些制度上的原因,生产关系无法积极地配合和实践这一先进的生产力的施行,甚至阻碍了先进生产力的发展。

(一)法律法规的不明确

法律的缺失和不明确导致了部分大数据的应用无法得到充分的实施和利用。应用大数据开展审计工作的一个重要特征就是对被审计单位的数据进行实时分析,近年来,ZSX 审计厅试点开展的联网审计取得了很好的审计效果,但是联网审计、信息系统审计等信息化审计方式在审计实际工作的应用中也缺乏明确的法律支持,由于《审计法》主要针对项目制审计,对审计项目的流程、期限都有明确的规定,而实时采集数据的联网审计引发了被审计单位对审计通知书、审计期间、审计过程、审计结果告知等审计法定程序的质疑。

除了法律法规对联网审计缺乏明确规定以外,在审计实践中,审计机关往往会对被审计单位的原始数据进行加工整理,得到分析用的数据信息,但这些加工后的信息化证据只能作为参考,但并不具备法律效力,仍然需要回到纸质档案才具备法律效力,而在 ZSX 的审计实践中,被审计单位的信息中心和业务人员往往相分离,这给审计人员落实取证带来了难度。

(二)行政编制的制约

审计署出台了省级审计厅信息化建设标准,其中涉及机构设置问题,各审计厅要成立计算机审计处。目前,全国有 14 个省份审计厅设立了计算机审计处,而 ZSX 审计厅计算机中心为事业单位编制,没有相应的执法权,只能为审计厅的其他审计业务部门提供计算机和信息技术的服务,要赋予计算机中心执法权,就需要考虑将其转为公务员编制,但是在当前公务员缩编的大背景,计算机中心转为计算机审计处的难度很大。

在访谈过程中,审计人员表达了对自己尴尬地位的无奈。刘家义审计长认为我国政府审计的出路在于信息化,信息化的关键在于数字化,但在审计实践中,并非所有审计人员都能这样重视信息化审计建设。

(三)激励制度的不完善

目前,ZSX 审计工作评价重点是发现被审计单位个别人的违法违规问题,给予其相应的处罚,但是对于被审计单位内部控制的问题和漏洞关注还很不够,究其原因,审计工作的考核制度是一个重要原因。审计机关通过传统审计方式即可揪出个别违法违规行为,这可以作为审计机关的成绩,但是对被审计单位的内部控制进行评价,尤其是对信息系统进行评价,这既需要具备技术水平出众的审计人员对被审计单位业务深入理解,也占用了审计机关大量时间,在审计工作时间短、人员少、任务重的背景下,即使最终完成了被审计单位的内部控制评价,也不能作为审计机关对被审计单位处罚或者移送的依据,不能充分体现审计机关开展审计工作的成绩。

(四)缺乏统一的数据规划

在 ZSX 审计实践中,由于各个政府部门的信息化建设各自为政,缺少统一的规划,导致各个政府部门数据存在交叉却未有机统一,以社保审计为例,与社保密切相关的政府部门包括人社、民政、卫生、财政等,但这些部门的数据并没有有效整合,形成了诸多信息“孤岛”。

另外,由于我国信息化审计建设开展较晚,导致政府审计业务水平与信息化发展水平存在不协调的情况,信息化审计运用水平参差不齐:我国审计机关属于各级政府的组成部门,由各级财政安排经费,信息化审计建设的投入取决于各级政府的重视和支持程度,由于各地经济发展和政府重视程度的差异,造成审计信息化建设存在区域性差异。

从我们收集的调查问卷中可以看出，制约大数据审计的最主要两项因素是各单位数据标准不一致，以及被审计单位信息化条件不成熟，其次是国家层面推动不力和被审计单位不配合，也即是说制约大数据审计的外部因素主要在于政府层面推动和规划不足，以及被审计单位主观和客观的双重制约（见图5－3）。

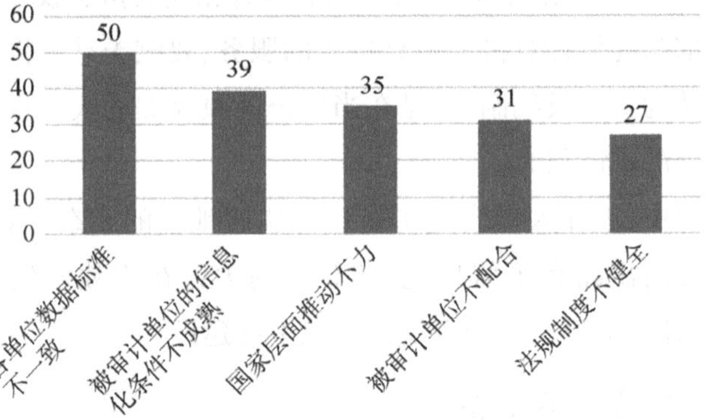

图5－3　制约大数据审计的主要外部因素

二、对审计人员的挑战

当前ZSX审计机关一部分审计人员也没有认识到信息化审计的重要意义，对信息化审计还存在抵触、畏难等消极情绪，部分审计人员用传统思维看待信息化审计，对其持观望态度，不愿意在掌握信息化审计技术上花费时间。

大数据时代，数据库技术日新月异，对审计人员的计算机、网络和数据库水平提出了新的要求。海量异构数据增加了对重点数据和敏感数据的审计难度，审计人员不仅需要完成数据的采集、加工和处理，还要能够依据需求构建审计模型，通过大数据关联分析和比对发现问题、分析问题和解决问题。从总体上来讲，目前ZSX审计人员的信息化审计水平，以及对审计软件和技术方法运用还较为初步，所查出的问题大多属于表层的问题。审计人员运用信息化和大数据技术手段开展审计工作的能力难以在短期内获得，虽然近年来随着信息化审计建设逐步推进，ZSX审计机关也比较重视审计人员综合素质的培训，通过开展培训班和提高入职门槛提高了审计人员信息化能力，但是就审计实践而言，目前还存在部分审计人员在计算机审计应用程度不高的情况，审计人员数据库知识还比较欠缺，面对被审计单位不同数据库和不同操作系统，不能熟练应用数据库和现场审计实施系统（AO），而这种现象在基层审计机关更为普遍，导致信息化审计的开展较为困难。

从调查问卷反应的数据也可以证实了这些观点。问卷的发放对象包括审计署驻 SXA 特派办、ZSX 审计厅、SXA 市审计局等审计机关的审计人员,共计发放 100 份问卷,回收 78 份,有效问卷 74 份,问卷回收率为 78%。本次问卷调查受访者主要是 ZSX 审计厅和 SXA 市审计局中对信息化审计较为熟悉的一线审计人员,具备良好的信息化审计能力和数据处理能力,具有较高的学历背景和丰富审计实践经验,因此,本次问卷调查具有较强的说服力。受访者根据自身情况用打分的方式表明自己对问题的认可程度,“1”代表“非常不同意”、“2”代表“很不同意”、“3”代表“比较不同意”、“4”代表“一般”、“5”代表“比较同意”、“6”代表“很同意”、“7”代表“非常同意”第 10 题“您非常清楚大数据的概念及其应用。”和第 11 题“现阶段大数据仅仅是个概念,实用价值并不高”。均与受访者对大数据概念、应用和意义的理解有关(见图 5-4)。

问卷分析表明,目前并非所有审计人员对大数据都有深入的认识,虽然审计人员对现阶段大数据的实用价值还存在不同的看法。

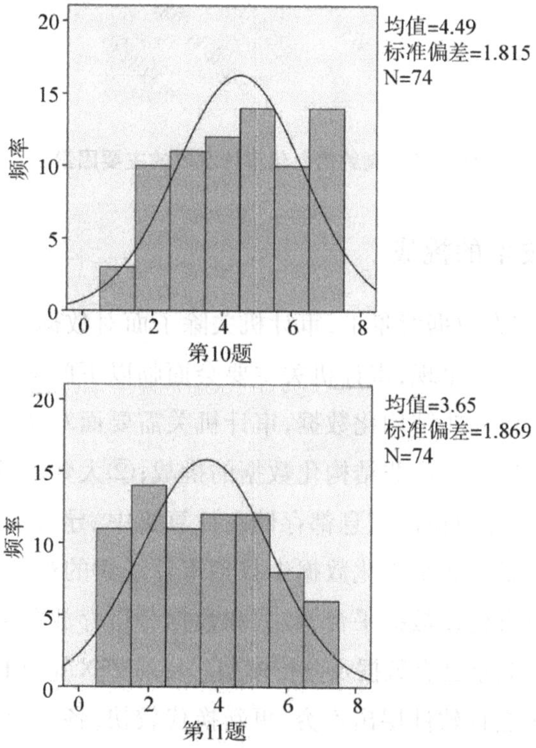

图 5-4 对大数据概念、应用和意义的理解

根据第10题的结果,受访者对该问题的认可程度较为分散,可见,审计人员对大数据的认识并不够深入。根据第11题的结果,认可现阶段大数据具有实用价值的审计人员占绝大多数,同时仍然有一定的受访者认为大数据的实用价值不高。

受访审计人员认为制约信息化审计发展的首要因素在于审计人员的计算机水平欠缺,其次分别是硬件设备落后和审计人员观念落后,前三项中有两项因素都在于审计人员,因此,可以说制约信息化审计发展的最主要因素还是在审计人员的观念和技能,其次才是包括硬件和软件在内的技术因素(见图5-5)。

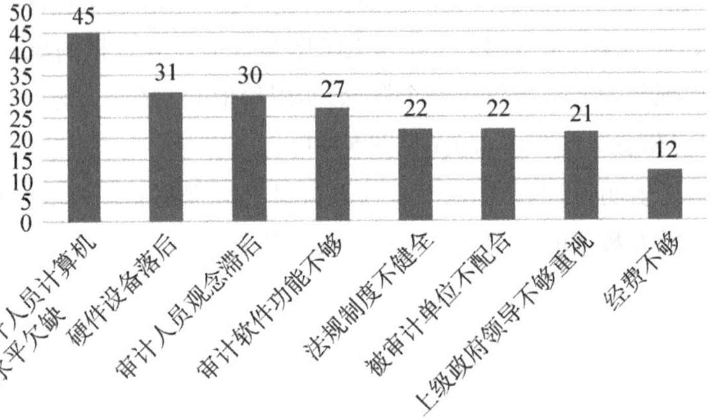

图5-5　制约信息化审计发展的主要因素

三、对审计技术的挑战

就软件而言,在大数据背景下,审计机关除了面对数据规模猛增,还需要面对非结构化数据的大量出现,审计机关主要会面临以下问题:①数据转换问题,面对大量的半结构化和非结构化数据,审计机关需要面对从被审计单位会计软件中采集数据以及转换海量非结构化数据的挑战;②大数据的特征之一就是数据价值密度低,被审计单位的信息都存储在计算机中,导致信息获取的复杂性,审计机关需要从海量的非结构化数据中找到审计线索的难度更大;③目前一些地方审计机关还没有建设数据平台,数据和数据分析存放分散,缺乏通用性,不能有效综合利用和共享已有数据及分析模型。目前ZSX审计机关主要使用的是AO系统,但是由于会计软件层出不穷,更新换代较快,各种数据类型大量涌现,而AO系统已经不能适应处理一些数据规模较大的审计项目的需求。目前审计机关最常用的审计软件是 AO2011 系统,该系统设计的前提条件是被审计单位都能够提供标准的 XML 接口数据,但在实践中并非所有被审计单位都能提供这种接口数据,这也在一定程度增加了审计机关的处理难度。

就硬件而言,大数据时代,审计机关所需要处理的数据规模急剧膨胀,对海量数据的存储和处理,使现有数据中心及其硬件设备面临巨大的挑战:首先,大数据环境下数据中心体系复杂,管理难度大,传统的数据分布结构已经不能适应大数据的要求;其次,运行成本高,由于硬件需要按照高峰值的资源需求配置,导致审计机关在电力和能源上会有大额支出;再次,大数据对系统的稳定性和可靠性提出了更高的要求,数据中心需要具备应对大规模、大范围灾难的能力。目前在 ZSX 信息化审计的建设过程中,存在着重硬件轻软件的现象,硬件设备相对较为容易取得,因此,在审计实际工作中,审计机关大多注重对硬件设施建设,花费大量代价去购置硬件设施,而软件建设却滞后,没有相应的软件设施作支撑。由于审计软件开发周期长,使用周期短,市场容量小,即使近年来出现了比较多的审计软件,开发人员与审计机关的需求较为脱节,也不能及时提供改进和优化,导致这些软件的实用效果并不理想。

另外,由于政府审计中被审计单位的特殊性,数据安全问题也是影响 ZSX 审计机关应用大数据的重要原因,网络黑客和电脑病毒导致互联网的信息存在丢失的风险,这对于政府部门来说是不允许发生的,而大数据审计将提供给审计机关全方位的数据资料,这些资料一旦泄露将对国家安全造成极大的危害。在 ZSX 审计实践中,社保和金融系统拥有较多的私人信息,相关信息一旦泄露后果不堪设想,由于担心出现数据安全问题,审计人员也不敢轻易接收被审计单位提供的数据,这也是省厅在跟上述被审计单位建立联网审计系统顾虑的重要原因。

第四节 大数据为政府审计带来的机遇

一、大数据对政府审计的变革

(一)对数据构成的变革

从数据来源上讲,大数据背景下的政府审计应当采用以审计对象为主题的跨领域全数据模式。大数据环境下的审计机关的数据来源不仅应包括从被审计单位信息系统采集的数据，还应包括来自环境、交通、安防等自动化传感器、自动记录设施主动采集的与被审计单位相关的数据。另外，审计机关的数据来源不仅应包含被审计单位的内部数据，还应包含外部数据，例如来自公安、税务、质检、银行等外部机构的数据。

从数据结构来看，在信息化审计条件下，可以将所有资料都认为是数据，进而可以分为线性的、结构化的数值型数据和离散的、非结构化的非数值型数据。非结构化数据范围广，被审计单位相关的文件、合同、纪要、报告、说明、录音、录像、记录等都属于非结构化数据，同时非结构化数据类型复杂，包括文本、文档、电子表格、视频、音频等。在大数据时代，非结构化数据占比超过75%，并且占比越来越大，非结构化数据没有统一的结构属性，加大了数据存储和处理的难度，已经不能再用传统的数据库处理方式来处理。

（二）云存储和云计算等大数据技术的应用

云存储是向用户提供以互联网为基础的在线存储服务。用户按需付费后即可从云存储服务提供商那里获得容量近乎无限大的存储空间和企业级的服务质量，不需要考虑自身建立数据库的诸多事宜，而云计算技术通过网络给用户提供所需的计算能力、存储能力、软件和信息服务等。

在审计应用中，云存储技术能够免去现场审计人员携带服务器，搭建数据存储环境的麻烦，并且随着审计云存储环境服务能力的提升，审计云存储系统还能够帮助现场审计人员解决诸如数据类型转换等问题。云计算技术能够集中基础设施及软硬件，通过整合审计数据中心的资源，使审计人员能够充分利用审计数据私有云具备的大规模数据和超级计算机集群建立的庞大运算系统，以及各种审计软件和服务。

（三）大数据分析技术的应用

大数据时代对政府审计数据分析的改变体现在以下几个方面：①数据分析中将更多地采用相关关系分析。大数据思维的一个重要特征就是相关关系比因果关系更加重要，虽然因果关系仍然是审计取证的逻辑基础，但大数据对与审计问题相关信息的记录提供给审计机关跨领域多维度的数据资源和技术手段，方便审计机关发现审计线索，降低了对因果逻辑关系的依赖。②大数据分析要面对数据的高度混杂性。就传统的结构化数据库而言，数据库发生变化需要重新加载数据,甚至重新计算数据,加大了数据预处理的代价。而大数据中包含了大量的异构数据,具有高度的数据混杂性,虽然给审计机关带来了更大的挑战,但也由于这些异构数据没有受到传统数据分析的清洗和处理,保留了原始数据的宝贵信息,给审计机关提供了更多的审计线索。③大数据要求政府审计实时处理数据。传统数据处理采取批处理方式,经过 ETL 等工作流程后才进行数据分析,具有滞后性。而大数据时代,除了数据规模猛增以外,快速动态变化的数据,传统数据处理方法也难以应对,而大数据分析采用流处理方式,通过分析软件和计算模型实时分析海量异构数据,快速提取有价值信息,便于政府审计及时发现被审计单位相关问题。

二、大数据对政府审计的积极影响

(一)革新审计思维

随着信息技术的和互联网的迅猛发展,被审计单位已经广泛应用信息技术开展业务和管理,尤其是随着大数据在商业、科研和公共事务中受到了极大的关注和广泛的应用,这也让审计人员更加深刻地认识到大数据的意义所在,为审计人员提供了革新审计思维的契机。

大数据不仅仅是一种技术手段的变革,更是思维方式的变革。以前受制于数据采集和整理能力,审计机关更多地依赖于抽样分析,审计思维是从局部到整体,即从局部的采样样本去描述和推断整体样本的情况,而在大数据环境下的政府审计思维模式变为了从整体到局部,采用全体样本进行分析。

(二)扩大审计内容

在大数据背景下,被审计单位数据规模猛增,数据类型纷繁复杂,准确及时获取数据对于审计项目的成败至关重要,尤其是对 ZSX 政府审计而言,外在环境迫使 ZSX 审计机关更加关注被审计单位产生、储存、加工电子数据的信息系统,这将有助于 ZSX 审计机关进一步提升信息系统审计能力,提升审计质量和审计效率。

(三)提高审计效率

在大数据背景下,审计机关在采集多方数据后,审计工作的展开是数据导向的,体现为“集中审计,分散核查”。根据“总体分析—重点审计业务分析—重点审计事项分析”逐层深入的思路，利用信息系统软件和计算机审计方法在大量数据中进行多维分析和数据挖掘，审计人员可以从多角度访问数据库，利用各种数学分析方法，对审计数据进行抽取、归纳与整合，从大量数据中揭示出隐含的、有潜在价值的信息，可以快速、准确地抓住审计重点、疑点，为发现审计线索奠定基础，更加有针对性地开展现场审计，减少了项目审计人员，缩短了项目周期，缩减了审计成本，扩大了审计覆盖面，更提升了审计的效率效果。

（四）提升审计质量

在大数据背景下，可以通过审计管理信息化方便审计人员在每个审计环节设置质量控制点，各级领导可以在不影响审计人员操作的条件下，依据自身的操作权限适时监控审计工作进展，实现了对审计人员工作进程与质量的管理，有利于强化审计责任和优化审计资源配置。另外，在线审计的推广也在一定程度上规避了审计人员与被审计单位人员的见面，提高了审计的独立性。

（五）提升在国家治理中的话语权

大数据作为一座尚待挖掘的“金矿”，欧美国家政府已经将应用大数据上升为国家意志，正在规划和构建多元异构、跨行业、跨领域的政府层面的大数据平台，充分挖掘大数据价值，推动大数据的应用。依据传统理论和技术手段，必须等到相关事件发生并且搜集到的足够数据后，才能进行分析研究，进而预测经济社会安全风险，这种方式具有滞后性。政府审计基于审计大数据的预测能够充分发挥政府审计在国家治理中的“免疫功能”，提高政府审计在国家治理中的话语权。

第五节　大数据背景下政府审计的应对策略

一、审计制度建设

（一）相应机构的设置

大数据在政府审计中能否得到充分的应用，很大程度上依赖于地方政府的认可和执行的决心。只有地方政府积极主导大数据审计的应用，才能有所成效，否则所有机遇和愿景都停留在纸面上，没有办法落到实处。

从审计署层面来看，审计署最近设立了数据司，主管国家审计系统的建设，围绕数据的采集、使用、维护、管理和共享建立机制，搭建信息交互的标准和框架。从地方层面来看，近年来，湖北省宜昌市审计局结合本局实际，创建了审计数据分析室，将采集的财政、地税等数据，运用“湖北财政数据采集预警系统”，结合 AO 及 SQL server 数据库软件进行审计分析，分析结果极大地便利了审计人员查处问题，审计效率效能得到显著提升。数据分析室既可以对同一单位不同系统的数据进行关联分析，也可对同一单位多年连续数据进行对比分析，实现从更宏观的角度发现审计疑点，把握审计需要关注的问题和热点，实现审计精准定位，也摆脱了审计人员轮番看手工账的情况。

对于 ZSX 而言，部分市局已经未雨绸缪走在了审计信息化的前列。例如，在 2013 年，SHZ 市就成立了审计数据分析室和审计数据分析团队，主要从事数据分析团队的考核与管理，数据分析团队人员的协调、调配等工作。但总体而言，其他市局对审计信息化的关注度不够，执行大数据审计的基础还较为薄弱。

从审计信息化建设的实践情况来看，只有“一把手”把信息化审计放在政府审计发展的战略高度，才能在行动上大力推进信息化建设。贯彻落实审计署的指导思想，学习先进省份的理念和实践，制定相关操作规范，保证机构设置、人员配备得以落实，这是实现大数据审计的关键一步。

（二）完善配套法律法规及标准建设

只有解决信息化审计的法律依据问题，尤其通过明确大数据采集、储存、分析结果的法律效力，使信息化审计和大数据技术获得相关法规支持，大数据技术才能真正地在审计工作中进一步推广并发挥其应有的作用。但是，我们也必须认识到，包括大数据在内的信息化审计手段的立法具有相当的专业性和复杂性，大数据审计的法律问题是个跨行业、跨部门、跨学科的复杂问题。大数据审计的法规配套工作，不能仅在审计领域解决，需要跨领域和跨部门的协调配合，这超出了 ZSX 审计机关的能力范围，只能在国家层面按照循序渐进的原则，完善与信息化审计相关的法律法规。

除此以外，由于大数据审计强调对被审计单位内部数据和外部数据的综合分析，现阶段由于 ZSX 公安、税务、质检和工商等政府部门相关数据代码和编号的不统一，导致 ZSX 审计人员开展内部数据和外部数据的综合分析具有较大的困难。相比之下，浙江和江苏等一些信息化审计发展较为先进的地区，主要是由于当地政府层面极力推动各部门数据的整合和统一。因此,要解决 ZSX 政府各部门以及省属国有企事业单位数据代码和标准的统一问题,需要寻求省政府以及省工信厅的支持,由省政府出面协调各家政府部门,形成制度规范,并监督执行。

(三)完善审计评价体系

当前 ZSX 审计机关的评价体系对审计人员积极开展信息系统审计和联网审计的激励不足。构建一套合理的审计评价体系能够让信息化审计更好地发挥其应有的作用,对于建立审计评价体系有以下建议:①注重评价体系的综合性,当前 ZSX 审计工作评价注重发现被审计单位个别人的违法违规问题,却忽视了对被审计单位内部控制、信息系统等方面的审计监督,这不利于 ZSX 信息化审计建设的推进,更不利于发挥政府审计在国家治理中的“免疫功能”。②强化对信息化审计应用的考核,通过激励机制鼓励审计人员更多地应用计算机审计,并提高对审计报告的要求,审计报告有总体情况分析,而总体情况分析建立在数据分析的基础上。原审计长李金华曾经讲过:“审计人员不掌握计算机技术将失去审计的资格;审计机关的领导干部不掌握信息技术将失去指挥的资格;审计机关的管理人员不运用计算机技术将失去任职的资格。”③奖惩结合落实到人,ZSX 各级审计机关应当编制年度审计计划,尤其是加大对基层审计机关业务监督,构建审计结果公告制度,与相关人员的绩效考核和职称评定的重要参考。另外,除了对单个审计项目的考核以外,还要将历史数据的积累、审计模型的开发也纳入考核范围中。

(四)强化数据安全

政府审计的被审计单位多为政府部门及国有企业,对数据的安全性有着极高的要求,因此,在政府审计中推广大数据技术的前提条件之一就是要保证被审计单位的数据安全,具体可以从以下几个方面着手解决:①加强网络安全建设。根据国家电子政务安全规划和国家保密的要求,ZSX 审计机关将建设审计内网、审计专网和审计机关门户网,其中审计内网运行国家秘密和机密信息,审计专网运行审计机关内部信息,审计机关门户网则运行公开披露信息,其中,审计署和审计厅建设专网和内网,地市级和县级审计机关建设专网。②加强应用层面的保密工作。除了在网络链路上开展数据安全建设以外,还应该在数据的应用端开展隔离等加密工作,但是目前在数据应用层面的加密工作开展得还不够深入,ZSX审计厅可以采用"虚拟桌面"等技术手段保证数据在应用层面的安全。③强化数据管理,严防数据泄密。ZSX审计机关可以通过建立规章制度明确审计数据的使用条件,对数据管理者和使用者按照最小授权原则授权,在使用数据前需要填写数据保密承诺书和数据使用审批表,经过流程审批和授权后方可使用。另外,为了避免数据丢失的风险,ZSX审计机关还应当尽快开展数据备份工作。

(五)建立数据导向的审计运作机制

构造数据导向的审计运作机制是关键。这套运作机制主要是在各区域、各部门、各业务及各类风险的全面持续性审计的基础上,形成全景式的风险视图;在对全量数据的全面掌握、快速处理与深入挖掘的前提下,实现对风险的精确定位;通过信息系统对审计计划的制定与调控,审计资源的配置与管理,审计流程控制与监督,审计成果统计与跟踪等一系列审计运作进行智能化的统筹协调与动态调配。

二、审计队伍建设

相比硬件设备来说,审计人员的技能水平难以在短期内获得提升,再加上技术环境和业务要求的不断变化,因此搭建一个系统的持续培训平台就相当重要。首先,培训内容应当包含与信息化相关的法律法规知识;其次,应该培养审计人员信息化和大数据相关的理念及专业能力。另外,注重培训方式的多样性,一是"干中学,学中干",通过换岗的方式,将计算机中心的专业人才交流到业务岗位,将业务骨干交流到计算机中心岗位,让业务人员和计算机人员更加紧密地结合在一起;二是针对审计业务骨干举办计算机中级培训班学习,保证业务骨干的培训时间,提高通过审计署计算机审计中级考试的比例,并针对计算机专业人才开展高级数据库管理、数据分析挖掘、信息系统审计、网络安全分析与管理、网络安全、系统管理、电子政务管理等专业应用培训;三是建立学习平台,ZSX审计人员可以通过该平台自主学习相关培训资料和审计案例,并在线向专家寻求帮助。

ZSX审计机关在引入新人才时,应当优先考虑具有计算机背景的专业人才,通过补充专业技术能力突出的新人,提高本省审计队伍的技术水平。ZSX审计机关也可以更进一步将视野投向生源较多的本省高校,如交通大学、财经学院、电子科技大学等,通过与这些目标高校在课程建设和实践教学方面开展合作,从人才输入的源头上增强审计人员的技术水平和实践能力。

为应对大数据的挑战，提高ZSX审计机关数据分析和处理能力以及发现审计线索的能力，尤其是针对大型审计项目以及海量行业数据的数据分析，ZSX审计机关应尽快组建完成自己的数据分析团队。

三、审计技术建设

由前文问卷调查结果显示，技术环境的欠缺是制约信息化审计发展的重要因素之一，而数据处理能力的欠缺更是制约应用大数据的最重要因素，由此，ZSX审计机关非常需要进一步推动硬件和软件的技术建设。

解决数据来源后，还需要建立审计大数据平台，首先，是通过数据库完成对大数据的采集、转换和储存，数据库的主要功能是将审计分析需要的数据从分散的、难以访问的操作数据转换成集成的、可用的信息；其次，是通过数据分析平台整合目前比较成熟的审计模型和审计方法，形成通用的分析模块，更方便审计人员利用数据分析工具对大数据进行分析和应用。数据平台建设对审计机关应用海量数据有以下贡献：①积累和集成了海量数据，为多角度跨行业跨年度分析大数据打下了基础；②促进审计方式的转变，便于开展远程审计，降低审计成本；③提高审计效率，数据平台配备了高性能的硬件设施和应用软件，也配备了专门的复合型审计人员，有助于提高审计效率。

在提高审计软件水平方面，ZSX审计机关要更好地发挥审计软件在信息化审计中的作用，需要从以下方面入手。一是加强大数据分析模型和软件研发。一般而言，审计数据分析可以分为查询型分析、多维分析和发掘型分析三类，其中，查询型分析是在已知数据结构的情况下对操作型数据的访问；多维分析是重新组织数据后，再从其他维度分析数据；而发掘型分析则需要审计人员根据具体要求，利用数据挖掘技术，选择合适的发掘模型，去发现有价值的模式和趋势，而要在政府审计中应用大数据更多的是采用发掘型分析。二是制定审计软件的统一标准和行业法规。利用审计软件，审计机关本应该不仅能够轻松完成数据采集、清理、转换等基础工作，还能开展实质性分析和评价，实现数据采集、存储和分析应用的无缝对接。但是目前ZSX审计机关花费了大量时间在数据采集、数据清理和数据转化上，本应作为工作重点的数据分析却没有充分的时间开展，这其中的一个重要原因就在于被审计单位会计软件的数据接口标准不一致，极大地增加了审计机关的工作难度。对此,一方面,需要更高层面的政府机构出面制定会计软件统一的数据接口标准,并引导和监督被审计单位会计软件的使用;另一方面,也需要 ZSX 审计机关与被审计单位充分沟通,减少与会计软件的冲突。

四、开展全面的信息化审计

根据前文的定义,审计实施过程中的信息化包括计算机审计和联网审计。计算机审计包括电子数据审计和信息系统审计,电子数据审计是指计算机信息系统存储、处理的电子数据的审计,信息系统审计是指对存储和处理电子数据的计算机信息系统进行审计;联网审计指审计机关通过网络连接被审计单位,在对被审计单位信息系统进行测评和分析的基础上实施的适时远程审计。

目前,ZSX 审计机关在信息化审计上主要是开展电子数据审计,对被审计单位信息系统审计和联网审计开展得还很不够,对此,可以采取以下措施推进信息系统审计和联网审计的实施。

(一)制定信息系统审计准则

由于信息系统审计开展比较少,目前相关的法规只有《审计机关计算机辅助审计办法》(审计署颁布)和《关于利用计算机信息系统开展审计工作有关问题的通知》(国务院办公厅发布),对信息系统审计的开展而言,缺乏系统性、连续性和可操作性。对此,ZSX 审计机关可以着手建立一套信息系统审计准则,为审计人员开展信息系统审计提供指导,具体的编制可以在考虑 ZSX 现状的情况下,参考 ISACA 的相关准则和指南的内容以及浙江和江苏等先进省份的经验。

(二)开发信息系统审计专用软件

为方便开展信息系统审计,ZSX 审计机关可以开发专门的审计软件,将其接入被审计单位所使用的信息系统,动态监测和记录该系统中的用户登录、用户操作和安全事件等各类信息,根据相关指标进行动态分析,发现可疑情况即启动预警程序,并集中存储和管理这些系统操作日志,实现对被审计单位信息系统的全面审计。

(三)推进联网审计实施

联网审计能够建立预警机制,前移审计关口,充分发挥政府审计的“免疫功能”,现阶段 ZSX 审计厅已经开展对三家单位的联网审计试点,发现了被审计单位较大的问题,效果显著。但在开展过程中还存在不少困难,由于法律法规上没有对联网审计明确规定,被审计单位也对联网审计心怀顾忌,不愿意提供数据,造成了工作进一步开展的困难。因此,可以考虑将“联网审计系统”更名为“审计分析系统”,重点在审计,而非联网,尽可能规避法规上的不明确和被审计单位的抵触情绪;同时,在构建完成审计分析系统后,再适时推进以在线审计和实时审计为特征的联网审计的开展。

五、大数据审计试点的建设

大数据审计信息化建设是一个系统工程,选点示范对开启和稳步推进政府大数据审计信息化建设具有战略意义。如何在统筹布局的顶层规划下,围绕“金审三期”建设目标规划大数据审计信息化建设进程,选择某行业进行试点,以数据分析为核心,找到突破口,同时优化顶层规划,成为目前最紧迫的任务。

根据金审三期规划的审计综合分析系统和审计指挥系统建设要求,以数据分析为核心,以信息使用(数据采集、数据信息应用、数据管理)为主线建设审计作业平台,以单位内各部门职能为模块构建审计指挥平台,通过整合“职责、项目、流程、资源、成果”五项内容,搭建包含各大板块的信息管理系统,该系统满足数据采集,数据处理,数据分析,建模,数据信息高度共享、上下级纵向协调调动,各环节间横向互动的工作要求,完善数据分析与利用的全过程。

在调研和访谈过程中,我们发现农信社具有良好的数据基础,作为大数据审计的试点具有较高的可行性。另外,经济责任审计作为近年来亟待开展的工作,由于其涉及相关调查人员众多,评价标准复杂,需要处理的数据量丰富,应用大数据技术能够更有效地执行经济责任审计。在这些试点开展大数据审计,积累充分的经验,有利于将来大数据审计的普及。

第六节　结论与建议

基于前文的理论分析和实践调研,本课题得出以下结论:

从整体而言,当前我国信息化审计发展程度不高,同时还存在着较大不平衡,以江苏和浙江为代表的沿海发达省份信息化审计发展相对成熟,ZSX 信息化审计发展相对落后。目前 ZSX 具备开展信息化审计条件的主要集中在省审计厅和市审计局,开展较多的是电子数据审计,信息系统审计和联网审计开展还很不够。

大数据带给 ZSX 政府审计的挑战主要有三个方面:对审计制度不完善的挑战、对审计人员技能和思维的挑战和对审计机关技术能力的挑战。

大数据带给政府审计变革主要集中在三个方面:一是审计数据来源的丰富,既有内部数据,也有外部数据,既有非结构化数据,也有结构化数据;二是云技术的应用,大幅提高了审计人员的工作效率和平台设备的使用效率;三是大数据分析技术的应用,主要包括侧重相关分析、强调实时处理数据、处理高度混杂性的数据。

大数据带给 ZSX 政府审计的积极影响包括更新审计思维、扩大审计内容、提高审计效率、提升审计质量、提升审计机关在国家治理中的话语权。

政府审计应对大数据的挑战的对策有:在审计制度建设方面,设置相应的机构、完善配套法规及标准建设、完善审计评价体系、强化数据安全和建立数据导向的审计运作机制;在审计队伍建设方面,开展系统培训、引入计算机背景人才、建立数据分析团队;在审计技术建设方面,推进数据平台建设、推动与技术的应用、提高审计软件水平;在完善审计内容方面,制度信息系统审计准则、开发信息系统审计专用软件、推进联网审计实施;在大数据审计试点的建设方面,可以从农信社和经济责任审计两个试点出发,探索大数据审计的实施方案。

参考文献

[1]刘家义. 论国家治理与国家审计 [J]. 中国社会科学, 2012, 6: 60-72.

[2]刘汝焯. 计算机审计技术和方法[M]. 北京: 清华大学出版社有限公司, 2004.

[3]刘汝焯. 信息环境下的计算机审计方式[J]. 审计与经济研究, 2008, 1: 14-19.

[4]杨周南, 中国会计学会. 计算机信息处理环境对会计理论与实务的影响及对策研究[M]. 北京: 中国财政经济出版社, 2002.

[5]胡建敏. 信息技术在我国审计中的应用研究[D]. 武汉: 武汉大学经济与管理学院, 2005.

[6]BRAUN R L, DAVIS H E. Computer-assisted audit tools and techniques:

Analysis and perspectives[J]. Managerial Auditing Journal, 2003, 18 (9): 725 -731.

[7]ORNA E. Practical information policies: How to manage information flow in organisations[J]. Gower, Aldershot, 1990.

[8]WEBER R. Information systems control and audit[M]. Prentice Hall Upper Saddle River, 1999.

[9]陈婉玲. 我国审计机关计算机审计的一些最新发展[J]. 审计文摘, 2007, (11): 66 -67.

[10]刘家义. 加快审计信息化建设的思考[J]. 中国审计, 2000, 9.

[11]满海艳. 浅谈审计信息化的研究与实践[J]. 科技创新导报, 2010, (9): 191 -191.

[12]张志军. 信息化环境下的计算机审计探讨[J]. 审计与理财, 2012, (7): 18 -19.

[13]陈希晖, 陈伟. 信息化环境下审计成本的影响因素分析[J]. 生产力研究, 2008, 23: 160 -162.

[14]胡晋湘. 信息系统环境对计算机审计的影响与应对[J]. 商业会计, 2011, (16): 71 -72.

[15]何晓楠. 计算机审计对审计信息化的影响[J]. 现代商业, 2010, (5): 213 -213.

[16]盛碧荷. 信息化条件下政府审计存在的问题与对策[J]. 科技信息, 2010, (029): I0024 -I0025.

[17]AGRAWAL D, Jr. Challenges and opportunities with big data[J]. A community white paper developed by leading researches across the United States, 2012.

[18]MANYIKA J, Jr. Big data: The next frontier for innovation, competition, and productivity[J]. 2011.

[19]LOHR S. The age of big data[J]. New York Times, 2012, 11.

[20]HOWE D, Costanzo M, Fey P, et al. Big data: The future of biocuration [J]. Nature, 2008, 455 (7209): 47 -50.

[21]BARANIUK R G. More is less: signal processing and the data deluge[J].

Science(Washington), 2011, 331 (6018): 717 –719.
[22]MANEGOLD S, KERATEN M, THANOS C. Special theme: Big data[J]. ERCIM News, 2012, 89.
[23]KALIL T. Big data is a big deal[J]. The White House, 2012.
[24]DUMBILL E. What is big data? An introduction to the big data landscape [J]. oreilly com, http://radar oreilly com/2012/01/what – is – big – data html, 2012.
[25]PETTEY C, Meulen R. Gartner's 2012 hype cycle for emerging technologies identifies "Tipping Point" technologies that will unlock long – awaited technology scenarios: Gartner. 2012.
[26]GANTZ J, REINSEL D. Extracting value from chaos[J]. IDC iView, 2011: 1 –12.
[27]孟小峰，慈祥. 大数据管理：概念，技术与挑战[J]. 计算机研究与发展，2013，50 (1): 146 –169.
[28]缪其浩. 大数据时代：趋势和对策[J]. 科学（上海），2013，65 (4).
[29]李国杰，程学旗. 大数据研究:未来科技及经济社会发展的重大战略领域——大数据的研究现状与科学思考[J]. 中国科学院院刊，2012，(06): 647 –657.
[30]林志刚，彭波. 大数据管理的现实匹配，多重挑战及趋势判断[J]. 改革，2013，(8): 15 –23.
[31]沈浩，黄晓兰. 大数据助力社会科学研究:挑战与创新[J]. 现代传播(中国传媒大学学报)，2013，(08): 13 –18.
[32]维克托·迈尔·舍恩伯格，肯尼思·库克耶. 大数据时代：生活，工作与思维的大变革[M]. 杭州：浙江人民出版社，2012.
[33]冯芷艳，郭迅华，曾大军等. 大数据背景下商务管理研究若干前沿课题[J]. 管理科学学报，2013，16 (1).
[34]张徐. 大数据和云计算在金融行业的未来趋势[J]. 中国连锁，2014，(01): 19.
[35]蔚赵春，凌鸿. 商业银行大数据应用的理论，实践与影响[J]. 上海金融，2013，(09): 28 –32.

[36]白涛中. 大数据时代银行业内部审计发展的战略思考[J]. 金融时报: 009.
[37]许金叶, 许琳. 大数据审计: 物联网建设的制度保障[J]. 会计之友, 2013, (33): 118-121.
[38]秦荣生. 云计算的发展及其对会计、审计的挑战[J]. 当代财经, 2013, (01): 111-117.
[39]黄铧焕, 薛丽芳. 大数据, 大政务, 新网络——大数据时代电子政务网络的发展方向[J]. 电子政务, 2013, (05): 104-109.
[40]丁健. 浅析大数据对政府 2.0 的推进作用[J]. 中国信息界, 2012, (9): 12-14.
[41]相海泉. 迎接大数据时代[J]. 中国信息界, 2013, (5).
[42]俞立平. 大数据与大数据经济学[J]. 中国软科学, 2013, (7): 177-183.
[43]马建光, 姜巍. 大数据的概念, 特征及其应用[J]. 国防科技, 2013, (2): 10-17.
[44]严霄凤, 张德馨. 大数据研究[J]. 计算机技术与发展, 2013, (04): 168-172.
[45]宗威, 吴锋. 大数据时代下数据质量的挑战[J]. SXA 交通大学学报: 社会科学版, 2013, 33 (5): 38-43.

第六章

地方政府审计职业能力建设研究

第一节 引　言

一、问题提出

国家治理是一个永恒的主题。借用美国著名政治学家、行政学家盖伊·彼得斯教授对政府改革的描述，国家治理可以理解为一个持续不断的过程，而且几乎可以肯定的是，只要国家存在，这一过程就永远不会停止。党的十八大明确提出，审计监督是党和国家监督体系的重要组成部分，审计制度是中国特色社会主义制度的有机组成，其对中国特色社会主义制度建设起着重要的基础性支撑作用。审计作为国家治理体系的重要组成部分，审计范围和职责的拓展、实现对公共机构、公共资金及国有资产资源的全覆盖监督，是构建现代国家的重要内容，也是推动政府向现代责任政府转变的重要支撑。

按照宪法，我国审计机关设立在县级以上的各级政府内。国务院设立审计机关，对国务院各部门和地方各级政府的财政收支，对国家的财政金融机构和企业事业组织的财务收支，进行审计监督。县级以上的地方各级人民政府设立审计机关，地方各级审计机关依照法律规定独立行使审计监督权，对本级人民政府和上一级审计机关负责。在国家治理大系统视角下，地方政府审计承担的职能必须依靠职业化的队伍去实现。

我国审计法对审计工作内容的规定展现了以下特征：监督对象多元、单位众多、内容多样、作用综合，这些特征决定了政府审计工作的高度复杂性。因此，对审计人员职业化水平的要求同样体现在许多方面，包括：在知识结构上，对财务、审计知识的全面掌握，法律、经济知识的基本了解；在能力结构上，专业能力、沟通能力、组织能力、创新能力成为担负相关政府审计职务的必要条件；在思维层次上,不仅是按照既定程序对审计项目的简单惯性思维方式,而且要善于挖掘审计信息,从中发现体制性、倾向性等深层次问题的关键线索,并进行预测、提出行之有效的建议,进而完善和改进制度建设。

地方政府审计人员的现实情况与政府审计定位对职业化水平的要求存在着一定的差距,主要表现在:①缺少多元化的知识体系,财经背景出身的审计人员过多地运用会计财务思维发现问题,对具体业务缺乏了解,就难以发现运行环境中的潜在风险,致使审计监督与会计监督同质化。②缺乏职业需要的行为技能训练和意识养成,政府审计人员在运用专业知识解决问题时,不能立足于服务公众的根本需求去进行思考,与政府当局和其他管理机构缺乏有效沟通,导致审计报告利用率低,信息量少,难以实现政府审计的治理功能;③缺少对政府审计职业能力的系统性认识,在职培训和系统教育缺乏针对性,培训内容仍以审计知识、政策解读、项目管理、准则变化等专业知识的讲授为主,较少涉及数据化审计、流程再造、风险分析等复合技能培训。因此,在现代政府治理中,审计对执业人员的期望和现实情况的差距引起了理论界与实务工作者的高度关注,如何培养数量充足的高素质复合型政府审计高素质人才成为学术研究的热点,加强审计职业能力建设的探讨和研究被提上日程。

二、政府审计职业能力研究现状

研究政府审计职业能力,首先应该对职业能力的内涵有一个明确的认识。所谓职业能力,原是职业教育中的概念,后来由被应用于许多领域,国际上不少组织对职业能力有自己的见解,其中加拿大注册会计师协会(CGA)、英国继续教育处、南非公共会计师和审计师委员会(PAAB)以及国际会计师联合会(IFAC)的观点比较具有代表性。加拿大(CGA)将分析的焦点集中于职业能力的投入上,认为职业能力是指承担职业角色而必须投入或具备的知识、才能、素养的综合。1984 年,英国在呼吁继续教育的能力本位体制改革时扩展了职业能力的投入要素,认为职业能力不仅包括知识、技能,还应将态度和经验纳入评价体系之中,并且指出所谓的态度既包括在职人员对工作的责任度,又包含了职业角色改变或换位时的成熟度。南非(PAAB)的总结虽然大同小异,却也具有一定特色,他们认为应该将职业能力与课程框架相结合,运用课程框架开发的认可模型来总结职业能力、强调职业标准,这个职业标准必须是完成角色或任务的国家标准或国际标准。而国际会计师联合会认为必须将职业能力放在了一个真实的工作环境中,因此,职业能力不仅囊括了现有的能力要素,还包括了根据工作环境变化来协调自身的适应能力。

针对职业能力的研究,国际上分为四个阶段:①任务能力阶段,这一阶段的研究将工作分解成许多任务,然后叠加形成能力,但是在接下来的能力本位理念中,澳洲国培部否定了以工作任务为核心来理解职业能力的培训体系,他们认为应该用广义的视角去看待能力基础;②整体能力阶段,这一阶段的职业能力将关键点集中在在职人员可以承担多重角色或多个职业的一般素质上,也可以称为一般能力或通用能力,例如人际交往能力或计算机能力。③关键能力阶段,强调职业环境变化时员工能否快速适应,曾在20世纪90年代的欧洲职教界引起强烈反响,多被用在职教课程改革方面;④整合能力阶段,这是对前三种理论的总结和完善,既避免了只强调任务技能,又不仅仅是一般性职业能力,更不是特定角色下的能量补充,而是将一般职业能力与真实工作环境或岗位结合。对于何谓"能力",美国学者盖力(Larrie Gale)和波尔(Gaston Pol)曾在《能力:定义与理论框架》一书中有过较为精准的界定,他们认为能力必须与需要胜任的社会角色联系起来,包括岗位所需的职业知识、职业能力、职业动机、职业态度和对真实工作情景的理解力等,这些元素形成有机整体后,合力作用于工作职责地履行。

目前,国内对政府审计职业能力的探索才刚刚起步,对于如何界定审计职业能力的具体内容,以及职业能力建设的制度设计还缺少理论指导。审计职业能力是政府审计改革的深化、审计质量提高的基础,同时也是推动政府审计可持续发展的关键因素,政府审计是国家治理的特殊组成部分,其职业能力的提高,有利于我国政府审计工作目标的实现,有利于实现整个国家的良治。

(1)关于审计能力的研究。学者们主要阐述了审计能力建设的内涵和意义,少量作者将审计能力带入国家审计领域进行研究,并提出审计能力建设的策略,但是并没有从学术理论方面对审计能力与审计职业能力加以明确界定和区别讨论。不同于审计职业能力,审计能力是指审计职业完成审计任务、实现审计目标、满足社会需求的能力,它是一种审计服务的供给能力,是针对整个审计机关的执行力,在这种执行力中,既包括审计机构建设、内部组织管理,也包括人才队伍建设、甚至审计项目过程性控制等一系列因素的综合影响。

马德林(2018)着眼于党的十九大对国家审计管理体制的改革,分析提出审计人员应全面提升职业素养与专业能力,发挥主观能动性,积极适应新时代国家发展和改革的新要求。陈媛(2006)认为审计能力的建设路径离不开国家审计机关对审计组织内部的各项活动所进行的控制与指导,对审计人员的管理控制可以分为建立审计文化、加强人员培训、完善人事制度、保障人员正当权利、建立人员监督机制。宋夏云(2006)将国家审计专业胜任能力的强化机制研究作为国家审计目标实现的重要因素。

(2)关于审计职业化的研究。所谓审计职业化,是指国家审计人员能够根据法律赋予的监督权,将国家审计作为一种职业,拥有承担工作角色的职业技能和职业意识。朱登云(2008)认为国家审计职业化可以从以下方面展开:首先是职业化标准的建立,其次是如同公务员考试的审计职业统一考试制度,最后是立足于新型审计人员职业标准的培养模式。潘学模、张序(2009)将资格准入作为政府审计职业化设计的核心元素,用以判断相关人员是否拥有资格进入政府审计行业。陈莉(2009)总结了社会学家库尔特根(Kultgen)针对大量行业研究后做出的职业化特征分析,对审计职业化进行了形象具体地描述。王鲁平、李健(2013)研究认为现阶段国家审计职业化改革的重点是在行政管理的基础上有效融合嵌入业务管理模式。

(3)关于审计职业能力要素的研究。审计职业能力包括职业知识、职业技能和职业素养,这一类型的文献专注于构成审计职业能力的要素研究,具有代表性的是审计职业判断能力的研究和审计职业道德研究,审计职业判断属于职业技能范畴,职业道德研究属于职业素养范畴。审计职业是以高水平的技术胜任能力和内化于职业过程中的责任程度为其特征的,它需要运用成熟的、合乎逻辑的判断。张淑华(2007)认为审计职业判断能力与审计准则之间存在着紧密的关系。许艳(2012)认为审计职业判断能力贯穿审计活动的始终。由此可以看出,审计判断是审计人员完成审计目标的必修技能,也是职业能力现状的充分体现。

(4)关于审计职业能力提升路径的研究。霍凯琳(2014)从立法、行政规章和内部规章三个方面研究了如何提高国家审计人员的职业能力,认为制定一系列引导性政策是提高职业能力的重要路径。雷三元、李宁(2016)认为挖掘现有审计资源潜能,是破解当前审计目标与审计资源矛盾的关键,由此提出以职业能力为核心,围绕职业技能测试、审计指南编撰、仿真训练系统、审计搭档机制、标准程序套餐、审计作风纠察、质量终身责任制及多元化考评机制等八个方面进行了分析阐述。

(5)关于审计职业道德的研究。审计职业道德是审计人员的行为规范,这种规范要求审计人员以满足社会需要为目标,在工作过程中承担责任、履行义务,并且在长期遵守的情况下形成审计人员的职业素养。张冬梅、叶陈毅(2007)将审计职业道德定位成审计任务是否完成的必要保证。王祯(2007)认为职业理念、道德和作风共同构成了审计职业素养。

(6)关于国家审计职业能力的同义性概念研究。所谓的同义性,是指与国家审计职业能力在内涵上的重叠和交汇。通过总结,发现关于国家审计专业胜任能力方面的文献具有一定的代表性。宋夏云(2011)通过对宁波地区的调研,发现政府审计人员专业胜任能力框架要素包括:专业品质、专业知识、专业技能等。王军(2007)通过文本分析、专家评议、行为事件访谈和问卷调查完成了注册会计师专业胜任能力模型构建,注册会计师胜任力特征包括三个层次,分别是沟通和领导能力、国际业务能力和高层次的业务技能。

综上所述,关于国家审计职业能力的文献较少,学者们多以国家审计职业能力的界定为中心进行研究,虽然各有侧重,但是总体来看,关于国家审计职业能力内涵的认识已经取得了比较一致的看法,但同时,还应看到现有研究存在的明显不足:政府审计职业能力建设缺乏体系规划。

目前,我国对政府审计职业能力的研究大部分是对国外研究成果的介绍。在文献梳理过程中,我们发现,现有研究成果多是倾向于审计职业能力的一个方面或一个领域,对于审计职业能力的建设只有在涉及部分内容时提出了一些设想和讨论,虽然对于本项研究具有一定的启发,但是缺少完整的分析,尚不足以成为加强政府审计职业能力建设的理论基础;另外,现有成果缺乏系统性理论的指导,关于政府审计职业能力建设的研究,多是从职业教育的视角下考虑,展开相关审计从业者的经验分享,缺乏学术性探索,研究成果略显零散,系统性不够。

第二节 政府审计职业能力的理论基础和需求分析

一、政府审计职业能力的内涵

(一)职业能力与专业胜任能力的关系

专业胜任能力是指相关人员具备从事一定领域的工作或者可以处理好特定行业事项的能力,而职业能力的解释是人们从事其职业的多种能力的综合,有学者将职业能力解释成针对工作任务的胜任能力(徐国庆,2007)。这种说法可以从两种角度思考:其一,将职业能力作为一种心理要素,是从工作任务中分解出来的,所以在讨论获取职业能力时需要以工作任务的分析为基础;其二,职业能力虽然是心理要素,但是内容与工作任务息息相关(宋艳,2001),经济技术的飞速发展决定了职业能力的演变,因此关于职业能力的理解必须放在这种变化的关系中去研究。从本质含义上,职业能力是一种"联系",其获取是在工作任务要素与知识能力之间形成联系。

从狭义来说,专业胜任能力强调专业性,特指从事某一职业的专业能力。例如求职过程中招聘方对求职者专业知识或专业技能的考察;职业能力属于人力资源学或心理学的概念,强调综合性,除了专业能力外,还强调一般能力或关键能力。因此,由此看来,职业能力包涵了专业胜任能力。

从广义来讲,审计专业胜任能力强调胜任,也就是说将其定义为担任政府审计人员角色所必需的立场、知识、能力、态度和经验的整合。而审计职业能力强调胜任能力,指担任角色而发生的投入要素,包括职业知识和职业技能,因此专业胜任能力包涵了职业能力,二者之间的差别在于分析的立场和角度上。

(二)政府审计职业能力的界定

职业能力一词最早是心理学的概念,在泰勒(Taylor)的"时间与动作研究"中,将其作为区别优秀员工与普通员工的显著性特点,在1973年大卫(David)发表的论文中首次被引入管理学领域,主要指与工作绩效相联系的知识、技能、动机和特质,同时否定了智力指标在绩效评价中的权威性,承认了职业能力对工作表现的重大影响,随后的许多专家也都提出了自己的观点(杨肃昌,2012),代表性的观点有认为职业能力是个体将拥有的知识、技能和素养在职业活动中进行类化和迁移后,能够完成工作任务的综合能力,在职业教育体系中,职业能力应该具有专业性、差异性、层次性、应用性、动态性。另有学者将职业能力定义为进行职业活动而需要的知识、技能、动机、特质的整合,并将职业能力分为三级,分别为通用职业能力、特定职业能力、综合职业能力。德赖尔(Dreier)(2001)认为职业能力具有三个特征:与真实工作环境有关、必然包括专业能力和个体特质、驱动和区分绩效水平。

因此,我们将政府审计职业能力定义为:在具备政府审计工作所需的专业能力、专业知识和专业素养时,能够在真实工作环境中表现出来的能力。也就是说,政府审计人员在既定专业标准(角色、任务、责任)下能够胜任工作的能力。宋夏云(2011)根据实证研究利用功能要素法,认为审计职业能力的核心要素有知识、技能和品质;其中比较核心的专业知识有会计审计知识、政策法规知识、财政金融知识;比较核心的专业技能有智力能力、技术运用能力、学习能力、应变能力;比较核心的专业品质有独立性、客观性、公正性、遵纪守法、职业谨慎、保密。

另外,关于审计职业能力的分析虽然并没有指明是针对个人或团体,但是基本上所有的相关资料都是从这两个方面进行交叉性阐述,除此之外,考虑到政府审计业务以项目组形式开展的特殊性,我们认为政府审计职业能力包括个人职业能力和团体职业能力。

二、政府审计职业能力研究理论依据

公共受托责任、国家治理理论、职业化管理理论是政府审计职业能力建设的理论依据。公共受托责任作为设计起点,在明确政府审计关系协调的自然属性时,引出了职业能力建设研究对公共责任委托人和审计对象的意义;国家治理理论是政府审计职业能力建设的最终目的,引导我们通过重新思考政府审计的角色定位和职能作用,明确现代政府审计的能力需求,来改进人才管理的制度设计,促进职业能力提升,服务于以治理为导向的政府审计改革。职业化管理理论为政府审计职业能力建设提供了方法,提倡根据政府审计运行的业务特点和审计人员成长的内在规律,形成有关的职业素养标准、知识技能标准和行为规范标准,并以此来规范和培养政府审计人员,促使其在实现工作目标的同时,提高专业技能、改进审计方式。

(一)公共委托责任下政府审计职业能力建设的必要性

政府审计起源于公共受托责任,是理论界和实务工作者形成的基本共识。所谓的受托责任,是一种比较普遍的关系,这种关系存在于接受委托经营或管理事务中,以最大善意充分体现委托人或托付人意志的责任。如何保证委托人或托付人利益的最大化是解除受托责任的核心问题,理论上,受托人在被授予相关财产管理权后,应该持有最大善意、采用最经济有效的手段,充分体现委托人意志。在国家治理的大环境下,政府被公众赋予直接管理社会事务的权力,基于对此权利的监督,审计与政府具有起源上的一致性,也被公众赋予监督政府运行的权力,并在《宪法》中明确。社会公众作为国家资产的最终所有者,直接参与行政管理并不可行,在此条件下,公众委托政府对国家进行管理,国家资产所有权和管理权的分离引起了经济监督的需要,政府审计应运而生。因此与公共受托责任之间密不可分的关系决定了政府审计的自然属性——关系协调。这是根据社会分工划分的,关系协调即包括政府审计与社会公众之间的关系协调,又包括审计与政府之间的关系协调。为了满足这个条件,政府审计除了需要正确的战略指导,还需要建立科学的职业能力建设体系,才能保证从业人员职业素质,进而影响政府审计职责履行的效果,影响公众与政府对审计组织的态度,最终反作用于政府审计人员的地位提升和价值实现。

1. 职业能力建设对审计委托人的必要性

政府审计的本质是向委托人解除经济责任,审计学家理查德·布朗(Richard Brown)认为审计与会计的起源时代非常接近,当时代进步需要委托他人管理财产时,对被委托人是否诚实的监督和检查也就变得必要,这里所包含的受托责任内涵正是政府审计产生的根本原因。所以,职业能力建设研究的进行既然关系到政府审计履行自身职责的效果,那么必然能够帮助政府审计更好地解除受托责任,尤其是在经济与民主理念深入人心后,公众委托人对政府审计需求产生变化的今天。具体说来,传统的政府审计以合法合规的真实性收支审计为核心业务,侧重预算管理和资金分配使用,关注财政体制运行和地方债务、监督地方执行政策,但是随着新公共管理运动的刺激和政府审计在国家治理系统中的重新定位,政府审计角色发生了由监督到服务咨询的变化,比起传统的政府审计,公众要求政府审计不仅要对国有资产使用的合法性或合规性进行监督,还需要出具对国有资产使用效益的评价报告,监督政府在行使财产经营管理权时的效益、效果和效率,这种需求的纵向深化无疑对政府审计人员职业能力建设提出了研究和实践的发展方向。

2. 职业能力建设对审计对象的必要性

职业能力建设对审计对象的意义体现在如何适应政府审计对象的扩展趋势上。作为政府审计的对象,政府对公营事业的管理涉及各行各业,由近几年 ZSX 省审计完成的项目来看,审计范围的横向扩张趋势特别明显,例如,对税务机制、优惠政策、经济制度监控和评价的民生政策跟踪审计或政策运行审计;在应对金融风险上,完善市场监管,建立健全地方金融体系和风险控制机制的金融审计;有针对政府重大投资项目、外资项目和重大突发性公共事件,促进调整优化投资结构的投资审计;还有针对国际贷款而进行的专项调查,跟踪既定项目的资金流向与社会效益;另外,还有促进强农惠农政策措施落实和建设资源节约型、环境友好型社会的农业审计和资源环保审计、精准扶贫审计……因此,审计涉及的部门多、行业多、覆盖面广,具有较强的宏观性,审计人员必须从全局上系统地了解、把握问题。

(二)国家治理视角下的政府审计角色和职能研究

1. 政府审计的角色定位

与社会审计(CPA 审计)相比,在工作目的上,政府审计在于发挥宏观监督的作用,惩治腐败、保护国有资产的安全完整;CPA 审计则是对组织的财务信息的合法性、公允性、一贯性提供合理的保证。在工作范围上,政府审计以各级政府的财政、金融、税收等部门以及重要公共开支方面(如大型建设投资项目、教育、科研等)为监督的主要范围,而 CPA 审计则只集中在企业的财务流程及与财务信息有关的内部控制方面。在工作方法上,政府审计的方法是多样的,可以结合被审计单位的具体情况,采取各种不同的系统化或规范化方法,其中也可以包括外部审计的一些程序;而 CPA 审计的方法主要是一些报表审计的程序。这些显而易见的区别决定了政府审计人员在满足一般审计人员职业能力要求的基础上,必然符合政府审计的特殊性要求。

从经济学的角度及我国国体和国家性质来看,在国家治理中,全体公民作为国家权力的委托人,政府机关作为代理人,在接受人民委托管理公共事务,支配公共资源时,必须接受人民的监督和审查,但是在这种关系中,委托人的范围广而分散,难以对政府实施有效的监控,于是政府审计应运而生。从审计的本质来说,它也是由于所有权和经营权的分离而引起的受托代理关系的产物,政府审计与国家治理起源一致。这也决定了国家治理不能脱离审计而独立存在,否则,国家治理体系将形同虚设,缺乏执行力。政府审计的社会属性是指政府审计与上层建筑(社会制度)结合后,随着人类社会的变化而形成和反映的状态。莫泽(Moser)①认为国家审计是实现大国良治的关键环节,主要表现在通过对政府管理的有效性评价,来帮助政府履行受托责任,改善行政管理水平,增强政府公信力。由此不难看出政府审计对国家治理的基础性作用,只有充分发挥审计的职能,才可以提升国家治理水平。

2. 政府审计职能的认识过程

第一阶段:经济监督论。这一阶段的观点核心是政府审计的监督性职能,旨在解除公共受托的财务责任。政府审计通过审计活动对被审计单位的财务活动进行评价,在确定会计信息的真实性上侧重于监督财务收支的合法性、合规性,目的在于维护法纪,保证国有资产的使用和消耗是否符合法规政策。

第二阶段:效益评价论。政府审计职能的提升体现在关注的重点上,政府审计成果不再停留于国有资产消耗或财政资金使用的真实合法,而是将焦点集中于合理性和收益性上,关注资源使用效率,评价项目未来收益。这种效益评价论较之经济监督虽然具有较大差异,但是又必须立足于经济监督论所强调的真实、合法基础上。

第三阶段:免疫系统论或国家治理论。李金华审计长曾在中央财经大学的演讲上称:“审计是国家治理的工具。”刘家义审计长有“审计是国家治理的免疫系统”的论断。在政府职能的实现过程中,个体和集体发展追求的不一致性和政府政务的不公开和不透明性,存在各种道德风险和逆向选择,导致政府难以履行公共受托责任,将人类行为导入财富创造活动。而政府审计作为国家治理的重要工具和监督机制的组成部分,通过发挥监督、评价、控制、预防、建设性职能在第一时间发现和揭示违反违规,制度不善、管理不规范等,并提出有效的解决办法(谢志华,2013)。国家审计的本质是国家治理这个大系统中内生的具有预防、揭示和抵御功能的免疫系统,核心是推动民主法治,实现国家良好治理,促进国家经济社会健康运行和科学发展,从而更好地保障人民的根本利益。国家治理

① 最高审计机关国际组织(International Organisation of Supreme Audit Institutions, INTOSA I)秘书长.

的需求决定了国家审计的产生,国家治理的目标决定了国家审计的方向,国家治理的模式决定了国家审计的制度形态(刘家义,2012)。

表6－1所示为基于公共受托责任演变的政府审计治理职能分析(表格来源:《审计与经济研究》期刊2009年1月)。

表6－1 基于公共受托责任演变的政府审计治理职能分析表

公共受托责任演变	政府审计职能侧重	政府审计相关职能描述
合法性	监督	以财务收支的真实性审计、合规性审计为主,注重打击腐败,提高政府信息透明度
效益性	评价	关注国家资源使用和公共政策运行的经济性、效率性、效果性,即绩效审计
社会性	前瞻	注重社会效益和民生问题,并能够预见各种体制层面的危机和风险

这三者之间彼此联系,互为条件,政府审计效益性评价职能必须在监督性审计的基础之上进行,而前瞻职能又必须以科学公正地效益性评价为前提。

基于政府审计职能的演变过程,我们着眼于未来政府审计体制改革的方向,在传统财政财务审计被动监督的基础上,提出了政府审计应该发挥激励促进的主动性职能:

(1)监督评价的管理性职能,绩效审计作为未来审计发展的主流,必然具有审计的基本职能。绩效审计虽然与传统审计的侧重点不同,但是仍以监督性职能的发挥为基础,除此以外,绩效审计更关注资源使用是否经济?投入产出是否匹配?与工作目标差距如何?有没有损害第三方或公众利益?尤其是在新经济时代转变经济增长方式的指导方针下,对经济政策或政府行为是否达到调整经济结构或者优化资源配置机制的评价尤为重要。

(2)激励促进的服务性职能,随着经济活动越来越复杂,人口经济快速发展对资源的需求与国家资源紧张的矛盾日益突出,越来越多的民众对审计职能的转变提出了要求,原来的监督评价职能远远不能满足现代经济发展,未来社会需要审计在经济增长方式的转变中发挥主动地建设性职能。以政府审计为例,必须考察公共服务分配政策是否合理,同时,在新公共管理的环境下,一方面为政府部门管理层提供独立的咨询和顾问服务,帮助政府官员了解哪些政府计划和政策行为能够有利于转变经济体制、优化资源配置方式,促进经济平稳发展;另一方面是针对已审计项目进行深层次地挖掘,以期获得更根本更宏观的信息资源,在直接作用于经济结构调整的同时,间接主动地为顺利转变发展方式提供服务。

(三)新公共管理理论对政府审计职业能力建设的借鉴

在西方国家,新公共管理理论是比较流行的行政管理理论,该理论以现代经济学为基础,主要作用于政府运作模式的改革。它强调在政府管理中引入市场竞争机制,利用先进的私营部门管理手段改造政府运行状态,倡导在政府人员的选拔录用、任职期间、薪酬晋升以及其他关键环节上采用极具灵活并富有成效的管理模式。在对该理论的基本内容进行总结后,我们发现其对政府审计职业能力建设的借鉴主要体现在以下五点。

1. 顾客导向的价值理念

新公共管理打破了传统政府与公众之间的上下关系,而是将政府定位为公众提供服务的角色,这与政府审计的起源一致,根据公共委托理论,政府审计也是以公众为服务对象,接受其委托对政府进行监督,因此,政府审计职业能力建设必须以公众需求为导向,在提升审计质量的同时,必须为公众提供更有价值的审计报告和建议。

2. 将市场机制引入公共管理

市场机制最明显的特征就是竞争,在政府管理中,竞争机制可以迫使有关部门和个人根据公众需求迅速改进措施或方法。政府审计职业能力建设中的竞争理念可以体现在人员的约束激励和优胜劣汰上。

3. 注重效率

新公共管理在注重效率时强调三点:首先是绩效目标控制,其次是重视结果,最后是重视私营组织的成功经验,如成本效益分析、全面质量管理等。在政府审计在职人员的培训中,存在遵守既定的法律法规、轻培训效果评估的做法,我们可以利用该理论来进行解决。

4. 改善公务员管理制度

新公共管理否定了公务员体制的核心特征：推行临时雇用制度、合同用人制度等，打破传统政府下关于常任官员无大错不得辞退的规定。在政府审计对象的经济业务和程序日益复杂化的前提下，引入相关领域的高端人才加入政府审计队伍辅助审计业务，将成为不可逆转的趋势。

5. 创建有预见的政府

新公共管理主张政府应该注重预防，在问题转变为危机时能够预见其可能性和影响程度，在采取有效措施的基础上只花费少量的成本，国家治理视角下的政府审计需要充分发挥前瞻性功能，这与创建有预见的政府不谋而合，因此，如何培养能够从有限的数据资源中挖掘出潜在信息的政府审计人才不仅是职业能力建设的目标，也是创建预见型政府的需要。

三、政府审计特点对执业人员能力需求分析

政府审计作为审计的“三驾马车”之一，必然具有审计行业的共性，但更重要的是其特殊性，主要来源于以国家治理重要组成部分为定位的行政型政府审计如何发挥主动建设性作用。

（一）政府审计的双重本质属性

政府审计的一项职责是接受公众委托，对政府各部门、国有资产占主导地位的企事业单位进行审计后，向公众反映被审计单位国有资产的使用情况，形成对被审计单位的监督评价；政府审计还是政府部门的内部审计，也就是说政府审计接受上级部门委托，对政府下级各部门、各机关的权力运用情况进行监督评价（张庆龙，2005），政府审计职责的履行决定了政府审计政治属性和业务属性的共存。

1. 政治属性

政府审计的政治属性是由我国审计管理体制所决定的。中央审计委员会的成立以及地方省市县审计委员会的相继成立，标志着政府审计机关不仅是行政机关，更是党的机关。前任审计长胡泽君明确指出审计是党和国家监督体系的重要组成部分，审计机关首先是政治机关，是党的工作部门（胡泽君，2020）。在学术研究中，曾有部分文献认为只有将政府审计隶属于最高权力机关——全国人民代表大会，才能保证政府审计的独立性，可是我国的人民代表大会并不直接

参与经济监管工作,隶属于人民代表大会的立法型政府审计监管必然和我国经济运行之间缺乏对接,造成审计监督的滞后性。政府部门作为最高权力执行机关,直接参与整体规划、经济发展调节、部门职责监控的全面管理工作,隶属于政府部门、在审计委员会领导下建立在行政管理上的审计监督,工作上将易于得到其他权力执行机关的配合和理解,也更利于借助政治运行的强制性,去保障审计工作的顺利开展。

2. 业务属性

政府审计的业务属性体现在专业服务上。政府审计虽然立足于行政管理,但所从事的工作性质仍然是专业的审计服务,并不直接参与经济管理,具有专业审计工作的特点。具体表现在:①独立性要求。政府审计具有审计的一般属性,必然独立于被审计对象,以此来保证审计结果的客观性和公正性。②专业性要求。政府审计的从业人员必须掌握审计会计等财经、法律的专业知识和技能。③规范性要求。和注册会计师一样,政府审计在履行职责过程中必须遵循相关的审计准则和职业规范。由此看来,政府审计管理上虽然属于行政序列,但是专业服务上仍然不能脱离审计本质属性。

(二)政府审计特点对执业人员能力需求分析

政府审计执业能力体现在很多方面,除了审计行业对政府审计人员执业能力的共性要求外,我们认为,上述关于政府审计的理论也对执业人员产生了以下需求:

行政和业务的双重职业能力。区别于注册会计师审计和内部审计,政府审计人员在进入工作岗位时必须经过国家公务员考试,对行政能力的考察是我国政府审计的行政性体制和国家审计的行政属性决定的。在行政能力要求的基础上,政府审计的业务属性又决定了执业人员的业务或技术能力,所以,我们认为政府审计的这种特殊准入制度决定了执业人员进入该领域的双重能力要求:行政能力和业务能力。考虑到公务员管理模式、且在行政能力建设体系上已经臻于完善,因此本文将研究重点放在业务能力建设上,在分析时立足于审计专业方向展开讨论。

政府审计业务能力可以按照不同的标准进行分类,在国内外的研究文献中有比较著名的功能要素法和结果分析法,经过归纳总结并结合前文关于公共委托理论和国家治理理论对国家审计定位、职能、范围的讨论,从思维和行为两个方面阐述政府审计对执业人员能力的需求。

1.政府审计人员需要拓展思维能力

宏观思维能力，是指在针对审计信息进行分析时，打破原有的专业界限，从更全面、更新颖的视角去分析和研究审计中的重点、难点和热点问题，并撰写有利用价值的审计报告，为领导层提供决策信息（刘莉莉，2008），这也是政府审计队伍需要人员结构和知识结构多元化的原因。

微观思维能力，微观思维作为宏观思维的对立面，区别于常规审计解决的财务处理、账务记录问题，这种思维要求国家审计人员在把握国家政策的基础上，从细节性、隐蔽性的审计线索中去发现政策执行、资金使用、行政效能等体制性或原则性问题，因此，这里所说的微观是相对审计成果而言的。

2.政府审计人员需要新技术运用能力

近年来，审计信息化已经成为不可扭转的趋势，政府审计作为执业范围最广、质量要求最高的审计种类，也面临着新型数据技术与审计业务的结合。这种新趋势有其产生的必然性：政府审计职能由监督评价到服务建设的转变需要审计人员对审计数据的归纳和整理不能仅仅停留在简单的计算统计上，而是应该进行更高级、更深层的数据分析和推理，才能掌握系统性、隐蔽性、趋势性的线索信息，为管理层承担好参谋角色。因此，大数据分析、区块链技术、数据挖掘技术、数据库应用等高级信息处理技术运用于审计业务是现代政府审计对执业人员的重要需求。

第三节 ZSX 省政府审计职业能力建设问题与成因分析

一、ZSX 省政府审计人员现状描述

据统计，ZSX 省政府审计现有从业人员 3734 人，其中省厅 268 人、地市级审计局 730 人、县（区）级审计局 2736 人。根据国际会计师联合会针对职业会计师工作发布的能力基础框架，分别有投入法和产出法：投入法是指以胜任政府审计工作为目的，职业人员进行知识、技能等要素的投入。而产出法是根据其担任的职场角色入手，将不同的工作任务根据其创造价值的差异进行分类，并设置相应的标准，来评价其完成程度。因此，我们将从这两个方面展开对 ZSX 省政府审计

人员职业能力的描述,其中来源渠道、学历结构、职称级别、专业背景属于体现投入要素的指标;完成项目数、审计效果、信息化水平、科研参与度属于体现产出要素的指标。

（一）来源渠道

ZSX省政府审计机关的人才来源有4种渠道,分别是公务员考入、其他单位调入、军转干部和其他途径。在省厅机关中,公务员考入72人,其他单位调入61人,军转干部135人;在地市级审计局中,公务员考入159人,其他单位调入372人,军转干部152人,其他47人;在县(区)级审计局中,公务员考入544人,其他单位调入1719人,军转干部225人,其他248人。

（二）学历结构

ZSX省政府审计人员的学历情况有博士研究生、硕士研究生、本科、专科及以下四种类别。据调查:在省级机关中有博士2人、硕士54人、本科生153人、专科及以下59人;在地市级审计局中有博士4人、硕士62人、本科生399人、专科及以下297人;在县(区)级审计局中有硕士57人、本科生1121人、专科及以下1526人。

（三）职称级别

政府审计职称等级分为高级职称、中级职能、初级职称、无职称,其中在省厅中有62人取得高级职称、132人取得中级职称、5人取得初级职称、69人无职称;在地市级审计局中有91人取得高级职称、361人取得中级职称、48人取得初级职称、198人无职称;在县(区)级审计局中有82人取得高级职称、790人取得中级职称、307人取得初级职称、1589人无职称。

（四）专业背景

根据调查的数据,政府审计人员专业背景分为会计审计专业、经济管理专业、工程专业、信息专业、法律专业、其他专业六大类。其中在省厅有84人来自会计审计专业、86人来自经济管理专业、17人来自工程专业、11人来自法律专业、10人来自信息专业、51人来自其他专业;在地市级审计局中有328人来自会计审计专业、185人来自经济管理专业、34人来自工程专业、39人来自法律专业、16人来自信息专业、104人来自其他专业;在县(区)级审计局中有1085人来自会计审计专业、604 人来自经济管理专业、170 人来自工程专业、159 人来自法律专业、92 人来自信息专业、698 人来自其他专业.

(五)审计业务量

最近一年,全省审计机关共审计单位和项目 8684 个,出具审计报告 8467 个,专项审计调查报告 217 个,向各级党委、政府和上级审计机关提交审计专项、综合性报告和信息简报 3366 篇,向被审计单位或有关单位提出审计建议 17035 条。与五年前相比,审计单位和项目增长 34.95%,审计报告增加 33.80%,专项审计调查增长 102.80%,向各上级审计机关提交的综合性报告或信息简报数量也增长了 30.87%,提出的审计建议数量也增长了 87.65%。

(六)审计结果

审计建议分为 7 类,分别为:账务处理不符合相关财务规定、查出违规浪费金额、核减投资、发现大案要案线索、向司法机关移送案件、建议给予行政处分、促进本单位建章立制。经过咨询和采访,我们发现:账务处理不符合相关财务规定类、查出违规浪费金额类、财务决算审签类审计项目占有的比重较大,而促进单位建章立制的有效建议相对比重低。

(七)信息化水平

经过咨询和访谈,政府审计的信息化程度还较低,难以满足现代政府审计活动的开展,具体表现在:客观上,审计信息化需要成熟的审计环境,目前的审计机关不具备审计信息化的专业软件和运用环境;主观上,现有审计软件的利用率不够,虽然审计人员掌握了基本的操作程序,但是难以将审计软件运用于工作过程中。

(八)科研参与度

ZSX 省审计厅下设研究所,负责全省审计理论研究工作。就现有资料来说,省厅从 2011 至 2019 平均每年公布省级重点科研课题 10 ~ 15 个,有定向委托,也有公开招标。另外,研究所于 2005 年开办专业期刊,积极关注政府审计的改革动向和优化路径。但是经调查全省审计机关中,参加科研活动人数情况如下:省厅中有 42 人参与,占总人数的 15.65%,市局中有 7 人参与,参与科研的人数占全省审计机关总人数仅有 1.32%。

二、政府审计职业能力存在的问题

政府审计职业能力问题的提出是基于现代政府审计职业能力需求和审计执业人员现状的比较，如何解决这二者之间的差距将是我们的研究意义所在。下面的问题分析会结合上文的业务能力需求，从基础专业能力、横向拓展能力和纵向拓展能力三个方面展开。

（一）主专业能力不足与工作任务日益增加的矛盾

伴随着经济总量发展、审计工作任务日益增加的趋势，对政府审计的专业能力水平提出了更迫切的要求。但是，反观政府审计实践，我们发现主专业能力不足与审计工作任务的递增趋势之间存在矛盾。

1. 干部来源渠道单一

结合图6－1，我们发现，其他单位调入的人员在政府审计机关中占绝大多数。根据审计机关的三级行政划分来统计后，省级机关和地市级审计局主要通过公务员考入和军转干部来进行人才补充，县（区）审计局主要通过其他单位调入来进行人才补充。不论是其他单位调入或通过军转干部渠道，都无法进行审计人才专业性考评。另外，公务员考入作为审计机关干部来源的重要渠道之一，占总人数的20.76%，然而结合最近几年来的公务员考试情况，报考进入部分审计机关的人员只需参加公务员统一考试和行政能力复试，就可进入审计机关工作，说明通过公务员渠道进入审计岗位的人员同样没有接受审计业务性考察。

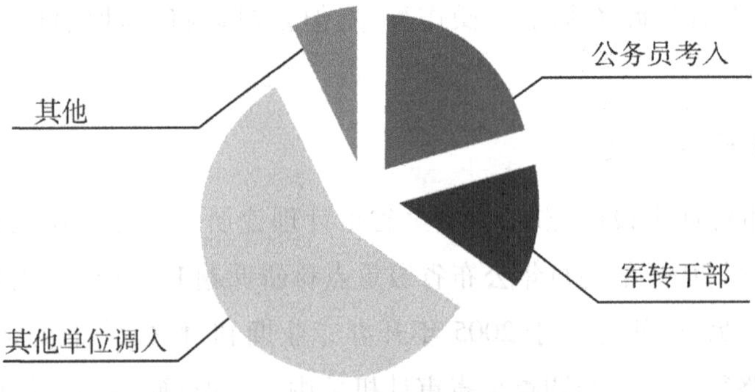

图6－1　ZSX省审计机关人员来源构成

2. 基层高学历审计人才占比小

在数据分析中，为了便于说明问题，我们合并博士和硕士人数，统一计算为研究生率。其中省厅研究生率为20.90%，地市级审计机关研究生率为8.08%，县（区）级审计机关研究生率为2.70%，高学历审计人才占比从省到县逐渐下降。

3. 专业技术力量不足

在研究ZSX省政府审计技术力量时，依靠的主要指标是获得专业职称的人数和比例，虽然不够全面，但是在一定程度上可以说明存在问题。具体数据见表6－2。

表6－2 ZSX省政府审计人员所获专业职称结构

审计机关	专业职称				总人数	无职称人数占总人数比重
	初级	中级	高级	无		
省级	5	132	62	69	268	25.75%
市级	48	360	91	198	730	27.12%
县级	307	790	82	1589	2736	58.08%
合计	360	1283	235	1856	3734	49.71%

由表6－2可以看出，在ZSX省政府审计队伍中，有49.71%的人员不具备执业资格的认证。虽然利用职称指标来反映审计专业技术过于以偏概全，但是无职称比率过大的局面必然无法满足审计任务量增加带来的业务能力需求。而且，部分审计机关中大量的领导人员和非业务人员占用审计业务编制的问题也是加剧二者矛盾的重要原因。

（二）队伍知识结构单一与新型政府审计需求的矛盾

1. 审计人员专业背景单一

审计内容的丰富要求多专业复合型人才与其相配，但是纵观ZSX省政府审计人员专业结构，审计或经济类专业人数接近总人数的2/3，工程、法律和计算机三个专业人数之和却只占总人数的14.68%，虽然通过近些年的努力，专业结构有所改善，但在审计工作量逐年递增、审计质量要求逐年增加的情况下，完成审计工作目标的压力越来越大。尤其是急需的工程专业背景人员，所有地市级审计局只有34人，按照11个市级审计机关的总量来平均，每个单位只有3人，而县(区)局更少，共有170人，按照107个县(区)级审计局的总量，平均下来，每个单位只有1.6人。在人员知识结构上，缺乏既懂会计审计业务、又懂企业管理、工程审计、金融投资等其他相关专业知识，并能运用和掌握计算机审计等先进审计技术的复合型人才。

2. 审计技术方法相对落后

信息技术的运用和研究已经扩展并深入不少行业和领域，许多接受政府审计的组织或单位已经实现了财务管理无纸化和信息系统局域网建设，实体运营模式的更新换代带来的审计环境变化，为传统审计方法提出了严峻的挑战。在审计项目分类中，专项审计调查、金融审计和投资审计具有占比大、资金流动环节多、涉及范围广、政策力度强、网络系统覆盖率高的特点，省级审计机关在业务过程中虽然能初步运用相关专业软件和数据库系统，但是部分地市级审计局和基层审计单位因为受到审计人员职业能力水平的影响，仍将手工审计作为主要的审计方式，运用现代科学技术完成审计的数量较少。

(三)惯性审计思维方式与提高审计信息利用率的矛盾

以审计监督性职能的实现为基础，建设性是现代政府审计的显著特征。随着政府支出规模的不断扩大，以及社会民主意识的不断增强，传统的财政财务审计已经远远不能满足广大人民对政府及其所属部门使用公共资源的了解需求，关注的重点不仅是审计的监督和事后控制，而是被审计单位或审计事项是否存在运营、财务风险，并寄希望于审计部门提出具有建设性对策，既促进有关部门不断改进管理效率、提升工作质量，又能够预见风险并及时采取措施将其影响程度最小化。因此，政府审计的建设性特征要求加强对审计成果的综合分析和利用，从宏观着眼，加大对审计反映的普遍性、倾向性问题和热点、难点问题的分析力度，形成数据真实、分析有据、措施可行的综合报告，提出建章立制、完善体制机制的建议，充分发挥审计服务经济决策和宏观调控的作用。拓宽审计成果的利用渠道，进一步推进审计成果的转化。

1. 审计成果利用率低

众所周知，财经类岗位谨慎、细致、严密，这种特有的职业特点导致了国家审计人员习惯于将简单细致的微观思维模式带入所从事的政府审计工作。从我国审计实践来看,基于行政型审计模式下的政府审计人员,受到宪法赋予审计权力的政策性影响,在审计过程中更看重行政方向,强调经济处罚。我们调查发现,目前基层审计机关人员从知识结构、政策理论水平、审计分析、判断、处理问题的综合能力,到工作的目的性、系统性、整体意识、层次感,均有极大地改善空间。主要表现在面对审计过程中发现的问题,没有追根溯源的理念,而是寻找相关规定章程或制度安排进行对号入座,缺乏对审计信息的系列性分析;难以从找出的规律性中寻找和研究普遍性、倾向性或体制性问题;不能提出宏观性强、针对性强、可行性强的有效建议。

2. 人员结构老龄化趋势

人员结构老龄化的趋势必然加剧单一的审计思维方式与提高审计信息利用率之间的矛盾。在研究过程中,我们将省审计机关人员年龄主要划分四个阶段:30 岁以下(含 30)、31 ~ 40 岁、41 ~ 50 岁、51 岁以上,具体人数分布状况见图 6 - 2。

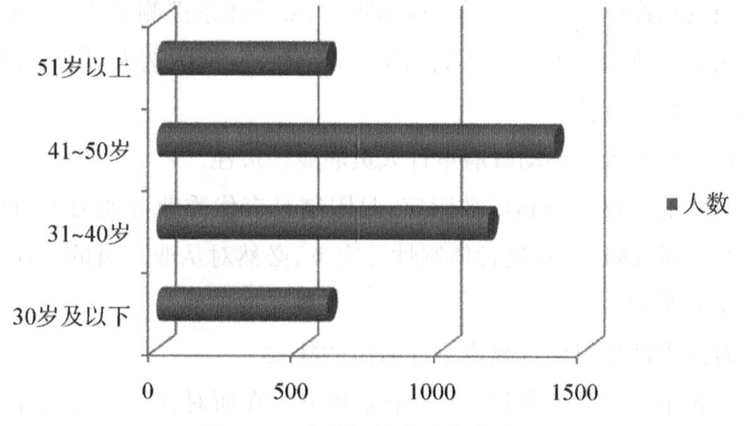

图 6 - 2 审计机关人员年龄分布

全省审计人员平均年龄经过统计后达到 45 岁。其实,审计人员的老龄化并不是审计思维单一的主导原因,而是现有的管理方式阻碍了职业能力的提升空间。目前审计工作专业性强,人员流动空间小、晋升难、交流少,导致长期从事审计工作的业务人员缺乏积极性和主动性,缺少对新方法新技术的求知欲,造成思维模式循规蹈矩,难以突破,在影响团体职业能力结构优化的同时形成非良性循环。

三、ZSX 省政府审计职业能力问题的成因分析

之所以造成上述的职业能力方面的问题，是因为政府审计公务员式的行政管理机制与现代工作理念缺乏对接。

我国在审计机制建立时选择了组织管理上隶属于政府的行政型审计模式。虽然与立法型审计、独立型审计和司法型审计相比，在独立性上不能得到根本保障，但是我们不能否认这种模式的政府审计对信息安全的显著性作用，尤其是针对涉及国民经济命脉的关键领域或行业。公务员式的管理机制侧重于行政能力的考核，主要表现在：准入机制上以行政能力测试为主，期末以勤能绩效廉为核心的行政式自我评价，晋升上按照行政序列，并对领导职数有严格限制。

虽然不能否认行政型模式的国家审计对国民经济建设初期的有利作用，但是强调执政能力的公务员化管理与审计行业不断提高业务能力的工作理念不完全符合。主要表现在以下几个方面

1. 行政式管理难以保证政府审计的职业胜任

公务员的选拔标准、角色定位、目标职责、激励体系都侧重于行政执业能力，于审计人员对专业知识的要求不符，因此，国家公务员的选人、用人标准不能确保政府审计的职业胜任。

2. 行政式管理难以调动政府审计人员职业积极性

公务员式的行政晋升和职数限定，是限制具有优秀业务能力的政府审计人员职业成长的重要障碍，在这种体制性冲突下，必然对从业人员的工作积极性产生一定的不利影响。

3. 行政式管理难以促进政府审计队伍的壮大

作为一种宝贵的人才资源，许多企业和单位在面对优秀审计人才时设计了很优厚的物质条件。按照行政管理模式的特点，将很容易造成审计人才的流失，进而影响政府审计的整体发展。总之，行政管理机制会将不少审计业务能力优秀的人才拒之门外，不能正确引导现有审计人才提升职业能力的积极性和主动性，也难以为政府审计转型和人员能力提升提供有效刺激和鞭策（见图 6-3）。

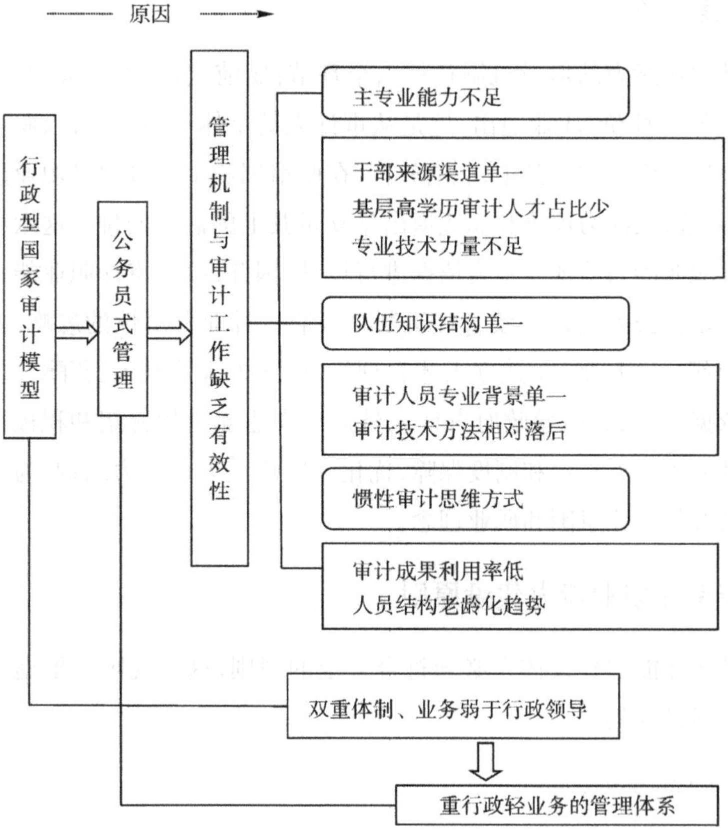

图6-3 政府审计职业能力存在问题和成因关系图

第四节 政府审计职业能力建设基本要素及方案选择

一、政府审计职业能力建设目的

(一)根本目的

作为政府审计改革的重要组成部分,实现政府审计职业化是职业能力建设的根本目的,政府审计职业化的内涵与政府审计职业能力建设要义不谋而合。审计职业化的目的在于通过科学管理,培养业务技能精通、知识结构全面、品格作风优良的专业审计人才队伍。审计人员职业能力建设作为实现政府审计职业化的关键途径和重要保证,服务于现代政府审计转型和职业化管理。

（二）直接目的

政府审计职业能力的形成机制包括六个环节：职前教育、人才选拔、在职培训、工作过程、能力评价、职业退出，这是从审计人员个体经历出发，以职业能力的形成过程来进行说明的。其中，职前教育、在职培训和工作过程是职业能力的形成状态，人才选拔、能力评价和职业退出是立足其上的制度安排。这六个环节又以政府审计职业能力认证体系为依据进行设计，因此，政府审计职业能力建设的直接目的是扭转公务员式行政管理机制对政府审计业务属性的忽略，主要表现在个体和组织两个层面：①建立人才管理机制，作为人才准入、薪酬、晋升、退出的政策性依据，加强和引导政府审计人员提升职业能力的愿望和积极性。②构建政府审计人才发展平台和制度保障，优化政府审计人才能力结构，为职业能力建设提供良好的文化氛围和职业理念。

二、政府审计职业能力建设原则

政府审计职业能力建设体系必须符合一定的规则，这些规则是根据现有职业能力建设实践设计的。

（一）统一性

目标统一性原理可以表述为：结构的设计和形式的选择必须有利于组织目标的实现。任何一个体系，都是由其特定的目标决定的，体系中的每一部分都应该与既定的目标有关系，否则它就没有存在的意义。

政府审计职业能力建设体系的统一性是指：组成该体系的各个要素虽然处于不同的系统中，但是在相互作用时必须拥有统一的目标，并且为该目标服务。这个目标也是上述的政府审计职业能力建设目标，即在引导和激励审计人员提高胜任能力的同时，促进政府审计职业化，也就是说，在职前教育处于高等教育体系中、人才选拔处于公务员准入机制中、在职培训处于技能速成培养体系中、能力评价处于人力资源开发制度中的大环境、大背景下，政府审计职业能力建设不再是各个子系统运作过程中被动产生的副产品。我们将政府审计职业能力建设作为以上要素发挥作用的主要目标，经过重新整合和设计，试图寻求政府审计职业化与职业能力影响要素的衔接点，在不影响其原有体系的条件下，实现政府审计职业能力自主提升。

（二）系统性

现代管理理论认为组织具有开放性，影响组织运行的因素不仅包括结构和技术，还有管理和联系。政府审计职业能力建设之所以要循序、系统、连贯地进行，是由于职业胜任能力在形成过程中具有内在逻辑：①审计职能由监督到服务咨询的变化；②审计知识由财经领域到多学科交叉的变化；③审计技术从手工审计到信息技术审计的变化。政府审计职业能力建设是指一系列有利于提高审计机关在职人员职业能力的活动，我们可以说目标的一致性是政府审计职业能力建设的重要特点，主要体现在系统化地解决问题过程中，对接政府审计职业能力建设的目标和每一个子系统，处理好建设要素之间相互影响、相互配合的关系，共同服务政府审计人员职业能力建设，合力作用政府审计管理体制的转型。同时，建设的重点化与一体化相互影响、不可分割。

（三）长期性

政府审计职业能力建设的焦点是实现公众对审计职能诉求的同时，创造最佳的审计贡献，即最大限度的审计信息利用取得的最大社会效益。但是传统观念认为，高质量和低成本是相互矛盾的，要培养高质量的审计队伍必然伴随着高成本，这样的观点导致了多年来政府审计缺乏职业能力建设的动力，如何解决高质量人才培养与低成本投入之间的冲突，正是本文需要关注的问题。为了能够将问题简单化，我们在此只考虑职业能力中的建设成本（投入成本）和机会成本（损失成本）（见图6－4）。

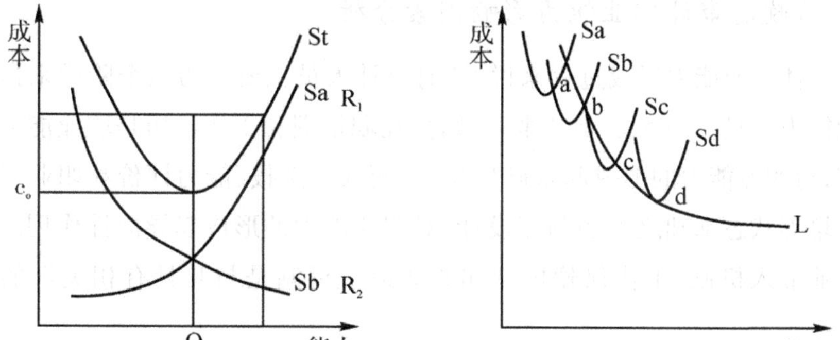

(a) 短期职业能力建设成本分析　　(b) 长期职业能力建设成本分析

图6－4　政府审计职业能力建设总成本曲线

在图6-4中,以成本为纵轴,以职业能力水平为横轴,R1为建设收益曲线,其上升趋势说明随着投入成本(此处并不是职业能力建设体系的投入成本,而是指现有的、与职业能力培养相关的个别活动投入,下同)的增加,职业能力水平也随之增加;R2为建设损失曲线,其下降趋势说明随着损失成本的增加,能力水平将随之降低。根据经济学规律,由图可知,二者交点Qo为最佳能力水平,此时总成本最低,为Co,在总成本曲线St中位于最低点。开始政府审计职业能力建设后,预防成本大大增加,表现在上图中时最佳能力水平不再是Qo点,而是Qo偏右的某一点,与此对应的成本量也必然大于总成本最低点Co,图6-4的a图就是传统观点运用经济趋势图的解释。

值得我们注意的是,不管是总成本最低还是能力水平最佳,都是立足于该曲线上来讨论,也就是说,是立足于一定的审计环境和组织水准下。但是随着职业能力建设的改进,必然达到量变临界点,此时的总成本曲线必然右移(见图6-4的b图),也就意味着,一定数量的成本将创造更高的质量水平,或者同样的质量水平需要更少的资源投入,这样经过长期的能力建设,成本曲线不断右移,数个短期的职业能力建设(Sa、Sb、Sc、Sd、…)投入成本点组成的曲线L在国家审计改革的长期性假设基础上必然与总成本最低点重合(图6-4的b图),因此,政府审计职业能力建设不能只关注短期利益,只有坚持职业能力建设的长效机制,才能实现审计人员执业水平的稳定增长。

三、政府审计职业能力建设方案选择

(一)政府审计职业能力影响因素分析

从个体职业能力形成过程来说,政府审计人员主要经历六个阶段来提升个体职业能力(见图6-5)。其中职前教育、在职培训和工作经历是职业能力的培养状态,对职业能力的形成起基础性作用,而人才选拔、能力评价和职业退出是建立在培养状态基础之上的制度设计,对职业能力的形成起导向性作用。政府审计职业准入机制、工作保障机制和职业退出机制是与其具有相关性的制度表现。

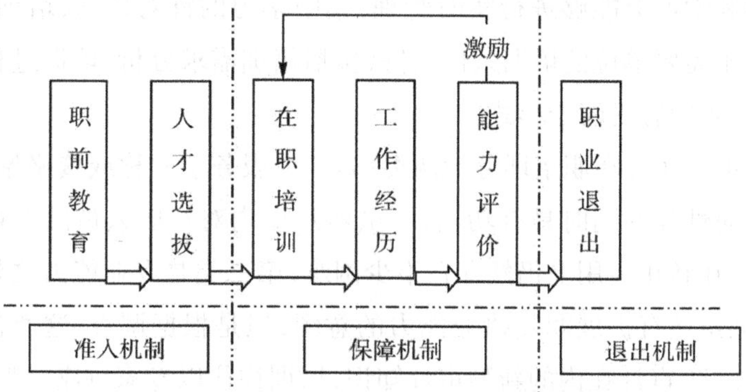

图6－5 个体的政府审计职业能力形成过程

1. 状态因素对职业能力的基础性作用

状态因素对政府审计职业能力的基础性作用体现在实现形式上，也就是说，不论是进入岗位前还是进入岗位后，政府审计人员的职业能力都是通过职前教育、在职培训和工作经历三种途径累积形成和培养起来的。首先，职前教育是在人才选拔之前地对审计专业知识的系统性学习，目前这部分的培养模式主要在大学教育体系中完成；其次，审计人员在职培训是培养职业意识和从业技能的先行官，促使审计人员将专业知识学以致用，不过在现有审计机关中，审计在职培训贯穿执业全过程 。

2. 制度因素对职业能力的导向性作用

制度因素对职业能力的导向性作用体现在各种实现形式对人才选拔机制、能力评价机制和职业退出机制的配合程度上。首先，职前教育的目的是培养胜任工作的专业人才，因此审计职业教育体系的建设应该与政府部门对审计人员的遴选系统一致；其次，能力考核和退出机制为政府审计人员提供了优胜劣汰的竞争环境，在职培训和工作过程的设计是培养如何立足审计部门。在职培训是为了让进入政府审计部门的在职人员更快速、更高效地融入真实的工作环境中；工作经历是为了将审计人员的职业能力充分地表现出来，并且在这种表现过程中再反作用于职业能力的提升。

（二）ZSX 省政府审计职业能力建设情况

1. 在职培训状况

ZSX 省审计厅拥有专门的培训中心，区别于社会或外界中以营利为目的的培训机构，这种机构属性和发展程度，有其优势所在，也暴露出一些问题。优势在于在组织和学习上能够进行实时管理，集中学习的针对性强、培训方式灵活；不足之处在于需要单位的培训条件支持，包括培训需求分析、培训过程监管和培训效果评估，否则容易流于形式。

ZSX 省审计厅的在职培训分为两类：第一类服务于职称或资格鉴定考试，这种培训在针对性强的同时具有功利性，虽然短期内对在职人员的专业知识进行了巩固，但是在转化运用上仍然存在不少困难；第二类是专业能力之外的关键能力，这种培训虽然有扩展职员执业能力的意图，但是根据调查，这类包括金融审计、投资审计、IT 审计在内的新型审计知识，培训往往以专家讲座的形式开展，所讲内容难以形成系统。除此之外，培训监管过程不力，不存在任何有效的培训考核或评价，这就导致培训中心的绩效考核以举办讲座场次数量为标准，造成对培训活动质量的长期忽视。

2. 工作过程监管

政府审计人员的职业能力是在工作过程中形成的，工作经历是职业能力培养的隐形途径。我们发现工作过程的监管（审计业务流程指导书、审计质量控制办法、审计结果公告制度等）对审计职业能力培养有一定的促进作用。

政府审计的制度化、规范化、标准化决定了职业公信力，但是从目前情况来看，我国在指导审计行为中，并没有硬性的量化指标，审计质量的控制重形式、轻实质，审计准则以程序、形式规范为主，忽视内在质量和损益。内审协会试行的《内部审计质量控制办法》也仅仅是利用了大量的模糊评价方法。依靠个人判断形成的审计成果会由于业务水平和思维方式的差别而参差不齐，审计职业规范上的不足又会造成基于该状态形成工作水准的置信范围扩大。

（三）职业能力建设局限性分析与方案选择

系统性的缺失是职业能力建设体系难以发挥作用的根本原因，具体表现在：

（1）为了提高政府工效率，建设现代政府、服务型政府，我国曾做过许多管理制度上的改革性尝试。作为行政模式下的政府审计，自然也受到不小的影响。以政务公开为例，政府审计也开展了除保密部门以外的审计结果公告制度，作为政府审计业务核心的在职人员，自然会为了提供专业有效和令公众信服的审计报告而产生提高职业能力的压力和积极性，但是这种程度的审计职业能力建设仅仅是作为其他政府制度改革的副产品，客观上促进和引导了职业能力的提升而已。

(2)在扩展培训内容和形式的同时,却没有改善审计培训的系统管理和效果考核,这种割裂了审计职业能力建设子系统之间联系的做法,导致审计培训对职业能力提升的作用甚微,对政府审计职业能力建设难以形成合力作用。

(3)在行政能力建设借助公务员制度趋于完善的同时,将审计职业能力建设等同于政府审计培训,因此增加培训内容、丰富培训形式成为职业能力建设的主要手段。

我们建立的政府审计职业能力建设体系是在分析 ZSX 省政府审计职业能力建设现状的基础上,将影响因素与审计职业能力目标相联系,对职业能力的形成过程进行再造和整合,完成审计职业能力建设体系的初步设计,激励和引导政府审计建设实践。根据能力建设的元素(子系统)数量和密切度,形成了图 6-6 所示的矩阵,用以列示可供选择的建设方向,横坐标表示能力建设元素的数量,也可以理解为建设活动的覆盖范围,纵坐标表示能力建设环节之间的密切度,也可以理解为建设目的的一致性程度;根据上述关于现有职业能力建设局限性的分析,我们的选择点将会落在 B 区域。

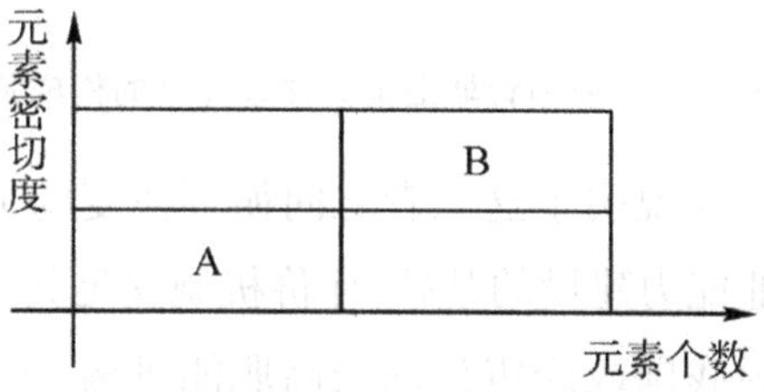

图 6-6 政府审计职业能力建设方案选择矩阵

这一区域的建设方案是指集中多元化建设。必须认识到政府审计职业能力建设是指一系列有利于提高审计机关在职人员职业能力的活动,这些活动之间具有密切的关系。而在现有条件下开展的个别建设活动,不仅只涉及在职培训方面,而且建设环节之间缺乏目标一体性,必然出现在图 6-6 中 A 区域。然而,政府审计职业能力建设是一项系统工程,从上述的建设情况的局限性分析来看,ZSX 省总体上缺乏完整的体系架构对其进行规划和控制。因此,我们从系统化的角度全面考虑,在寻求政府审计职业能力建设与各个子系统之间衔接点的同时,设计一套有效的职业能力建设体系来对其进行科学管理,统筹解决现有问题。

第五节　ZSX省政府审计职业能力建设体系设计

根据上文的分析，我们认为政府审计职业能力建设体系由下述内容构成（见图6－7）。以公众需求为导向的双向递增式职业能力认证体系、以职业能力为核心的多维度职业能力评价体系、以人才对接为基础的三位一体职业能力培养体系。

图6－7　政府审计职业能力建设体系的构成关系

图中外侧的箭头方向说明了这三者之间循环往复的关系，其中政府审计职业能力认证机制是职业能力建设的基础，评价机制立足其上，机制又按照评价标准去运作。审计署作为我国政府审计的最高职能机构，可以负责职业能力的认证，省级审计机关负责评价与培养，在协助审计人员进行认证的同时，又以此作为薪酬和晋升体系的依据。

一、以公众需求为导向的双向递增式职业能力认证体系

政府审计起源于公共受托责任，由上文关于理论依据的分析可以看出，公共受托责任的演变引起的政府审计职能提升转化为对审计队伍的职业化水平需求，复合型人才和知识结构成为现代政府审计胜任国家治理角色的必要条件，因此，职业能力认证体系服务于复合人才和知识结构的形成是以人民大众对政府审计转型的需求为导向建立的。政府审计业务属性在借助公务员式行政管理过程中走向完善，因此这里所谈的职业能力是针对政府审计的业务属性而言的。

(一)在职业能力认证等级上,避免模仿一般行业的职称评定体系

根据国家关于职业资格的有关规定,职业技能鉴定是针对一般劳动技能等级的鉴定过程,主观性大,含有许多定性或非量化成分。专业技术职业资格认证与职业技能鉴定不容易混淆,区别在于针对专业技术人员的职业资格认证具有客观性和可量化成分,要求的能力层次更高、针对人群专业性更强,有更严苛的认证条件,包括:职业技能鉴定和专业技术职业资格认证,我国社保部的五等分类最为常见(见图6-8),应用于许多一般性行业和领域(毕秀玲,2012)。

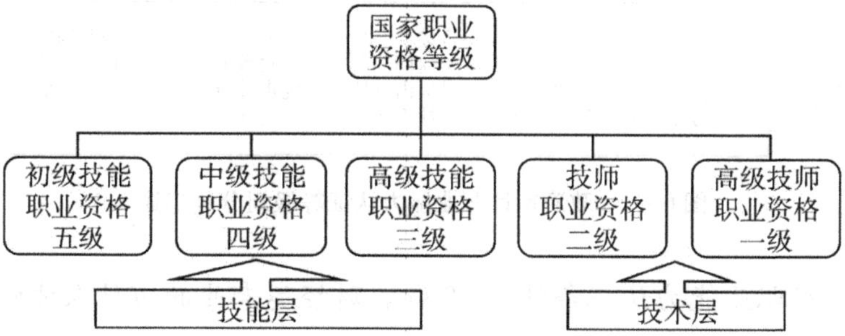

图6-8　国家标准职业资格等级分类

这五个等级的关系显示了它们之间具有承接性,职业人员可以通过努力不断晋升,通过技能层与技术层的发展通道,完成职业层次的转变。

政府审计的地位和职能决定了政府审计职业能力的认定属于专业技术职业资格认定的范畴。按照职业能力建设的要求,政府审计职业能力认定可以分为三个等级,并分别进行特征描述(见图6-9)。

关于审计业务类(三级职业能力)的认证包括助理审计师、审计师和高级审计师,这三个等级的差别在于专业能力的级别上,即现有国家审计资格证书体系,考试内容仅仅涉及财经类专业知识,高级审计师或审计师在题量和难度上超过助理审计师,但无论如何都没有跳出审计、会计专业知识范围,形式上也多为笔试。审计综合管理类职业资格和高级审计管理及咨询类职业资格将审计人员的综合能力、管理能力、跨专业职业能力纳入评价体系中,核心专业也不局限于财经范围,注重审计人员的拓展能力和政府审计建设性、服务性、主动性职能的发挥。

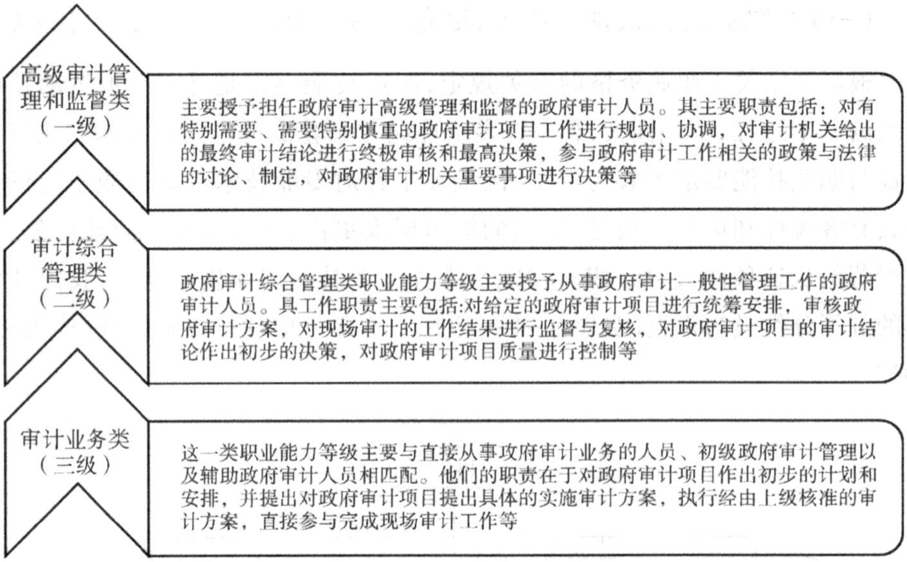

图6－9　政府审计职业能力认证等级划分和描述

（二）在职业能力认证条件上，开辟非财经类专业的审计人才资格通道

根据图6－9中的等级，参照宋夏云（2006）和张玉亮（2007）的研究，将政府审计人员职业能力要素获取的难易程度从低至高分为：

（1）一般性职业能力。这种能力不是政府审计的特性，主要是指一般职业都需要的能力，比如基本运算能力、语言表达能力、团队协作能力等。

（2）专业能力。主要是指从事财经类岗位的专业能力，包括专业知识、专业技能和专业素养，在进入会计师行列中，工作单位必然需要会计人员具备基本账务处理能力。

（3）方法能力。主要包括审计信息的收集和分析能力、独立制定审计计划并控制实施的能力、准确的评价和自我改进能力。

（4）领导能力。鉴于审计工作以项目组的形式展开，因此我们将审计的领导能力作为审计管理类职业能力认定必须具备的能力之一。所谓领导力，就需要引导、授权、管理、领导和组织项目组员去完成审计任务，保证审计质量。

（5）跨职业的专业能力。是指在政府审计行业中，除财经类的主专业能力外的其他相关能力，可以是语言能力、工程管理能力、计算机应用能力、政策理解和运用能力。

(6)拓展能力。与专业能力的密切程度最大,是指为了追求政府审计工作质量的最优化,由专业能力延伸出的创造性能力,强调在改造自然、改造社会的过程中表现出来的能动性和创新性作用(宋兆晴,2012)。

基于以上分类,为了更明确这三种职业资格能力认证等级之间的区别,我们设计出国家审计职业能力需求等级(见图6-10)。这里所说的双向分为财经类与非财经类,其中梯形的最右边是非财经专业晋级通道,因为考虑到国家审计队伍对专业多样化的需求,而特别开通的专业技术通道。

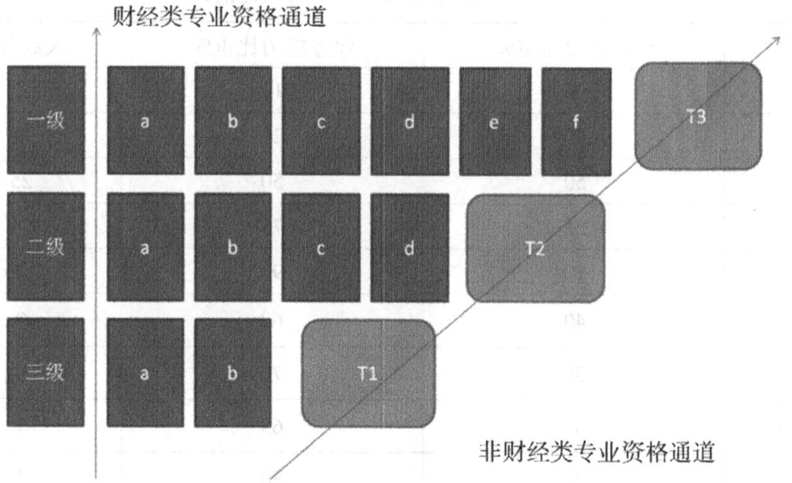

图6-10 政府审计职业能力认证需求分析

没有财经背景的专业人才在政府审计岗位上同样可以凭借自身专业知识进行任职资格的升级,只要达到原领域的相应级别,就可以申请国家审计行业的相同资格等级认证,影响其薪酬和晋升。只有这样才能保证国家审计人才队伍的多样化,进而通过从多角度、多思维、多方向的审计信息利用和挖掘,来促进审计质量的提升。

二、建立以业务能力为核心的多维度职业能力评价体系

(一)侧重业务能力的双重评价模式

双重评价指针对行政能力和业务能力的共同评价模式,在评价总得分中给予两者不同的权重来完成职业能力评价的整个过程,这是由政府审计的双重本质属性决定的,也是符合科学管理理论中财富分配原则的。基于政府审计职业

化注重业务属性的特点，我们认为应该加大业务能力性指标在评价体系中的占比。依据针对 SXA 地区的问卷调研，笔者将部分审计工作者对行政能力部分和业务能力部分在职业能力评价总分计算中应占权重的意见进行收集①，罗列见表6－3，这84条意见是从调查问卷中得到的，针对行政能力和业务能力的占比各位多少，表6－3对此做出了列示，最后一栏是据此计算出的平均值，因此我们将ZSX省政府审计职业能力的评价公式暂时确定为：政府审计职业能力评价得分＝37.5%行政能力得分＋62.5%业务能力得分。

表6－3　双重评价模式的权重统计情况

选项	行政能力比重%	业务能力比重%	人数分布
A	90	10	2
B	75	25	4
C	50	50	25
D	25	75	31
E	10	90	3
其他	40	60	7
	30	70	8
	35	65	1
	20	80	3
平均值	37.5	62.5	—

（二）业务能力评价的一级要素权重分析

上文中我们提到，这种双重评价模式是基于政府审计的本质属性而言的，有助于实现政府审计的职业能力建设目标。政府审计人员行政能力评价可以借助公务员管理机制进行，依据行政职位和职称级别进行不同的得分加权。在此前提下，业务能力评价成为我们需要分析的重要方向。政府审计师的职业能力是指政府审计师必须从事政府审计职业的专门技术和能力，并在专业技能范围内承揽、接受并进行政府审计工作业务。由此而衍生出职业能力研究中的两个方法：功能要素法和结果分析法。我们针对业务能力的评价也是依据该结论的两个

① 在接下来的分解中，行政能力是沿用比较成熟的公务员评价体系，在此处不讨论，这一层级权重的分解利用算术平均值法。

方面展开:一是政府审计职业投入资源的度量,包括专业背景、技术职称、工作经验培训成果;二是在真实职业环境中政府审计人员承担相应角色的工作状态的度量,包括工作数量、质量、难度以及最终效果(陈莉,2011)。

考虑到业务能力的分解层级和构成要素较多,我们采用层次分析法对其进行权重划分,首先是构成业务能力的一级要素:投入性要素和产出性要素。我们采用层次分析法中 A. L. Sarry 的比率标度设置 4 级发放问卷进行比较研究,相对重要性级为 a/b,取值可以是 1、3、5、7①,被调查者也可以根据自身看法填写中间值。

在此为了便于分析,我们仅考虑被调查项目的重要性或所占权重。其中,业务能力为 A,投入性要素和产出性要素分别为 B_1、B_2,根据 84 份问卷结果,我们进行先加权再构建判断矩阵(见表 6-4)。

表 6-4 业务能力一级要素判断矩阵

A	B_1	B_2	W	W_0
B_1	1	0.47	0.6852	0.3915
B_2	2.13②	1	1.0650	0.6085

运用相对重要性计算公式得到 B_1、B_2 的绝对权重分布 $W_1=0.6852$,$W_2=1.0650$ 在进行归一化后得到行政能力与业务能力在评价中占的比重分别为:0.3915、0.6085,扭转政府审计以行政能力主导的公务员式管理,注重和强调业务能力是政府审计职业化管理的重要目的,这种结果与政府审计职业化特征具有高度的匹配性,根据这一分析结果,得到了业务能力评价得分的计算公式:业务能力得分 = 39.15% 投入性要素 + 60.85% 产出性要素。

由此看来,业务能力评价更注重产出性元素,这也与政府审计的增值性作用相符,只有向委托人证明了政府审计的效果和贡献,才能不仅在职业能力评价中取得良好的成绩,而且在政府审计业绩考核上位于前列,反之,即使审计人员具有突出的职业技能、职业知识和职业素养,却不能在真实的工作环境中将其转化

① 1 表示两个元素相比,具有同样重要性;3 表示两个元素相比,一个元素比另一个元素稍微重要;5 表示两个元素相比,一个元素比另一个元素明显重要;7 表示两个元素相比,一个元素比另一个元素强烈重要。

② 得分总计为 179,平均数为 2.130952381,此处保留两位小数,下同。其中,得分均值保留两位小数,绝对权重 W、最大特征根 λ_{max},以及一致性指标 CI 等均保留四位小数。

为实际效益,那么在职业能力评价中自然不能取得良好的成绩,进而影响职业能力认证上的晋级。

(三)业务能力评价的二级要素权重分析

在业务能力评价中确定了投入性要素和产出性要素的比重后,还需对此进行再次细分,我们将根据前文阐述的观点将投入性元素分为:审计知识、审计技能、审计素养,产出型元素分为工作数量、工作质量、科研成果。其中,审计知识、审计技能、审计素养分别为 B_{11}、B_{12}、B_{13},根据 17 份问卷结果,我们进行加权后构建判断矩阵(见表 6-5)。

表 6-5　业务能力评价的投入性要素判断矩阵

B_1	B_{11}	B_{12}	B_{13}	W	W_1^0
B_{11}	1	0.24	0.42	0.4666	0.1251
B_{12}	4.17	1	3.13	2.3532	0.6308
B_{13}	2.36	0.32	1	0.9107	0.2441

根据公式 $CI=\frac{\lambda_{max}-n}{n-1}$ 做一致性检验,其中最大特征根 $\lambda_{max}=3.0362$,一致性指标 $CI=0.0181$,平均随机一致性指标 $RI=0.52$,$CR=0.0348<0.1$,说明此判断矩阵具有满意的一致性。

接着,根据各项目的绝对权重,经过归一化处理后得到专业知识、专业技能和专业素养的权重分别为 12.51%、63.08%、24.41%,因此可以得到投入性要素评价得分公式:投入性要素评价得分 = 12.51% 专业知识 + 63.08% 专业技能 + 24.41% 专业素养。值得注意的是:虽然专业知识和专业素养的权重小于专业技能,但是并不能说明在专业知识和专业素养在职业能力建设中可以被忽略和轻视,尤其是在这三个元素之间并不完全独立的情况下。层次分析法在此处应用的目的是提供了一种权重划分方法,我们并不能以此来决定在执业过程中面对知识、技能和素养的态度。

那么,我们可以同样采用此方法对产出性要素展开分析,设工作数量、工作质量、科研成果为 B_{21}、B_{22}、B_{23},计算结果见表 6-6。

表 6-6 业务能力评价的产出性要素判断矩阵

B_2	B_{21}	B_{22}	B_{23}	W	W_2^0
B_{21}	1	0.20	0.46	0.4485	0.1262
B_{22}	5.06	1	1.54	1.9819	0.5574
B_{23}	2.19	0.65	1	1.1249	0.3164

其中最大特征根 $\lambda_{max}=3.0184$，一致性指标 $CI=0.0092$，平均随机一致性指标 $RI=0.52$，$CR=0.0177<0.1$，说明此判断矩阵具有满意的一致性。因此，我们可以得到关于产出性要素评价的计算公式：产出性要素评价得分 = 12.62% 工作数量 + 55.74% 工作质量 + 31.64% 科研成果。

最后，结合总排序计算二级要素相对于业务能力的权重（见表 6-7），并进行合并一致性检验。

表 6-7 业务能力评价要素层次排序

<table>
<tr><td colspan="2" rowspan="2">业务能力一级要素</td><td>B_1</td><td>B_2</td><td rowspan="2">各二级要素相对于业务能力 A 的权重</td></tr>
<tr><td>0.3915</td><td>0.6085</td></tr>
<tr><td rowspan="6">二级要素</td><td>B_{11}</td><td>0.1251</td><td></td><td>0.0490</td></tr>
<tr><td>B_{12}</td><td>0.6308</td><td></td><td>0.2470</td></tr>
<tr><td>B_{13}</td><td>0.2441</td><td></td><td>0.0956</td></tr>
<tr><td>B_{21}</td><td></td><td>0.1262</td><td>0.0768</td></tr>
<tr><td>B_{22}</td><td></td><td>0.5574</td><td>0.3392</td></tr>
<tr><td>B_{23}</td><td></td><td>0.3164</td><td>0.1925</td></tr>
</table>

一致性指标按照下列公式：

$$CR = \sum_{i=1}^{n} W_1^0 CI / \sum_{i=1}^{n} W_i^0 RI \qquad (6-1)$$

计算结果 $CR=\frac{0.3915\times 0.0181+0.6085\times 0.0092}{0.3915\times 0.52+0.6085\times 0.52}=0.0244<0.1$，说明总排序的结果也通过了一致性检验。

政府审计职业能力评价体系是建立在这些因素的权重划分上完成的，接下来的工作是在此基础上细化和设计相应的指标和标准，即可以包括定性指标，也可以包括定量指标，只有全面客观地说明审计人员在工作中的实际表现，才能为审计人员的工资核发，职业上升等提供依据，创造竞争机制下的人才发展平台，引导和激励审计人员职业能力的主动性建设，并且，政府审计职业能力的评价结果可以作为审计人才数据库中的重要信息之一，为政府审计储备力量的构成提供决策性建议。

因此，在以后的研究中，职业能力建设可以从以下几个方面展开：职业能力评价体系中的权重划分是设计的第一步，在此基础上，我们应该细化各要素，形成指标体系，再进行相关检验完成筛选、权重划分等过程，其次是评分标准的设计，这是联系要素权重和评分结果的中间环节，某些定性指标还需要对完成度进行等级划分；最后是评分结果与职业能力认证和激励机制之间的对接，这需要大量的行业或历史数据做支持，以审计署负责的政府审计职业能力认证为例，审计人员必须明确在职业能力评价中取得怎样的成绩才能达到审计综合管理与咨询层（一级政府审计职业能力）的认证条件，或者说关于职业能力的评分与审计人员的薪酬之间具有怎样的匹配关系，又是如何作用于职业晋升。

三、建立以人才对接为基础的三位一体执业能力培养体系

在前文的论述中，我们提出政府审计职业能力的培养主要有三种方式：职前教育、在职培训、工作经历，其中职业教育和在职培训属于显性培养，工作经历属于隐性培养。所谓的三位一体就是要建立高校教育、职业培训、工作监督之间关于政府审计职业能力建设方面的紧密关系，促使学习型人才与职场式人才的对接，共同服务于审计职业化管理目标。换句话说，高校审计教育培养出的人才经过适当的职业培训后，拥有足够的职业能力胜任工作角色，并通过业绩评价表现出来，激励审计人员工作积极性的同时，形成职业能力的下一个循环式增长。

（一）职前教育上，注重系统学习内容的多样性和实践性

1. 教育内容的多学科交叉性

审计知识结构和职业能力的形成具有系统性，审计人员只有经过系统性、启发性、开发性的学习才能够比较完整地掌握一门技能或技术，但是由于学工矛盾的存在，导致了政府审计人员在进入工作岗位后学习时间大大减少，接受的培训

多为速成性或扩充性短期训练(毕秀玲,2012),这种培训虽然能在短期内令审计人员接手审计工作,完成审计任务,但是对审计知识结构和职业能力框架的形成并无益处。经调查,对审计职业能力的形成具有奠基性作用的仍是大学教育,所以我们在关注职前教育时,需要将重点放在大学教育体系上(王斌,2007)。囊括职前教育的现有大学体系是政府审计职业化人才队伍的重要输出途径,只有保证了大学审计教育体系以职业能力建设为重要目标的方向性,才能为政府审计改革和发展提供丰富的潜在人力资源。

我们认为,审计职前教育开展多元化教学,促使审计教育不仅包括审计专业知识、会计专业知识、审计信息化等基础业务知识讲授,还应考虑到国家审计是一个对从业人员专业素质要求很高的职业,其涉及的领域经常是跨行业、跨学科的,对审计人员的教育应该包括管理学、财政学、金融学、投资学、建筑学、社会学、法学、经济学、行政学、环境学、市场营销等方面的知识梳理(Ferguson, Colin B;Richardson, Gordon D;2000),与此同时,绝大多数的专业理论知识是随着社会发展不断在更新、扩展和充实的,ZSX省政府审计开展的金审工程就是将计算机技术被引入政府审计体系,特别是现场审计实施系统(AO)和审计管理系统(OA)的推广应用,因此,计算机应用、信息系统研究、大数据技术、区块链将成为与政府审计联系密切的学科领域。

2.教学方式的灵活性

在现今的大学审计教育课堂上,主要有讲授法、研讨法和案例分析法三种教学方式,讲授法在我国比较普遍,主要指课堂教学,相关领域的专家或学者通过讲解的方式,在借助教学设备的条件下传授审计知识和理论的方法。研讨法和案例分析法最初经常出现在西方课堂上,研讨法是依据拟定的审计问题,以讨论小组的形式集思广益,进行深入分析,然后将最终的结果进行整合后形成正式或口头上的汇报;案例教学是以比较经典的审计案例为切入口,经过分析总结,形成对审计知识结构的补充性建议,注重学员决策和思维能力。经过几十年的发展和引进,这两种方法已经成为我国大学审计课堂上比较实用和新型的教育方式。在此基础上,依据职业能力的形成与真实工作环境的关系,我们归纳了其他几种比较有效的培养方式。

(1)情景模拟法。重点在于对真实工作环境和流程的模拟,相似度越高,效果越好。审计人员可以在这种环境下切身感受和体会各种审计行为和实务问题的状态，以此来增强实际工作技能。

（2）实地调研法。实地调研法指访谈、问卷、考察审计情况的进行均发生在工作实地，最大优点是可以直观地了解政府审计机关的构成、直接接触政府审计在岗人员和大量翔实的审计内部资料。

（3）远程教学法。金审工程的建设已经取得初步的成绩，ZSX 省可以充分利用"金审工程"建立起来的广域网络、内联网络、会议网络直播系统等资源，构筑审计信息系统管理教育平台，实现远程教学，解决供学矛盾。

总之，政府审计职前教育范围上的扩展和纵向上的延伸，有助于塑造一专多能的复合型审计人才和拓宽审计人员思考、解决问题的路径。

（二）在职培训上，开展培训需求分析和效果考核制度

ZSX 省厅虽然设有培训中心，针对关键人才通过内部培养，但是在进行审计人员培训时，是借鉴会计专业发展的模式，将审计培训分为执业资格考试类培训和相关专业知识补充类培训，操作上并没有根据审计机关人员的职业能力需求有计划地开展工作。审计在职人员作为接受培训的对象，专业背景、技术职称、岗位责任具有明显的差异性，在职培训作为职业能力形成的主要方式，在选取相关指标的基础上，应该进行培训需求分析。据了解，部分省市以审计人才的来源渠道为标准开展业务培训，我们以职业能力等级和从事政府审计的工作时限为例进行说明。

（1）按职业能力等级，审计人员可分为将一线审计业务层、审计管理或监督层、审计综合管理与咨询层。对审计综合管理与咨询层应侧重于管理理念的灌输、宏观格局的构建、统筹协调能力的培养，多采用密集小班的方式讨论学习；对审计管理和监督层应侧重政策理解能力、新技术应用能力和人际关系协调能力，相对增加参与人员数量，交叉采用演讲、讨论等多种培养方式。McPeak，David（2012）认为对一线审计业务层应注重审计专业知识的学习和研究，尤其是理论架构的建立，扬长避短，为审计科研提供最新实务信息。

（2）按从事政府审计的工作时限，有入职、后续和专项培训。入职目的在于培养审计人员的基本从业能力，令其尽快熟悉职场环境，适应政府审计的工作节奏。后续培训是为了紧跟审计环境的更新换代而进行的提高性培训，目的在于提供利用价值较高的审计报告；专项培训是以特定项目或对象展开的培训，即有可能涉及其他学科知识，不过这种能力的扩展是为了完成拟定项目或任务而进

行的。

对效果的考核制度设计是保证培训质量的重要手段。对培训效果的考核(毕秀玲,2012),应该关注五个方面的问题进行：首先是指标体系的制定是否合理？其次是考核制度是否涵盖了培训过程的始终？再次是评价主体是否代表了具有一定审计专业水准的评委队伍？另外是评价意见的表达是否规范标准方便总结反馈？最后是如何落实和改进培训成效？《公务员法》中也明确了培训情况描述在公务员业绩考核中作为重要依据的特殊地位。所以,应该实时记录审计人员的培训情况,包括培训时间、培训内容、培训类别、出勤率、培训考核得分,补充审计队伍的原始考核信息,将其作为激励或约束的数据性支持资料,这样有利于将培训和任职联系,扭转审计人员面对培训的被动态度(Ferguson, Colin B; Richardson, Gordon D;2000)。

(三)在工作监督上,建立政府审计全面质量监控体系

前文曾对科学的工作监督制度与职业能力提升之间的影响与作用展开论述,质量监控体系作为工作监督制度的重要部分,是需要进行流程再造和持续改进的关键点(中国内部审计协会,2008)。国内外文献中关于质量管理的资料很多,我们归纳后根据 PCDA 的循环认为可以将对质量监控进行四个层次的划分。

1. 政府审计质量策划

虽然是质量管理的起点,但并不是质量控制的开展就意味着质量策划的结束,质量策划既存在于质量评价,也存在于质量改进,更是贯穿质量管理的始终。从一个完整的循环过程来看,质量策划既要根据政府审计质量方针和委托人诉求设定质量目标,又要确定可行的途径,同时还要明确相关人员的权责利,在此基础上,并确定如何利用有限的审计资源和科学的审计方法与工具实现质量目标。

2. 政府审计质量控制

在质量控制方面,现有研究比较充分,尤其是在质量控制的维度划分上,审计质量控制在提高单位审计工作效率和水准地发挥着不可替代的作用。之所以说工作监督是职业能力培养的隐性状态,是因为在优化工作质量的过程中,审计人员的职业能力在无形之中会随之增长,这也是为什么许多被调研者认为工作经历是获得政府审计职业能力的重要途径。赵保卿 2016 的文章在审计质量控制上划分得非常详细:在质量控制内容上,有组织设计方面的控制、审计环境下

日常监管方面的控制和审计项目进行过程中的控制;在质量控制方法上,主要包括业务流程监控、关键点的控制、常规检查和考评结合等手段。

3. 政府审计质量评价

不仅是ZSX省审计机关,许多省市在政府审计质量评价上存在空白。我国内审协会曾出台了《中国内部审计质量评估手册和办法(试行)》,来指导内部审计质量评估的具体工作,这本技术指南从质量评估的含义和作用、质量评估的形式及特点、质量评估应遵循的原则和内容,开展质量评估的流程和采用的标准五个方面对审计质量评估做了完整的理论阐述,并且极度重视评价指标之间的互补性和印证性,此外,还列举了多种评估工具并举例说明其使用方法。这些评估工具能够帮助评估人员准确了解质量评估的内容和流程,不断提高审计工作的质量,对政府审计质量评估具有一定的借鉴意义。

4. 政府审计质量改进

政府审计质量的改进是以质量评价作为前提的。根据双重监督者的角色设置,政府审计的委托人有公众和政府机构。为了他们提供具有增值效益的审计成果,政府审计必须持续地采取提高审计行为的效率与效果,不断消除系统性风险,在保持现有质量水平的基础上加以提高,进入下一个循环改进过程,以此类推,形成政府审计质量的螺旋式上升。

第六节　ZSX省政府审计职业能力建设对策

一、政府审计职业能力建设保障机制

(一)政府审计职业准入制度

政府审计执业资格准入制度的设立充分体现政府审计专业化的特点。根据政府审计职业能力建设体系注重业务能力、淡化行政能力的并行管理核心理念,准入机制作为政府审计人才选拔环节的重要依据,也应该坚持对审计人员行政和业务的双重考察形式,这种双重的选拔机制是指在进入国家审计机关,成为政府审计师时,在原有行政能力测试的基础上,还要通过业务能力考核才能进入工作岗位。在政府审计职业能力建设管理中,我们依然保留政府审计人员公务员身份与相关的行政编,将其作为职业准入和评价的一部分,同时结合政府审计

职业化管理经验，给予职业能力认证体系的基础上，实行政府审计师的双重选拔机制。实施的关键有两点：①以政府审计公务员身份为前提，利用广泛资源和社会影响力；②丰富政府审计选拔考试内容和条件，将专业知识、技能、技术职称、经验等纳入测评范围（潘学模，2009）。

另外，政府雇员制也可以作为进入国家审计机关的重要途径，又是解决国家审计人才队伍结构、知识结构、能力结构单一的有效方法，这种方法主要采用契约形式聘用政府审计急需的其他领域专业人才，实现审计人力资源的优化配置。这些政府审计雇员可以是法律、金融、信息、工程等方面辅助审计执行的专家队伍，虽然不占用行政编制，但是可以根据工作需要与正规编制的政府审计共同完成工作任务。之所以将这种市场用人机制引入政府审计用人机制中，辅助公务员式的行政管理，是因为：一方面，在现代政府运行过程中，审计机构会遇到不少对专业性有较高要求的行业事务，现有的审计干部队伍难以在完成审计任务的同时保证质量；另一方面，目前的公务员管理体制难以满足政府审计人才的发展需求。

（二）政府审计职业保障制度

政府审计职业保障制度是指为了维护和保证政府审计人员正当权益，制定并实施的制度框架和运行机制，这也是政府审计职业存在的前提条件。首先是权力的保证，政府审计独立性保障制度旨在保证审计人员独立公正地行使宪法赋予的监督权，其他组织包括行政机关、其他部门、社会团体和个人不得干预政府审计的工作，以此来确保审计报告的公信力；其次是职业地位的保障，政府审计工作的难以替代和模仿性造就了政府审计人员特殊的职业地位，各级审计机关要创造良好的工作氛围支持审计人员依法执审，非法定事由或程序不得造成审计人员职位或利益的变动。最后是关于职业收入的保障，明确完善客观的职业能力评价标准与审计人员薪酬体系之间的关系，保障职业收入，将审计人员的经济利益与业务能力、工作绩效挂钩。

（三）政府审计职业退出制度

在政府审计职业能力建设体系中，为了确保人才进入机关的初期拥有较高的职业能力水准、业务技能不达标的人员不能成为政府审计师并进入工作岗位，准入制度应该与其配合，改变选任标准、提高职业准入门槛，与此同时，退出制度建设也就成了政府审计管理中引进市场竞争机制的一部分,被增加在公务员管理模式改革的方案中。在社会审计和内部审计中,退出机制对职业能力的影响比较明显,主要体现在人才的上下流动中,淘汰了不合格的审计人员,提升审计队伍的整体执业水准,也在组织中形成了不断进取、良性竞争的职业文化氛围。但是,在制度运行的初期,必然严格控制执业人员退出的比重,否则造成政府审计工作环境的不稳定,引起审计人才的流失,又会不利于政府审计组织职业能力的发展。

二、ZSX 省政府审计职业能力建设补充性措施

之所以要开展政府审计职业能力建设,是为了使审计人员在工作开展中发挥作用,更好承担国家审计的职能和责任,但是职业能力的提高远远不能满足这个目的,还需要对具有职业能力的不同审计人员进行合理调配作为策略支撑,才能发挥出 1 +1 >2 的规模性作用,这也是本文研究政府审计建设的最终目的。通过对上文现状描述中有关政府审计人员学历结构的数据进行整理后呈现出显而易见的规律性:高学历水平从省到县逐级下降(见图 6 -11)。

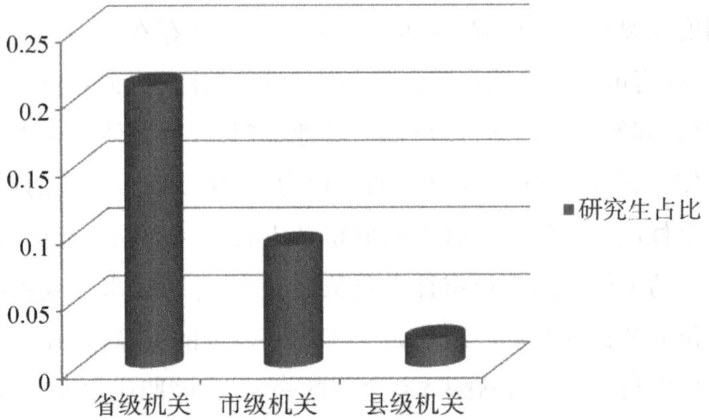

图 6 -11 ZSX 省政府审计高学历水平人员占比分布

其实,只要我国存在地域发展不平衡,现有的这种职业能力上的不均衡就会一直存在,因此,鉴于经济大环境的持续稳定,我们必须从审计人员职业能力的整合调配中寻求解决办法,用以支持政府审计职业能力建设体系的完善。在此,我们将这种特殊资源的整合或者说审计人才市场化必须建立在主审负责的审计

项目制管理基础上。在项目制管理中，主审责任重大，对审计项目的选择、审计计划的制定、审计过程的控制和审计报告的拟定应进行全过程的跟踪性把握，其他审计小组人员接受主审的指导、辅助主审完成工作，主审业务能力水平决定了整个审计项目的质量。为了确保审计项目执行的好坏，担负重大责任的主审必然积极寻求团队职业能力最优化的方法，在有效完成工作任务的同时，确保审计项目的质量水准。

本研究根据审计项目开展的过程对政府审计人员职业能力之间的调配提供了以下补充性建议。

（一）审计项目开展前的人员调配

在公司战略实施中，存在一种矩阵制组织结构，在这种组织结构中，在日常事务中，组织个体以本职职能为核心，在非常规事务中，又以各职能部门中的专业人员个体组成项目小组协助小组目标实现，以充分利用企业中专门技术之间的结合为优势，将职能和项目相联系。简而言之，这种矩阵是一种双命令通道的结构，这种组织结构中的人员具有两条预算权利线、两个绩效点、两个奖励来源。基于这种理论，我们将其引入国家审计项目开展前的人员职业能力调配中，从项目实施的全局来统筹安排，打破原有的行政势力范围或审计职能科室限制，负责处室牵头，合理规划人员组成审计项目组。

项目组的成立即包括专职财经类审计人员，又充实相关领域的专家成员组，这些专业人员可以是非财经专业进入审计部门的正式在编人员，也可以是通过政府雇佣制的兼职审计员，在图 6－12 中以财经审计科、投资审计科和审计稽核科为代表进行说明，虚线连接的部分表示其他科室人员也可以根据需要加入项目组。也就是说，这些个体同时在接受行政科长领导的同时，以项目组形式开展的审计工作又对项目主审（组长）负责。需要说明的是，项目组长与审计科长之间并不是对立的关系，在某种情况下，两者可以重叠，但是关于个体的工作监督、业绩评价、薪酬管理仍是赋予相关权重的两条支线。这样不仅可以克服审计人员的固定思维方式，而且可以使项目和人员能够达到最佳程度的匹配。

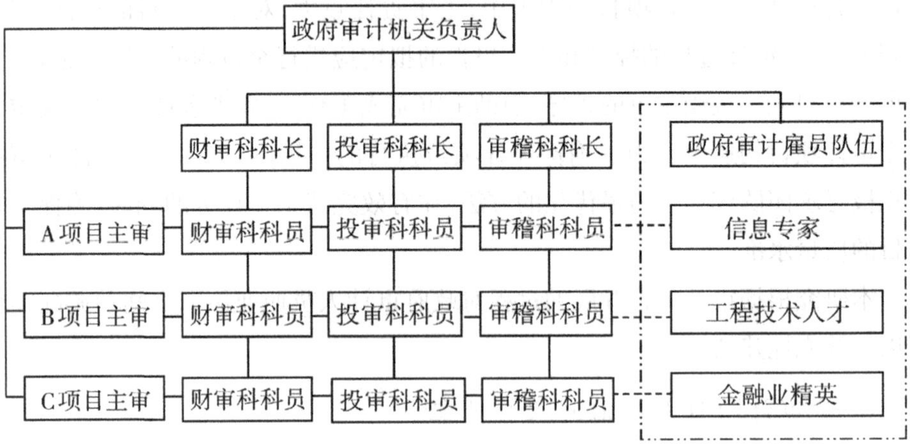

图6－12　矩阵制政府审计人员调配结构

（二）审计项目开展中的人员调配

滚动穿插审计是解决审计任务繁重与基层审计力量有限之间供需矛盾的有效办法，这种办法利用人员安排上的时间差来解决组织审计职业能力不足的问题，具体来说，就是结合每个审计项目起止时间与彼此之间的衔接与交叉，在前一个审计项目主体部分实施完成后，由审计项目负责人或主要审计人来完成后期审计报告的起草，其他审计人员在该项审计结束前退出，参与其他审计组实施第二个审计项目，以此类推，不断滚动，以避免人员安排上的矛盾。

（三）审计项目开展后的人员调配

为了保证审计质量，在项目完成之后，不可避免地要对审计成果进行检验测试。而交叉式复核审计被广泛应用于这个阶段。所谓的交叉式二次复核是指针对相同内容、相同性质的审计项目，不同地域的审计专家小组相互之间复核对方的审计方法，这种方法既保证了审计结果的独立性，提高了审计质量和效率，也在方便地域之间的做差异分析的同时，促使传统审计思维惯性的改变，这种改变表现在针对相同的审计资料，处于不同背景或不同体系的审计人员在利用审计信息时从新视角出发，有新的发现。

第七节 ZSX省政府审计职业能力建设可行性调查

结合理论与实证研究,初步提出了政府审计职业能力建设体系应该包含的内容,主要有:①建立以公众需求为导向的双向递增式职业能力认证体系,在职业能力认证等级上,避免模仿以专业知识考察为主的会计职称评定体系,在职业能力认证条件上,开辟非财经类专业的审计人才晋级通道;②建立以业务能力为核心的多维度职业能力评价体系,在侧重业务能力的双重评价模式基础上,对业务能力进行分解,明确各个要素在业绩考核和薪酬体系中所占的权重;③建立以人才对接为基础的三位一体执业能力培养体系,以职前教育和在职培训作为显性培养,工作监督作为隐性培养,注重系统学习内容的多样性和实践性,开展培训需求分析和效果考核制度,建立政府审计的全面质量管理体系,实现政府审计人才在培养阶段和认证等级之间的顺利对接。在体系设计的基础上,我们尝试将保障机制和人员调配对策作为开展前提和补充性措施配合职业能力建设的总目标,为了验证该设想是否能够得到审计实务工作者和审计学员的认可,我们将调查对象分为两部分,一是ZSX省政府审计在职人员,二是在未来非常有可能进入审计行业的学员。在2019年4月展开调研活动,向政府审计实务工作者共发放问卷80份,调研单位为ZSX省审计厅和SXA市审计局;向审计学员发放问卷20份,主要是审计专业三年级学生,其中共回收问卷87份,有效问卷率84%,无效问卷3份,主要原因是填写不全,没有收回的13份问卷是由于被调研者下区县开展审计工作,不能及时寄回。本章将主要介绍问卷统计情况,并进行简要分析。

一、问卷设计及指标说明

在设计问卷时,除了个别题目有可能需要在既定选项之后添加其他答案之外,为了提高回收问卷后的有效比率,笔者考虑到此次调研目的,尽量以客观选择题为主。此次问卷包括两部分,一部分是关于ZSX省政府审计职业能力建设的可行性调查;另一部分是根据层次分析法所设计的业务能力评价要素的重要性调查,这一部分已经在政府审计职业能力评价体系中进行了比较详尽的讨论,此处不再赘述。关于职业能力建设可行性调研的选项包括:完全赞同、基本赞同、不知道、不太赞同、完全不赞同，在分值设计上对应5、4、3、2、1。

指标说明：认可度是基本赞同和完全赞同的占比之和，并且初步设定认可度在80%以上时，我们认为该项设计可行。

均值以S=R·E计算，并且初步设定均值低于4时，需要对该项设计进一步论证；高于4时，该项设计基本通过验证。在公式中：

S—— 均值；

E—— 评价尺度，表示每一个题目的得分[5 4 3 2 1]；

·—— 模糊关系合成中的交运算或并运算；

R—— 关系矩阵，指被调查对象在评价尺度基础上所有问题的看法人数占比。

所以，第一部分关于职业能力建设目标和原则的统计结果形成关系矩阵(7×5)。

$$\boldsymbol{R} = \begin{bmatrix} \frac{45}{84} & \frac{37}{84} & \frac{2}{84} & 0 & 0 \\ \frac{37}{84} & \frac{44}{84} & \frac{3}{84} & 0 & 0 \\ \frac{46}{84} & \frac{33}{84} & \frac{5}{84} & 0 & 0 \\ \frac{37}{84} & \frac{38}{84} & \frac{9}{84} & 0 & 0 \\ \frac{36}{84} & \frac{45}{84} & \frac{3}{84} & 0 & 0 \\ \frac{31}{84} & \frac{43}{84} & \frac{10}{84} & 0 & 0 \\ \frac{39}{84} & \frac{40}{84} & \frac{4}{84} & 0 & 0 \end{bmatrix} \tag{6-2}$$

以此类推，可以根据同样的方法写出职业能力建设体系构成部分和保障机制与补充性措施的关系矩阵，此处不再一一列举。

方差是评分与均值之差的平方乘以相应权重，主要衡量随机变量与期望的离散程度，方差越小表示均值的可靠程度越高。

二、问卷内容及结果分析

(一)调查内容介绍

关于政府审计职业能力建设体系的目的和设计原则的问卷内容包括:职业能力建设有助于实现政府审计国家治理功能;以政府审计职能定位为设计起点;属于政府审计职业化的重要组成部分;应引导、激励政府审计人员主动提高职业能力;政府审计职业能力建设子系统具有目标一致性;政府审计职业能力建设具有系统性;政府审计职业能力建设具有长期性。分别以 A1 ~ A7 来表示。

关于政府审计职业能力建设体系主体部分的问卷内容包括:建立政府审计职业能力认证体系;政府审计职业能力不能以专业知识考核成绩作为唯一认证标准;非财经类专业背景也可以申请政府审计职称评定;执行"行政能力 + 技术能力"双重评价考核体系;逐步增加业务能力在职业能力评价得分中的比重;业务能力评价除了包括学历、专业、职称等投入性因素,还应包括工作成果、工作表现等产出性要素;将工作质量纳入考核指标中,与职业能力评价结合;大学审计教育在职业能力形成中占据重要地位;审计教育包括除财经知识以外的其他相关学科内容;审计课堂应增加实践课比例、采用多种授课方式;建立审计人员在职培训体系;根据审计人才专业背景设计不同培训方案;重视审计培训效果评价,避免仅以参与培训次数、参与培训时长为准,流于形式的考核;培训效果的评价指标可以包括:培训计划、课程设计、实施监控、成果展示、学员评价等;工作经历是审计职业能力的重要形成过程;在工作监督制度基础上实施审计质量的全面管理,激励政府审计人员主动提升职业能力;在工作监督过程中,注重审计质量的持续改进。分别以 B1 ~ B17 来表示。

关于政府审计职业能力建设保障机制和补充性措施的问卷内容有:政府审计职业保障制度的完善,包括职业权益、职业地位等;政府审计准入机制上,执行"行政能力 + 业务能力"的双重测试形式;可通过非审计专业但具备某些专项技能的专门人才补充政府审计人才来源;职业能力建设体系必须与薪酬、晋升机制实现对接;建立行政性激励以外的政府审计专业激励机制;引入政府审计职业退出制度;项目组人员的选择可以打破科室限制或行政划分;根据审计项目的起止时间对参与人员进行穿插搭配,增加审计资源利用率,交叉审计是提高审计效率和质量的有效办法。分别以 C1 ~ C9 来表示。

(二)调查结果分析

表6-8,6-9,6-10分别为政府审计职业能力建设可行性调研的统计结果。

表6-8 职业能力建设目的和原则部分统计结果

选项	人数占比分布					认可度	均值	方差
	完全赞同	基本赞同	不清楚	不太赞同	完全不赞同			
A1	0.54	0.44	0.02	0.00	0.00	0.9762	4.5119	0.2975
A2	0.44	0.52	0.04	0.00	0.00	0.9643	4.4048	0.3124
A3	0.55	0.39	0.06	0.00	0.00	0.9405	4.4881	0.3689
A4	0.44	0.45	0.11	0.00	0.00	0.8929	4.3333	0.4365
A5	0.43	0.54	0.04	0.00	0.00	0.9643	4.3929	0.3099
A6	0.37	0.51	0.12	0.00	0.00	0.8810	4.2500	0.4256
A7	0.46	0.48	0.05	0.00	0.00	0.9405	4.3690	0.3389

由表6-8可以看出,除了A4属于政府审计职业化的重要组成部分和A6政府审计职业能力建设具有系统性的认可度分别为89.29%和88.10%外,另外四项关于职业能力建设目的和原则的说法都拥有90%以上的认可度,由此看来,政府审计人员和审计专业学院对政府审计职业能力建设的设计目的和原则基本表示同意。而A1~A6的均值都达到了4.2以上,方差也比较一致,均在1.0之下,说明了被调查对象在对职业能力建设设计的目的和原则上,意见较为统一,基本不存在异议。

所以,能力建设的目的和原则不论是对政府审计在职者来说,还是对未来要进入审计领域的人才来说,说明该设计在满足审计实践需求的同时,可以作为职业能力建设的指向标。

表6－9 职业能力建设体系主体部分统计结果

选项	人数占比分布					认可度	均值	方差
	完全赞同	基本赞同	不清楚	不太赞同	完全不赞同			
B1	0.50	0.48	0.02	0.00	0.00	0.9762	4.4762	0.2971
B2	0.63	0.36	0.01	0.00	0.00	0.9881	4.6190	0.2596
B3	0.40	0.42	0.08	0.10	0.00	0.8214	4.1310	0.8519
B4	0.52	0.46	0.01	0.00	0.00	0.9881	4.5119	0.2737
B5	0.44	0.51	0.05	0.00	0.00	0.9524	4.3929	0.3338
B6	0.50	0.43	0.07	0.00	0.00	0.9286	4.4286	0.3878
B7	0.49	0.37	0.14	0.00	0.00	0.8571	4.3452	0.5118
B8	0.39	0.44	0.13	0.04	0.00	0.8333	4.1905	0.6304
B9	0.49	0.48	0.04	0.00	0.00	0.9643	4.4524	0.3192
B10	0.54	0.40	0.06	0.00	0.00	0.9405	4.4762	0.3685
B11	0.45	0.43	0.12	0.00	0.00	0.8810	4.3333	0.4603
B12	0.46	0.49	0.05	0.00	0.00	0.9524	4.4167	0.3383
B13	0.51	0.45	0.04	0.00	0.00	0.9643	4.4762	0.3209
B14	0.50	0.44	0.06	0.00	0.00	0.9405	4.4405	0.3655
B15	0.51	0.42	0.07	0.00	0.00	0.9286	4.4405	0.3893
B16	0.43	0.49	0.08	0.00	0.00	0.9167	4.3452	0.3927
B17	0.58	0.38	0.04	0.00	0.00	0.9643	4.5476	0.3192

由表6－9可以看出：除了B3的认可度为82.14%、B7的认可度为85.71%、B8的认可度为83.33%、B11的认可度为88.10%外，其余关于政府审计职业能力建设体系设计的认可度都在90%以上，方差和均值也都满足最初设定，说明职业能力建设体系的主体部分获取了相关人员的基本认同。

另外，在对均值和方差的观察上，我们发现B3非财经类专业背景也可以申请政府审计职业能力认证和B8大学审计教育在职业能力形成中占据重要地位的均值虽然大于 4 且方差小于 1,满足文中的初步设定,但是均值明显低于其他项目,方差却高于其他项目,说明在此两项较其他项目赞同程度偏低且意见稍微分散。推测关于 B3 看法的原因是审计从业者大多习惯工作环境中财经类专业人才的高比例分布,贸然接受非财经类专业人才加入审计师队伍会带来危机感;关于 B8 看法的原因是 ZSX 省政府审计人才来源中,其他单位调入和军转干部占有相当的比重,对这部分人员来说,大学审计教育在自身职业能力形成中并没有占据重要地位。但是这些因素并没有对数据结果产生显著性影响,所以推断 B3 和 B8 仍然得到了被调研者的认同。

所以,职业能力建设体系主体部分的结果分析说明该设计满足了实现政府审计职业化的需求,可以被安排在最终设计框架中,与审计实践更好地结合,服务于国家治理的大系统。

表 6－10　职业能力建设保障机制和补充性措施部分统计结果

选项	人数占比分布					认可度	均值	方差
	完全赞同	基本赞同	不清楚	不太赞同	完全不赞同			
C1	0.56	0.40	0.04	0.00	0.00	0.9643	4.5238	0.3209
C2	0.38	0.44	0.05	0.13	0.00	0.8214	4.0714	0.9473
C3	0.45	0.51	0.04	0.00	0.00	0.9643	4.4167	0.3145
C4	0.40	0.52	0.07	0.00	0.00	0.9286	4.3333	0.3651
C5	0.51	0.43	0.06	0.00	0.00	0.9405	4.4524	0.3668
C6	0.37	0.43	0.08	0.12	0.00	0.7976	4.0476	0.9263
C7	0.44	0.50	0.07	0.00	0.00	0.9405	4.4167	0.3800
C8	0.44	0.45	0.04	0.07	0.00	0.8929	4.2619	0.6933
C9	0.42	0.49	0.07	0.02	0.00	0.9048	4.2976	0.4948

从表 6－10 中,我们发现除了 C6 引入政府审计职业退出制度的认可度低于

设定标准之外,其他项目都通过了检验,总体上还是得到了政府审计人员和审计专业学员的支持。

在均值观测中,C2 政府审计准入机制上,执行"行政能力+业务能力"的双重测试模式与 C6 的均值和方差虽然通过了初步设定,但是均值相对偏低、方差相对偏高,尤其是 C6 的方差达到了 0.9263。

针对 C2 看法的原因推测,我们结合问卷的原始数据,发现导致 C2 出现这种情况的原因是:对 C2 的看法比较分散,主要体现在选择"不太赞同"项的人数占比过大,于是沿着此处进一步统计相关数据发现:在选择"不太赞同"项的 11 人中,有 8 人是未进入职场的审计专业学生,因此可以推测原因是:在准入机制上,采用"行政能力+业务能力"的双重测试模式必然加大进入政府审计行业的难度,尤其是在公务员考试的激烈程度之下。因此政府审计在采用双重测试来选拔人才时,必须做好政府审计职业能力认证与进入其他行业资格要求的对接(例如在通过相关职业能力认证时,可以免考或减考相关行业任职资格的个别课程),避免有意向进入政府审计机关工作的人员因机会成本过大而放弃参加选拔考试,无形中导致了政府审计人员专业背景狭窄、人才选择性小和后备力量不足的问题。

针对 C6 看法的原因,我们推测是由于此设计打破了公务员工作环境的稳定性,不少在行政系统工作的人员暂时难以接受引入市场竞争机制的职业退出制度,因此在此问题的回答上,观点比较分散,大部分被调查者认为职业退出制度可以有效激励政府审计人员主动提高职业能力,是实现政府审计职业化的重要路径,而且对自身成长和价值实现有积极的促进作用,另外,也有不少人对此看法比较矛盾,认为政府审计和国家公务员一样,经过严格选拔进入审计机关,如果轻易实行职业退出制度,必然造成国家审计人才选拔成本的无用消耗,另外对在职者工作心态的冲击极有可能影响未来的政府审计人才在择业时的选择。因此该设计在实施时必须谨慎小心、逐步推进,在必要情况下也可以借助我国政府管理引入市场机制的改革趋势。

总之,在调查问卷的三部分中,除了个别需要进一步搜集数据来论证和修改的设计,本文在理论研究和实证调研的基础上所做的 ZSX 省政府审计职业能力建设体系得到了 ZSX 省实务工作者和审计学员的基本认同和支持,具有比较明显的可行性。

第八节 结论与展望

一、研究结论

众所周知,在理论界和实务界将政府审计提升到参与国家治理的高度以后,对政府审计的执业人员提出了新的挑战,只有实现政府审计队伍的职业化,才能更好地履行审计职责、保证审计质量。

(1)根据政府审计的定位职能分析和职业化特征,本研究比较深入地探讨了政府审计对执业人员的能力需求,并与 ZSX 省政府审计人员现状进行对比,在提出需要解决的问题时,明确政府审计的行政管理模式是造成理论与现实之间存在差距的根本原因。根据现有文献的相关研究成果,我们发现,现有研究成果多是倾向于审计职业能力的一个方面和一个领域,对于审计职业能力的建设只有在涉及部分内容时提出了一些设想和讨论,缺乏系统性理论的指导和完整的分析,研究成果零散,审计从业者的经验分享,尚不足以成为加强政府审计职业能力建设的理论基础。

(2)综合公共受托责任理论、国家治理理论和新公共管理理论,为政府审计职业能力建设体系的建立提供本源性的理论支撑,公共受托责任作为设计起点,引出了职业能力建设研究对公共责任委托人和审计对象的意义;国家治理理论是政府审计职业能力建设的最终目的,引导我们通过重新思考政府审计的角色定位和职能分析;职业化管理理论为政府审计职业能力建设提供了方法,提倡根据政府审计运行的业务特点和审计人员成长的内在规律,形成有关的职业素养标准、知识技能标准和行为规范标准,并以此来规范和培养政府审计人员,促使其提高专业技能、改进审计行为,在达到提高职业能力的同时,实现政府审计工作目标。

(3)本研究从职业能力内涵出发,提出了政府审计职业能力建设体系的初步构想,同时,结合 ZSX 省政府审计现有职业能力建设活动的局限性分析,在明确职业能力建设目的和原则的基础上,以建立政府审计人才管理机制、优化政府审计人才能力结构、加强和引导政府审计人员提升职业能力的愿望和积极性为最终目的,分别从职业能力培养、评价、认证三个方面进行了政府审计职业能力建设的系统性设计，主要有：建立以公众需求为导向的双向递增式职业能力认证体系、以业务能力为核心的多维度职业能力评价体系和建立以人才对接为基础的三位一体执业能力培养体系。

(4)政府审计职业能力建设必须辅以保障机制和补充性措施。工作保障机制是政府审计职业能力建设的先决条件，只有建立了有效的工作保障机制，政府审计职业能力建设体系才能顺利运行。我们将工作保障机制按照职业能力的形成过程分为政府审计职业准入制度、职业保障制度、职业退出制度。人员调配的对策作为职业能力建设的补充性措施，按照审计项目进程，包括：开展前，打破行政科室划分、人员搭配市场化；开展中，通过穿插滚动审计对提高人才资源利用率；开展后，以交叉审计提高项目复核质量，补充主体部分的职业能力建设体系设计。

二、研究展望

经过对政府审计职业能力建设的思考和探讨，结合本文的研究成果，提出了进一步研究方向：

(1)在职业能力评价体系中，权重划分仅仅是完成了职业能力评价设计的第一步，在此基础上，进一步的研究方向围绕下述目标展开：细化要素，形成指标体系，并进行相关检验完成筛选、权重划分等过程；设计评分标准，这是联系要素权重和评分结果的中间环节，某些定性指标还需要对完成度进行等级划分；建立评分结果、职业能力认证和激励机制之间的对接，这需要大量的行业或历史数据做支持。

(2)本研究针对人员调配的对策只是提出了概念性设想。在研究政府审计职业能力建设的过程中，笔者尝试了解关于审计项目组人员安排的问题，在人员选择标准上，几乎没有比较成熟的理论体系进行指导，多以个体经验、历史数据为参考依据，许多会计师事务所将审计时间作为人员安排标准，部分文献中也有提到其他因素，但是多数难以量化，因此，笔者认为下一步研究也可以从此处展开。

政府审计职业能力建设研究课题复杂性高，本研究所提的政府审计职业能力建设体系，虽然建立在理论分析和实证研究的基础上，但是因为认识局限与客观条件限制，研究结论仍属草成，错误或遗漏之处在所难免，恳请同行批评指正。

参考文献

[1]蔡春,蔡利.国家审计理论研究的新发展——基于国家治理视角的初步思考[J].审计与经济研究,2012,27(2):3-10.

[2]王华.基于政府治理的国家审计研究[D].成都:西南财经大学,2009.

[3]张庆龙.我国企业内部审计职业通用胜任能力框架设计研究——基于问卷调查的分析[J].会计研究,2013,1:81-86,88-91.

[4]匡瑛.究竟什么是职业能力——基于比较分析的角度[J].江苏高教,2010,1:131-133.

[5]张冬艳.我国高职会计专业学生职业能力培养研究[D].太原:山西财经大学,2012.

[6]陈媛.国家审计机关依法审计能力研究[D].广州:暨南大学,2006.

[7]宋夏云.国家审计目标及实现机制研究[D].上海:上海财经大学,2006.

[8]朱登云.走审计职业化道路 建立审计专家队伍[J].审计文摘,2008,10:29-30.

[9]潘学模,张序.政府审计执业资格准入制度探讨[J].会计之友,2009,1:47-48.

[10]陈莉.国家审计职业化特征分析[J].财会月刊,2009,5:61-62.

[11]张淑华.审计职业判断研究[D].北京:首都经济贸易大学,2007.

[12]许艳.基于博弈论的审计职业判断探析[D].南昌:江西财经大学,2012.

[13]刘杰.国外信息系统审计职业道德规范简介及借鉴思考[J].财会月刊,2011,2:84-86.

[14]张冬梅、叶陈毅.现代审计职业道德建设问题初探[J].会计之友,2007,8:27-28.

[15]王祯.谈谈对审计人员职业素养的认识[J].现代审计与经济,2012,1:26-27.

[16]宋夏云.国家审计人员专业胜任能力框架研究——基于国家审计人员的调查数据[J].财会通讯,2007,11:17-19.

[17]张玉亮.国家审计人员专业胜任能力研究[D].南昌:南昌大学,2007.

[18]王军.中国注册会计师胜任力模型构建研究[D].财政部财政科学研究所,2007.

[19]徐国庆.职业能力的本质及其学习模式[J].职教通讯,2007,(1):24-28.

[20]宋艳.关于政府审计人员胜任力的研究[J].财务与会计,2001,6:14-15

[21]Anders Dreier. How can we define and understand competencies and their Development [J]. Technovation, 2001, 3: 135-146.

[22]郭炯.职业能力研究的文献综述[J].高等职业教育,2009,18(2):17-20.

[23]宋夏云.政府绩效审计人员的专业胜任能力框架研究——基于宁波地区的调研[J].宁波大学学报,2011,24(5):72-75.

[24]海斯等.审计学——基于国际审计准则的视角[M].来明敏,译.北京:机械工作出版社,2006.9.

[25]李凯.从公共受托责任演进看国家审计本质变迁——兼论审计"免疫系统"论[J].审计与经济研究,2009,24(1):12-15.

[26]尹平,戚振东.国家治理视角下的中国政府审计特征研究[J].审计与经济研究,2010,25(3):9-10.

[27]陈骏,吴青川.政府职能转型背景下的国家审计治理功能[J].审计与经济研究,2009,24(1):22-27.

[28]谢志华,陶玉侠.论国家审计的角色定位[J].审计与经济研究,2013,28(2):9-12.

[29]金明初.浅议开展政府绩效审计对审计人员素质的要求[J].现代经济信息,2010,1:20.

[30]Anderws, Matthe. Adjusting Extemal Audits to Facilitate Results Oriented Govemment[J]. Intenrational Jounral of Govenrment Auditing, AP2r001, Vol. 28IssueZ, P10.

[31]王昉.基于新公共管理的政府审计[D].苏州:苏州大学,2007.

[32]Coderre, David G. Automating the Audit Function[J]. The Intemal Auditor, 1993, 50(5): 18 — 20.

[33]张庆龙,宋晋芳.公共财政改革与国家审计资源重新配置[J].审计与经济研究,2005,20(4):11-13

[34]刘梦馨,朱贤磊,闵婕.企业社会责任审计主体的选择思考——基于我国

政府审计的政治属性分析[J].重庆理工大学学报,2011,25(7):137-138.

[35]杨肃昌.对构建国家审计理论体系的思考[J].审计与经济研究,2012,27(2):11-16.

[36]刘莉莉.论政府审计能力及其影响因素[J].山西财经大学学报,2008,11(1):33.

[37]王圣杰.国家审计人力资源绩效考核指标体系研究[D].南昌:南昌大学,2010.

[38]滕芳.公务员职业能力建设的保障机制研究[D].湘潭:湘潭大学,2009.

[39]宋兆晴.基于贝尔宾团队角色理论的环境审计人员专业胜任能力研究[D].青岛:中国海洋大学,2012.

[40]张庆龙.国际内部审计师协会关于公共部门内部审计能力模型的研究和启示[J].审计研究,2011,2:48-51

[41]严真.基于职业能力模型的职业资格制度建设研究[D].杭州:浙江大学,2005

[42]陈莉,欧阳程,基于360度绩效评估理论的国家审计人员绩效评估[J].财会通讯,2011,12:91-92.

[43]毕秀玲,薛岩,陈娜.政府审计培训体系设计之我见[J].南京审计学院学报,2012,9(4):96-101.

[44]王斌.我国国家审计人员培训的概况——兼析西方政府审计人员培训[J].中共南京市委党校南京市行政学院学报,2007,6:97-100.

[45]FERGUSON, Jr. Audit education and training: The effect of formal studies and work experience[J]. Accounting Horizons, 2000,7: 137-139

[46]PEAK M, Jr. The International Accounting Education Standards Board: Influencing Global Accounting Education[J]. Issues in Accounting Education, 2019,8: 745-750

[47]中国内部审计协会整理.质量评估:通向职业化的途径——IIA质量评估部汤姆·莫克、文莎的演讲[C].中国内部审计,2008,7:55-57.

[48]董延安.国家审计质量的影响因素及其路径分析——基于我国财政财

务收支审计的视角[J]. 审计与经济研究,2008,23(1):41 - 44.

[49]李娅. 国际会计师事务所审计人员激励问题研究[D]. 济南:山东财经大学,2019.

[50]刘恋. 论我国政府审计职化管理[J]. 长沙大学学报,2010,24(4):34 - 35.

[51]HAWKES, Jr. Total quality management: Implications for internal audit [J] ,Management Auditing Journal, 1994,9:11.

[52]陆晓晖. 管理学视角下的我国政府审计资源整合[J]. 财会通讯,2008,12:79 - 80.

附　　录

附录1　《大数据时代下的政府审计》访谈提纲

（针对专职计算机岗位人员）

一、访谈对象基本情况

（一）受访人基本情况

（1）受访人姓名：

（2）受访人职务：

（3）受访人分管工作：

（二）受访单位基本情况

（1）受访单位主要审计对象：

（2）受访单位主要审计内容：

二、信息化审计的现状及对大数据审计的认识

（一）信息化审计的现状

（1）信息化审计在项目中的应用程度如何？

（2）信息化审计主要应用于哪些审计流程？

（3）目前信息化审计所应用的信息平台及相关软件有哪些？

（4）是否有为信息化审计专门购置硬件设备？

（5）掌握信息化审计的人员占多少比例？

（6）组织了哪些信息化审计的培训？

(7)是否有专门制定信息化审计的规章制度或者指导手册？

(8)其他补充的内容。

(二)对大数据审计的认识

(1)大数据审计主要特征有哪些？

(2)大数据审计与传统审计的区别有哪些？

三、大数据审计思维与技术应用现状

(1)大数据要求采用全体数据，而非样本数据，现在的技术手段是否能够满足采用全体数据进行审计？

(2)大数据不再执迷于精确的结构化数据，接受规模巨大的非结构化数据，现有的技术手段能否充分利用大量的非结构化数据？

(3)大数据认为相关关系比因果关系更加重要，现有的技术手段能否通过大数据开展相应的预测？

四、政府审计的挑战与机遇

(一)大数据对政府审计的挑战

(1)在数据层面，大数据对数据采集、数据加工、数据处理、数据分析、数据显示等各个流程的挑战有哪些？

(2)在技术层面，现有的技术手段能否满足大数据的处理要求？

(3)在硬件方面，现有的硬件能否满足大数据的要求？

(4)在软件方面，现有的平台系统能否满足大数据的要求？

(5)在制度层面，现有制度是否鼓励审计人员采用大数据技术？

(6)在人员层面，目前审计人员能否适应大数据的要求？

(7)在意识层面，目前审计人员是否认识到大数据的重要性？

(8)除了审计机关内部，审计对象以及上级领导是否能够有效配合大数据审计的推进？

(9)在安全层面，审计机关能否保证个人隐私以及国家数据安全？

(10)其他需要补充的内容。

(二)大数据对政府审计带来的机遇

(1)大数据给政府审计带来的机遇主要表现在哪些方面?

(2)大数据对审计范围的影响有哪些?

(3)大数据对审计效率的影响有哪些?

(4)大数据对审计质量的影响有哪些?

(5)大数据对提高审计在国家治理中话语权的影响有哪些?

五、政府审计的应对策略与实现途径

(1)在技术层面,政府审计需要重点突破哪些技术?

(2)在硬件方面,政府审计需要购置哪些新设备?

(3)在软件方面,打造的信息平台须具备哪些功能?

(4)在人才方面,能够采用哪些措施提高审计人员的信息化审计水平?

(5)在制度方面,为了激励审计人员应用信息化审计手段,应该从哪些方面着手去建立科学合理的评价体系?

(6)其他需要补充的内容。

《大数据时代下的政府审计》访谈提纲
(针对审计业务人员)

一、访谈对象基本情况

(1)受访人姓名:
(2)受访人职务:
(3)受访人分管工作:

二、信息化审计的现状

(1)数据式审计在审计实务中的应用现状及困难。
(2)联网审计在审计实务中的应用现状及困难。
(3)信息系统审计在审计实务中的应用现状及困难。
(4)目前审计实务中应用大数据的情况、遇到的困难及解决措施。
(5)目前在推动信息化建设开展的工作。
(6)其他需要补充的内容。

三、政府审计的机遇和挑战

(一)大数据对政府审计的机遇

(1)大数据对政府审计带来的机遇体现在哪些方面?
(2)大数据对审计思维变革的影响有哪些?
(3)大数据对审计内容变革的影响有哪些?。
(4)大数据对审计数据变革的影响有哪些?。
(5)大数据对审计技术变革的影响有哪些?。
(6)大数据对审计手段变革的影响有哪些?。
(7)大数据能从哪些方面影响审计质量?

(8)大数据能从哪些方面影响审计效率?

(9)大数据能从哪些方面影响审计成本?

(10)其他需要补充的内容。

(二)大数据对政府审计带来的挑战

(1)大数据对政府审计的挑战主要体现在哪些方面?

(2)大数据对审计人员的挑战有哪些?

(3)大数据对审计方法的挑战有哪些?

(4)大数据对审计技术的挑战有哪些?

(5)大数据对审计组织方式的挑战有哪些?

(6)在制度层面,制约大数据审计的因素有哪些?

(7)在政策层面,制约大数据审计的因素有哪些?

(8)在安全层面,制约大数据审计的因素有哪些?

(9)其他需要补充的内容。

四、政府审计的应对策略与实现途径

(1)在审计人员上应采取的措施有哪些?

(2)在审计技术上应采取的措施有哪些?

(3)在审计手段上应采取的措施有哪些?

(4)在组织方式上应采取的措施有哪些?

(5)结合 ZSX 审计实践,本省应用大数据开展审计工作应当采取的措施有哪些?

(6)其他需要补充的内容。

附录 2 大数据背景下政府审计的挑战、机遇及对策调查问卷

问卷编号______

您好!

非常抱歉占用您的工作和休息时间,感谢您在百忙之中接受我们的问卷调查。

当前大数据在商业管理和公共事务上的初步应用已经彰显了其蕴含的巨大应用价值,但大数据也存在着数据规模巨大、数据类型繁杂、生成速度快等特征,挖掘大数据这座金矿也面临着种种挑战,大数据更成为当前科研领域的前沿和热点话题。政府审计作为国家治理的"免疫系统",应该如何去面对大数据带来的机遇和挑战,进而提高审计机关在国家治理中的话语权,就成为重要的研究问题。本调查表不用填写姓名等个人信息,答案没有对错之分,请您按照自己的真实想法放心回答,对于您所填信息我们将严格保密。

衷心感谢您的支持和帮助!祝您身体健康,工作顺利!

"大数据背景下政府审计的挑战、机遇及对策"课题组

2014 年 5 月

一、基本信息栏

(除第 1 题需要您在横线上填写之外,2 -9 题均在符合您情况的选项上打"√")

1. 您的年龄:______ ,从事审计工作:______年

2. 性别:①男　　②女

3. 您目前工作于:①审计署及特派办　②省审计厅　③市审计局　④区县审计局　⑤其他:__________

4. 您的工作岗位类型:①审计业务岗　②专职计算机岗位　③综合管理　④其他:________

5. 您在审计项目中担任过的最高职务是:(若没有参加过审计项目,可跳过)

①组长　②主审　③小组长　④一般审计人员

6. 您是否通过审计署计算机审计中级考试:①是　②否

7. 您的学历:①高中　②大专　③大学本科　④硕士　⑤博士

8. 您的专业:①财会审计相关专业　②计算机相关专业　③其他

9. 在DB2、Oracle、Sybase、SQL Server这些数据库中,您能熟练使用的有几种?

①0种　②1种　③2种　④3种　⑤4种

二、对大数据的认识

(请您仔细阅读问题,并在每题符合您看法和自身情况的相应数字处打"√",下文同。)

题号	问题	非常不同意1—7非常同意						
10.	您清楚大数据的概念及其应用	1	2	3	4	5	6	7
11.	现阶段大数据仅仅是个概念,实用价值并不高	1	2	3	4	5	6	7
12.	未来,大数据将对经济和社会产生重大影响	1	2	3	4	5	6	7
13.	大数据将是未来各行各业的发展趋势	1	2	3	4	5	6	7
14.	大数据主要在企业应用,对政府部门意义不大	1	2	3	4	5	6	7

三、信息化审计的现状

题号	问题	非常不同意1—7非常同意						
15.	信息化审计极大地推动政府审计发展	1	2	3	4	5	6	7
16.	我国当前审计信息化程度不高	1	2	3	4	5	6	7
17.	就全国而言,ZSX的信息化审计建设较为滞后	1	2	3	4	5	6	7
18.	信息化审计应当是我国审计发展的方向	1	2	3	4	5	6	7
19.	在政府审计中比较成熟地应用电子数据审计	1	2	3	4	5	6	7
20.	在政府审计中比较成熟地开展信息系统审计	1	2	3	4	5	6	7
21.	在政府审计中比较成熟地开展联网审计	1	2	3	4	5	6	7
22.	目前,被审计单位的数据规模越庞大,数据类型更加复杂	1	2	3	4	5	6	7

续表

题号	问题	非常不同意 1—7 非常同意						
23.	当前审计机关在审计大型项目上面临数据处理的困难	1	2	3	4	5	6	7
24.	目前审计机关还谈不上应用大数据技术	1	2	3	4	5	6	7
25.	获取高质量数据是开展数据式审计的重大困难	1	2	3	4	5	6	7

26.【多选】制约信息化审计发展的主要因素有(最多选三项)：

①审计人员观念滞后　②法规制度不健全　③审计人员计算机水平欠缺　④经费不够　⑤上级政府领导不够重视　⑥审计软件功能不够　⑦硬件设备落后　⑧被审计单位不配合　⑨其他：______________

四、大数据带给政府审计的机遇

题号	问题	非常不同意 1—7 非常同意						
27.	大数据审计将是审计机关的必经之路	1	2	3	4	5	6	7
28.	大数据将带来基于全数据模式的思维变革	1	2	3	4	5	6	7
29.	大数据审计更多靠相关分析来发现审计线索	1	2	3	4	5	6	7
30.	大数据审计能更加全面地利用内部和外部数据	1	2	3	4	5	6	7
31.	大数据审计通过数据挖掘等技术提高审计效率	1	2	3	4	5	6	7
32.	大数据审计实时处理的特征将提高数据分析效率	1	2	3	4	5	6	7
33.	大数据将推动云计算在政府审计中的应用	1	2	3	4	5	6	7
34.	大数据审计将提升审计机关在国家治理中的话语权	1	2	3	4	5	6	7

五、大数据带给政府审计的挑战

35.【多选】制约审计机关应用大数据开展审计工作的外部因素主要有(最多选两项)：

①被审计单位的信息化条件不成熟　②被审计单位不配合　③各单位数据

标准不一致 ④法规制度不健全 ⑤国家层面推动不力 ⑥其他：__________

36.【多选】制约审计机关应用大数据开展审计工作的内部因素主要有(最多选三项)：

①审计人员观念落后 ②审计机关制度不健全 ③数据处理能力欠缺 ④审计硬件落后 ⑤审计软件落后 ⑥业务人员技能欠缺 ⑦其他：__________

题号	问题	非常不同意 1—7 非常同意						
37.	审计机关应用大数据将面临严峻的挑战	1	2	3	4	5	6	7
38.	外部环境不支持审计机关开展大数据审计	1	2	3	4	5	6	7
39.	审计机关自身条件不能适应开展大数据	1	2	3	4	5	6	7
40.	开展大数据环境下的信息系统审计比较困难	1	2	3	4	5	6	7
41.	开展大数据环境下的联网审计比较困难	1	2	3	4	5	6	7
42.	保证大数据的安全和保密是严峻挑战	1	2	3	4	5	6	7

43. 如果您还有其他关于大数据审计的看法和建议，请您在下方填写，谢谢！

____

____

再次感谢您的支持与合作！

附录3　ZSX 省政府审计职业能力建设研究可行性调查

您好：

以下问卷是关于 ZSX 省政府审计职业能力建设研究的可行性调查，主要包括政府审计职业能力建设目的和原则、职业能力建设体系主体部分、职业能力建设保障机制和补充性措施三个部分，敬请您根据认可程度在相关选项下划"√"，非常感谢您对我们调研工作的大力支持！

选择项目			请按认可度打分，在相应的得分栏打(√)				
			完全赞同	基本赞同	不知道	基本不赞同	完全不赞同
政府审计职业能力建设目的和原则	A1	职业能力建设有助于实现政府审计国家治理功能					
	A2	以政府审计职能扩展为设计起点					
	A3	应引导、激励政府审计人员主动提高执业能力					
	A4	属于政府审计职业化的重要组成部分					
	A5	政府审计职业能力建设子系统具有目标一致性					
	A6	政府审计职业能力建设具有系统性					
	A7	政府审计职业能力建设具有长期性					

续表

选择项目			请按认可度打分，在相应的得分栏打(√)				
			完全赞同	基本赞同	不知道	基本不赞同	完全不赞同
政府审计职业能力建设体系的主体部分	B1	建立政府审计职业能力认证制度					
	B2	政府审计职业能力不能以专业知识考核成绩作为唯一认证标准					
	B3	非财经类专业背景也可以申请政府审计职业能力认证					
	B4	建立行政与业务的双重能力考评体系					
	B5	逐步增加业务能力在职业能力评价得分中的比重					
	B6	业务能力评价包括学历、专业、职称等投入性指标，还应包括工作成果、工作表现等产出性指标					
	B7	将工作质量纳入考核指标，与职业能力评价结合					
	B8	大学审计教育在职业能力形成中占据重要地位					
	B9	审计教育包括财经知识以外的其他相关学科内容					
	B10	审计课堂应增加实践课比例、采用多种授课方式					
	B11	建立审计人员在职培训体系					
	B12	根据审计人才专业背景设计不同培训方案					

续表

选择项目			请按认可度打分，在相应的得分栏打（√）				
			完全赞同	基本赞同	不知道	基本不赞同	完全不赞同
政府审计职业能力建设体系的主体部分	B13	重视审计培训效果评价，避免仅以参与培训次数、参与培训时长为准，考核流于形式					
	B14	培训效果评价指标可以包括：培训计划、课程设计、实施监控、成果展示、学员评价等					
	B15	工作经历是审计职业能力的重要形成过程					
	B16	在工作监督制度基础上实施审计质量的全面管理，激励政府审计人员主动提升职业能力					
	B17	在工作监督过程中，注重审计质量的持续改进					
政府审计职业能力建设保障机制和补充性措施	C1	政府审计职业保障制度是政府审计职业能力建设的前提条件，包括职业权益、职业地位等					
	C2	政府审计准入机制上，执行“行政能力＋业务能力”的双重测试模式					
	C3	可以在行政编制外雇用其他领域的人才作为兼职审计员，补充政府审计队伍，辅助审计工作					
	C4	职业能力建设体系必须与薪酬、晋升机制实现对接					
	C5	建立行政性激励以外的政府审计专业激励机制					

续表

<table>
<tr><td colspan="3" rowspan="2">选择项目</td><td colspan="5">请按认可度打分，在相应的得分栏打(√)</td></tr>
<tr><td>完全赞同</td><td>基本赞同</td><td>不知道</td><td>基本不赞同</td><td>完全不赞同</td></tr>
<tr><td rowspan="4">政府审计职业能力建设保障机制和补充性措施</td><td>C6</td><td>引入政府审计职业退出制度</td><td></td><td></td><td></td><td></td><td></td></tr>
<tr><td>C7</td><td>项目组人员的选择可以打破科室限制或行政划分</td><td></td><td></td><td></td><td></td><td></td></tr>
<tr><td>C8</td><td>根据审计项目的起止时间对参与人员进行穿插搭配，增加审计资源利用率</td><td></td><td></td><td></td><td></td><td></td></tr>
<tr><td>C9</td><td>交叉审计是提高审计效率和质量的有效办法</td><td></td><td></td><td></td><td></td><td></td></tr>
</table>

附录4　职业能力评价要素重要性调查

在政府审计职业能力评价中，若执行行政能力与业务能力的双重评价模式，您认为二者在总得分中的权重分别是多少？

A. 行政能力 90%，业务能力 10%　　B. 行政能力 75%，业务能力 25%

C. 行政能力 50%，业务能力 50%　　D. 行政能力 25%，业务能力 75%

E. 行政能力 10%，业务能力 90%　　F. 其他____________

下题需要根据提示对指标两两比较（前者相对于后者的重要性）进行打分，标准如下：

1 分表示二者同等重要；

3 分表示前者比后者略显重要，1/3 表示后者比前者略显重要；

5 分表示前者比后者显然重要，1/5 表示后者比前者显然重要；

7 分表示前者比后者相当重要，1/7 表示后者比前者相当重要；

2、4、6、8 为上述相邻判断的中值。

1. 业务能力的衡量既可以以学历、专业、职称等投入性要素为评价依据，也可以以工作成果、工作表现等产出性要素为评价依据。在您看来，如果二者进行比较，则：

业务能力评价		后者	
		投入性要素	产出性要素
前者	投入性要素	1	
	产出性要素		1

2. 根据有关学者的论述，投入性要素可以划分为专业知识、专业能力、专业素养，在您看来，三者之间两两相比后，应该是：

投入性要素		后者		
		专业知识	专业技能	专业素养
前者	专业知识	1		
	专业技能		1	
	专业素养			1

3. 根据有关学者的论述，产出性要素可以划分为审计数量、审计质量、科研成果，在您看来三者之间两两相比后，应该是：

投入性要素		后者		
		审计数量	审计质量	科研成果
前者	审计数量	1		
	审计质量		1	
	科研成果			1

本次调查到此结束，非常感谢您的宝贵意见！